消防监督检查与新技术应用

主　编　刘　静　刘珠峰　田　宇
副主编　赛　音　刘　明

吉林科学技术出版社

图书在版编目（CIP）数据

消防监督检查与新技术应用 / 刘静, 刘珠峰, 田宇主编. -- 长春：吉林科学技术出版社，2023.3
ISBN 978-7-5744-0319-2

Ⅰ.①消… Ⅱ.①刘… ②刘… ③田… Ⅲ.①消防—监督管理—研究—中国 Ⅳ.① D631.6

中国国家版本馆 CIP 数据核字 (2023) 第 066136 号

消防监督检查与新技术应用

主　　编	刘　静　刘珠峰　田　宇
出 版 人	宛　霞
责任编辑	冯　越
封面设计	周　凡
制　　版	周　凡
幅面尺寸	185mm×260mm
开　　本	16
字　　数	150 千字
印　　张	13.5
印　　数	1-1500 册
版　　次	2023年3月第1版
印　　次	2024年2月第1次印刷

出　　版	吉林科学技术出版社
发　　行	吉林科学技术出版社
地　　址	长春市福祉大路5788号
邮　　编	130118
发行部电话/传真	0431-81629529 81629530 81629531
	81629532 81629533 81629534
储运部电话	0431-86059116
编辑部电话	0431-81629518
印　　刷	三河市嵩川印刷有限公司

书　　号	ISBN 978-7-5744-0319-2
定　　价	75.00元

版权所有　翻印必究　举报电话：0431-81629508

前　言

随着我国经济的快速发展，特别是生产加工类企业和大型人员密集场所数量的急剧增加，给社会火灾防控工作带来了巨大压力。这些场所呈现出规模大、功能多、装修复杂、火灾荷载大和扑救难度大等特点，一旦发生火灾事故，极易造成重特大人员伤亡和财产损失。为了有效做好火灾防控，提升消防监督执法人员、公安派出所民警、安全生产监管人员和企业内部消防管理人员的消防监督、管理工作水平，以及方便注册消防工程师考试复习，特编写本书，意在普及较为基础的消防监督检查知识。出版本书的目的是把最为基础、最为关键的技术要求，通过言简意赅的形式介绍给读者，使读者能快速掌握消防基础业务知识和监督检查要点，为能更好地开展消防监督检查工作打下良好的基础。

本书先简明扼要地介绍了消防工程许可的概括、火灾科学基础、火灾探测基础等内容；接着介绍了消防检查的目的形式、方法内容、消防安全检查的实施、火灾隐患的认定与整改等内容；随后重点阐述了常见防火灭火设施的检查，包括消防供水设施、室外消火栓、室内消火栓、自动喷水灭火系统、气体灭火系统、泡沫灭火系统以及其他防火设置的检查；最后介绍了酒店、宾馆、电影院、餐饮场所等城市综合体的消防监督检查方法。本书可作为消防监督执法人员、公安派出所民警、安全生产监管人员和企业内部消防管理人员的参考读物，也可作为注册消防工程师考试复习资料。

本书共七章，其中第一主编刘静（潍坊市消防救援支队）负责第四章内容编写，计4万字；第二主编刘珠峰（呼和浩特市消防救援支队）负责第三章内容编写，计3万字；第三主编田宇（内蒙古包头市消防救援支队）负责第五章内容编写，计3万字；第一副主编赛音（呼和浩特市消防救援支队土默特左旗消防救援大队）负责第一章、第二章内容编写，计2.5万字；第二副主编刘明（烟台高新技术产业开产区消防救援大队）负责第六章、第七章内容编写，计2.5万字

由于时间仓促，本书还有一些不足之处，诚挚希望广大消防监督人员给予批评指正。

目 录

第一章 消防安全基础 1
    第一节 消防工程学科概况 1
    第二节 火灾科学基础 9
    第三节 火灾探测基础 19

第二章 消防安全检查 25
    第一节 消防安全检查的目的和形式 25
    第二节 消防安全检查的方法和内容 27
    第三节 消防安全检查的实施 29
    第四节 火灾隐患的认定和整改 50

第三章 消防供水设施和消火栓系统 56
    第一节 消防供水设施 56
    第二节 建（构）筑物室外消火栓 64
    第三节 室内消火栓系统 68

第四章 自动喷水灭火系统 73
    第一节 湿式自动喷水灭火系统 73
    第二节 干式自动喷水灭火系统 82
    第三节 预作用自动喷水灭火系统 89
    第四节 雨淋与水幕系统 96
    第五节 水喷雾灭火系统 102
    第六节 细水雾灭火系统 109

第五章 气体与泡沫灭火系统 115
    第一节 气体灭火系统 115
    第二节 低、中、高倍数泡沫灭火系统 125
    第三节 泡沫—喷淋联用系统 148

第六章 其他防火设施检查 153
    第一节 防火分隔设施 153
    第二节 消防广播、消防应急照明及疏散指示标志 162

第三节　消防电话及消防电梯 …………………………………… 171
第七章　城市综合体消防监督检查 ………………………………………… 178
　　第一节　公共场所检查 …………………………………………… 178
　　第二节　重要设备用房检查 ……………………………………… 198
　　第三节　消防设施检查 …………………………………………… 202
参考文献 ……………………………………………………………………… 209

第一章 消防安全基础

第一节 消防工程学科概况

一、消防工程简介

消防是一个古老而又新兴的学科。人类从学会用火,就开始了与火灾的斗争,需要考虑防火、灭火等问题,探索火灾的规律和防火灭火的方法。消防工程与技术也一直伴随着人类文明的发展在不断地进步,它是人类文明的一个重要组成部分。在几千年甚至几万年的发展过程中,消防安全的目的是不变的,保障人的生命及财产安全的宗旨也始终不变。但是消防的对象、理念、技术却在不断地变化中,也是在这种动态变化的过程中,消防得到了不断的发展。在新的时代,随着科技和经济的不断发展,人们安全的需求不断提高,对消防提出了新的要求,也带来了新的挑战。目前,火灾形势依然严峻,消防形势更为复杂,保障消防安全工作的需要,也必然促使消防工程作为一个行业、一个学科、一个专业的产生。这是时代的需要,也是经济与社会发展的必然产物。

作为一个行业,消防工程是一个综合的行业领域,它所涵盖的内容比较广泛,包括消防工程产品研发、生产、销售;消防工程设计、安装、检测、维护;消防工程咨询、评估、审核、管理、监督以及消防工程科研、教育、文化传播等。消防工程行业涉及的对象非常广泛,既有高楼大厦,也有跨海隧道;既涉及平常百姓的生活,也涉及大型社会活动;既有建筑火灾,也有森林火灾、矿井火灾等。可以预见的是,未来消防工程行业的规模将继续扩大,随着经济的快速发展,城镇化率的不断提高,人民生活水平的不断改善,产业结构的不断更新与进步,社会大众的消防意识也随之提高,人们对高科技、高质量消防产品的需求增加,各级政府对消防行业也越来越重视,不断加大对消防行业体系建设的投入,这些都为消防工程行业的成长提供了重要的发展动力,使消防行业成为国民经济的重要组成部分。同时,随着航空、机械、化工、军工、核工业等一大批国家骨干企业涉足消防相关产品的生产,也使得消防产品的结构得到了丰富,档次得到了提高,这进一步促进了消防规模经济的形成。

消防工程是一个新兴的交叉学科，这个学科的主要任务与目的是探索火灾规律，研究火灾预防与控制的理论和技术，降低火灾导致的人员伤亡与财产损失。消防工程不仅涉及数学、物理学、化学、建筑、电子、信息学等自然科学学科，还涉及法学、管理学、经济学、教育学等社会人文科学学科。它具有明确的目的，就是立足于防火灭火，保障生命安全和财产安全。作为一门新兴的学科，消防工程还不够成熟，在知识体系、人才培养等方面还需要不断完善。同时这个学科还需要不断吸收其他领域的先进理论与技术。随着社会对公共安全的重视，社会对消防工程人才也提出了更高的要求，培养高素质消防工程专业人才已成为消防工程专业的一个重要任务。

作为一个专业，消防工程的综合性较强，不仅要学习土木工程、安全工程和自动化等专业的基本理论和知识，而且要掌握各类消防标准和规范，具备进行消防设计与监督管理的能力。消防工程专业致力于培养专业性强、科学研究能力强和实际工作能力强的人才，使其熟知消防政策和法规，掌握各类消防技术和措施，具有消防监督管理、消防工程设计和灭火救援等的基本能力。通过大量的试验和实习将理论知识运用到实践中，提高学生的专业素质和创新思维能力。

消防工程是一项社会性与群众性很强的工作。消防安全渗透在人类生产的一切领域中，也关系着千家万户的生活，纵观以往的火灾，尽管致灾原因复杂，但往往只因为一人一事的疏漏失误导致，因此只有得到广大人民群众的关心、重视和支持，依靠全社会的力量，通过全社会成员的积极参与，才能有效地预防和控制火灾的发生。

二、消防工程发展史

（一）消防的发展历程

消防的发展，基本与人类文明有同样的进程，消防的发展历程是一个漫长的历史发展过程。火在人类文明发展史上有着重要意义，伴随而来的火灾却对人类构成了巨大威胁，消防就是在人类抵御火灾的漫长经历中逐渐发展起来的。

与火灾进行的斗争贯穿着我国五千年历史，在长期的发展过程中，积累了大量的消防经验，形成了独特的消防文化，也总结出了一套实用的消防科学与技术。

自我国有文字史以来，关于火灾的最早记录是在《甲骨文合集》中，商代，奴隶放火焚烧奴隶主的三座粮仓。自古我国的政治家、法家和思想家就非常重视火灾的防范和治理。春秋时期政治家管仲，视消防为关系国家贫富的大事，并提出"修火宪"的主张。春秋晚期孔子所作的《春秋》及经典史书《左传》记载火灾共计23次，数量之多，开创了国史记载火灾的先河。

战国时的思想家墨子所著的《墨子》一书，在防治火灾方面也提出了不少技术措施，既有在设计、建造方面的具体要求，又有明确的数字规定，可以认为这是我国早期消防技术规范的萌芽。

消防是社会公共安全和国家防灾减灾体系中的一个重要组成部分，是一项事关全民安全的重要工作。消防安全也得到了历朝历代统治者的重视，而"御灾防患"也是各级地方长官的主要职责之一。汉武帝、明成祖等均曾因为火灾而下诏自我检讨过，清朝乾隆皇帝颁发的有关火灾的诏书，仅由《中国火灾大典》收录的就有54份。我国诸多地方官员，如汉代的廉范，唐代的杜预、柳宗元，宋代的陈希亮，明代的何歆以及清代的林则徐，等等，都因在地方治理中重视火灾防范，做出了较为突出的成绩，得到了人们的称颂。

我国古代的消防管理一般与治安机构设置在一起，没有独立的专门机构。西汉的长安、东汉的洛阳城内均按各街道设置了街亭；唐代的长安建有"武侯铺"的治安消防组织，这些都是城市基层的治安消防机构，其地位相当于今天的公安派出所或警亭，具有预防和扑灭火灾的功能，在全城形成一个治安消防网络系统。北宋的开封进一步继承和发展了这个制度，并由国家建立了城市消防队，该城市消防队，无论在组织形式还是职能方面，都与现代的城市消防队有很多相似之处。南宋年间，成立了救火会等民办或商办的消防组织，这些民间消防组织在清代有了较大的发展。

清代末期，一种新的消防组织形式创立，即消防警察。光绪二十八年，清政府在天津成立了我国第一支近代消防警察部队。1911年，北洋政府设立了京师警察厅，厅内设消防处。但各地消防队伍的发展仍然缓慢，直到1949年新中国成立前，许多县仍未设立消防队，一些城市消防队的数量也很少。

1949年，新中国成立以后，党和人民政府十分重视消防事业的发展，把消防工作当作关系国计民生的一件大事。经过几十年的努力，消防组织有了巨大的发展。从新中国成立初期到现在，大体经历了8次变革：①接收改造，建立消防民警编制阶段（1949年）；②中小队长以下人员实行义务兵役制（1965年）；③消防民警改由军队代管（1969年）；④恢复公安机关领导（1973年）；⑤消防中队干部实行兵役制（1979年）；⑥干部战士全部纳入中国武装警察部队编制序列（1983年）；⑦公安部领导下的公安消防部队（1985年）；⑧公安消防部队转制，整合至新组建的应急管理部（2018年）。建国七十多年来，我国的消防法制轨道不断向前延伸，国务院、国务院各部委、各地人大、各级政府也都相继制定了消防法规、规章等，形成了较为完善的消防法律体系，这些法规、规章为消防事业的发展提供了重要的法律保障。

党的十一届三中全会以后，我国经济建设突飞猛进，为了适应客观形势的发展，更好地为改革开放和经济建设服务，将全国实行兵役制的武装、边防、消防三个警种，连同从解放军接收的内卫部队，统一组建成"中国人民武装警察部队"。这一重大体制改革，于1983年1月在全国实施。消防部队纳入武警序列后，部队建设得到了全面加强，消防事业得到了蓬勃发展。

随着经济、社会的发展，火灾数量日渐增加，消防治理、消防组织机构与时俱进，不断发展。改革开放四十多年来，我国消防法治建设取得了显著的成绩，具有里程碑意义的是《中华人民共和国消防法》于1998年颁布实施，2008年进行了修订，并于2019年和2021年进行了两次修正，为21世纪消防工作的开展奠定了强有力的法律基础。同时，我国还制定了多部消防规章和消防工程国家标准与规范。这些都为消防工作提供了强有力的支撑。

2012年，我国社会消防专业技术职业资格的注册消防工程师制度正式建立，进一步健全了消防体系，大力促进了消防行业的职业化、规范化与社会化，引导更多社会技术人员加入注册消防工程师队伍，促进了消防队伍的壮大与健康发展。

2018年，国家机构改革，消防部队转制划归应急管理部，将发挥应急救援主力军的作用。一系列消防相关的法律及规范的先后出台，不仅有利于调动各个部门和社会单位消防工作的积极性、主动性，而且强有力地推动和促进了新时代消防工作的开展和进步。

回顾我国消防的发展历程，消防事业成为我国发展最迅速的事业之一。特别是现代化的发展对消防提出越来越高的要求，为更好地保证社会安全和人民的生命财产安全，消防事业必须与我国的现代化进程同步，可以预见21世纪将出现更多更新的消防设备和器材，使现代消防事业如虎添翼。

（二）消防工程教育的发展

从19世纪开始，数学、物理学、流体力学、燃烧学等学科领域快速发展，为消防工程学科理论奠定了重要基础。特别是19世纪中叶火灾自动喷水灭火装置和自动报警装置的发明，以及20世纪中期各类性能先进的防火设备的大量开发与应用，使消防技术进入了高速发展阶段。同时，火灾试验手段的提升，也为火灾机理和规律的研究提供了有利条件。

19世纪，柏林、罗马的一些大学开设了防火工程等相关专业，直到1956年，美国马里兰大学设立了世界上第一个消防工程系，从那以后，消防工程作为一门独立的专业进入了高等学府。1973年，英国爱丁堡大学增设了消防工程系，并于同年开设了世界上第一个消防工程专业的硕士研究生课程。20世纪80年代后期，消防工程专业教育在国外得到很大的发展，许多国家都在大学开设消防工程专业，进行正规化的学历教育，并设立学士、硕士和博士学位，如美国的马里兰大学、伊利诺斯理工大学、俄克拉何马大学以及英国的爱丁堡大学和波兰的中央消防学院等。

我国消防工程专业高等学历教育起步较晚。在新中国成立初期，由于生产关系的变革和生产力的解放，国民经济得到了较快的发展，人口有所增加，人民安居乐业。但是，由于火灾因素相应地增多，人们对火灾的认识不足和抗御能力低，导致消防专业力量不能适应保障国民经济和社会发展的需要。改革开放后，党和国家对消防工作越来越重视，1983年，我国为推动消防事业的发展，特遣人员到苏联学习消防工程和消防管理专业，以培养专业的消防人才。1985年，中国人民武装警察部队学院（现为中国人民警察大学）消防工程系开办了国内第一个本科消防工程类专业，开启了我国消防工程专业高等学历教育。1998年7月，教育部颁布了《普通高等学校本科专业目录和专业介绍》，将消防工程专业纳入工学大类，实行开放政策，允许非军事院校成立消防工程专业。目前，已有中南大学、中国矿业大学、中国人民警察大学、中国矿业大学（北京）、西安科技大学、中国消防救援学院、沈阳航空航天大学、华北水利水电大学、南京工业大学、西南交通大学、西南林业大学、内蒙古农业大学、河南理工大学、重庆科技学院、中国民用航空飞行学院、常州大学、安徽理工大学、新疆工程学院、河北建筑工程学院等院校开设了消防工程本科专业。其中，中南大学、西南交通大学已获得消防工程硕士学位授权点，中南大学已获得消防工程博士学位授权点，中国科学技术大学、中国矿业大学等也依托安全科学与工程博士点，培养消防工程方向的人才。

另外，随着我国注册消防工程师制度的建立，更多社会技术人员加入注册消防工程师的队伍，相关消防培训机构也承担着社会化消防工程人才的教育与培养。

消防工程专业培养的不是单纯的灭火人员，而是适应当今消防工程发展的复合型人才。随着社会的不断发展，全世界对消防教育越来越重视，欧洲某些大学将消防专业教育同物理、化学、建筑、电气、管道工程教育结合起来，丰富了消防专业教育的内容。基础科学的不断发展也带动了消防领域的技术发展，更多国家越来越重视将高新技术运用于消防工程领域。美国、日本、新加坡等国的消防工程技术已走在世界前列，而且许多国家为推动发展，将消防纳入了国家建设的完整体系。

三、消防工程学科概况

（一）消防工程学科的特点

从学科角度讲，消防工程是一门研究火灾发生与发展规律及火灾预防与扑救理论和技术的新兴综合性、交叉性学科。它不仅涉及数学、物理学、化学、建筑、电子、信息学、灾害学等自然科学学科，还涉及法学、管理学、经济学、教育学、哲学等众多社会人文科学学科。消防工程学科是以数学、物理学、流体力学、燃烧学等为基础，借助计算机技术、土木工程技术、通信技术等手段，针对建筑火灾、工业火灾、森林与草原火灾等形成有效的科学防火与灭火的科学方法与工程技术。消防工程学科的根本目标是尽量减少，直至消除火灾给人类带来的威胁，该学科的发展将有助于科学合理地防止火灾发生，保护人们的生命和财产安全，对社会及国家都具有十分重要的意义。

消防工程学科的形成与发展是人类社会发展及经济建设的必然需求，随着科技进步和人们安全意识的提高，消防工程专业在整个科学技术体系里的地位越来越重要，它为保障安全生产和生活提供了重要的理论基础、科技支撑以及专业人才。从本质上说，消防工程是以火灾科学为基础，立足于防火灭火安全，采用消防科学技术，服务于消防管理的一门学科。

消防的宗旨是"以防为主，防消结合"，衬托出消防工程学科在防火减灾方面的重要性。此外，当前的消防科研也是侧重于对火灾的防范和降低火灾发生频率和风险的。消防工程学是现在消防科研中的一个最前沿、最活跃、最具发展潜力的研究领域。据研究，消防工程学的发展促进了建筑防火设计观念的更新，从而建立了一套比传统的"处方式"建筑防火设计法更加灵活、更加科学合理的方法体系，极大地促进了建筑防火设计的科学化、合理化和成本效益的最优化，带来了巨大的社会效益和经济效益。同时，消防工程学也将为已建成使用的建筑物提供了科学的消防安全评估方法和技术，提高了建筑物的消防安全管理水平。

历经几十年的发展，消防科学技术从基础研究到应用技术都取得了令人瞩目的成就。随着经济和社会的发展，人类将对消防安全提出越来越高的要求；现代新兴的科学技术和信息手段也为消防安全水平的提高提供了更多的思路和方法。当前，一些国家大力推进消防科技领域的研究与开发，可以预见在不久的将来，这些领域将取得不可估量的研究成果和技术突破。

面对现阶段我国的火灾防治问题，火灾科学与消防工程方面的科学研究显得尤为重要。随着社会的发展，消防科学技术的社会功能日益凸显，社会需求也日益增加。与此同时，同其他学科日新月异的发展一样，消防工程学科也取得了长足的发展，其研究领域不断拓宽和深入。总体来说，消防工程学科具有如下特点：

① 立足防火灭火，保障生命安全和财产安全。消防工程学的目的在于利用工程学和科学原理，使人们和其生活的环境免受火灾的危害。它立足于防止火灾发生、抑制火灾蔓延、消灭各类火灾，以期保护人民生命安全，降低财产损失，内容为分析火灾的危险性，对建筑、材料、结构、设施等进行设计、建造、管理，以及火灾发生后的调查分析。

②多学科交叉、融合。消防工程是一门新型交叉性学科,与诸多学科交叉、融合,涉及多个自然科学和社会人文科学学科。消防工程学科属于工学类,但它的学科基础较为薄弱,一般依托于安全科学与工程、土木工程和公安技术等一级学科建设发展。

③具有工程属性的特点。消防工程学科具有鲜明的工程属性,消防工程学科是面向实际应用,为经济建设服务的,是一门应用科学。消防工程学科的工程技术原理立足于实际建筑防火设计和消防安全评估等行业需求,以实际工程问题为目标指向,将产出的量化科研成果应用于实际工程建设中,体现消防工程学科的工程属性,服务于社会发展。

④具有新兴学科的特点。消防工程学科是时代发展的产物,是随着科学技术的迅猛发展和社会的不断进步,由安全工程学科深化、发展、派生出来的。近几十年来,消防工程学科与其他学科之间不断渗透、融合,以新为特征,视为新生命,不断探索和创新,其内容日趋完善,学科呈现蓬勃发展的趋势。

(二)消防工程的知识体系

作为一门以火灾规律、火灾预防与控制理论和技术为研究对象的综合性学科,消防工程与诸多学科相互渗透、融合。由于消防工程专业具有跨学科、跨行业的特点,其知识体系所涉及的一级学科领域超过10个,其所涵盖的知识,包括火灾科学基础知识、安全工程基础知识、电工技术基础知识、建筑及结构基础知识、工程设计基础知识等,也包括消防技术知识以及涉及各个行业的消防安全知识,如石油化工行业消防知识、地铁消防知识、建筑消防知识、森林与草原消防知识等。

从目前国际消防科学与技术的发展状况来看,消防工程的研究领域主要包括建筑防火设计、消防工程施工与维护、火灾风险分析与评价、城市消防规划、特殊工业建筑与设施的防火设计、消防自动化、消防规范的制定与实施、灭火系统与消防装备(包括灭火工具、器材与设备)的设计与施工、灭火预案的制订、消防部门的规划与管理、火灾调查等。从系统构成来看,消防工程主要包括消防水系统、气体灭火系统、泡沫灭火系统、火灾自动报警系统、防排烟系统、应急疏散系统、消防通信系统、消防广播系统、防火分隔设施(防火门、防火卷帘)等。消防工程的行业方向主要包括消防设计、消防施工、消防检测、消防审批、消防验收、消防监管等。这些研究领域,消防系统以及行业方向,所涉及的相关知识,也属于消防工程知识体系的范畴。

在分析和调研国内外消防工程专业现有本科课程体系和专业人才培养体系等特点的基础上,结合消防工程专业的师资特点、未来消防工程人才需求特点、学科专业发展规律和人才培养规律，可知消防工程专业的知识体系应能够涵盖消防工程的基础理论体系与专业技术体系，包括消防工程原理、核心知识、应用等模块，以及火灾机理、安全工程理论、火灾自动报警系统知识、防排烟系统知识、灭火系统知识五大方面，具有多学科交叉、知识涵盖面广、应用实践性强和逻辑关系紧密等特点。同时，消防工程是一门目的明确、应用性很强的学科，因此其他领域新技术的革新也会对消防工程知识体系产生重要的影响，从而推动其不断发展与更新。

依据消防工程知识体系构架，国内各院校根据自身特点制订了相应的消防工程专业本科培养方案，形成了具有不同专业特长的知识体系。虽然各院校的培养方案有所不同，但总体来说，各院校的课程体系基本分为专业基础模块、专业核心模块、专业拓展模块三个部分。根据这些核心知识必备的前期基础知识，确定课程体系的专业基础模块，包括建筑及结构基础、火灾科学机理、安全工程理论、电工技术基础等部分。其中，建筑及结构基础课程包含房屋建筑学、混凝土结构设计原理及其前期基础课程；火灾科学机理课程主要包括燃烧学及其前期基础课程；安全工程理论课程主要是安全系统工程；电工技术基础课程主要为电工技术。根据专业的核心知识确定课程体系的专业核心模块，包括建筑防火与疏散系统、防排烟系统、自动报警与控制系统以及灭火系统等部分。在专业核心模块中，建筑防火与疏散系统主要是建筑防火设计原理课程及课程设计；防排烟系统对应的是防排烟工程及课程设计；火灾自动报警与联动控制系统对应的是自动报警与控制设计原理及课程设计；灭火系统主要对应的是消防给水排水工程及课程设计、灭火设备与技术。在课程安排方面，应该将专业基础模块课程设置在专业核心模块课程的前面。此外，专业拓展模块的课程主要涉及各个行业的消防安全知识与技术方面的内容，例如火灾保险、消防工程概预算、建筑防火、森林防火、电气防火等。在该部分，各院校可根据各自学校的行业背景特点增加1~3门课程，以充分地体现各个学校的行业学科优势。

当然，作为一个新兴专业，消防工程专业高等教育在我国起步较晚，其专业课程体系是一个复杂的大系统，还需要不断更新、优化和完善。因此，如何在消防工程专业的本科课程体系中全面地反映其专业学科特点，已成为当前消防工程本科专业建设亟待解决的问题了。为此，运用系统论的观点和方法，针对厚基础、广专业、多领域的专业特点，根据培养目标，从课程体系结构、教学内容以及课程教材等各方面深入分析，对消防工程专业本科知识结构与核心课程体系进行研究，进而形成既突出消防工程的行业特色又具有一定普适性的完整课程体系结构，使消防工程专业的课程设置能够全面反映跨学科、跨行业的学科特点，对于新兴消防工程学科的专业课程体系建设与人才培养具有重要的意义。需要说明的是，消防工程的知识体系将随着时代的发展和技术的革新，不断地更新与完善。

(三) 消防工程人才需求分析

随着经济的飞速发展，作为防火减灾、保障安全的特殊行业，消防的重要性越发突出，行业的快速发展使得对人才需求急剧增加。同时，培养消防人才的高校还很少，目前来看，消防专业人才缺口巨大，总体呈现供不应求的情况。

消防工程专业的毕业生就业面相对广泛，遍及各个领域的不同行业，主要在消防监管部门，消防技术与工程研究和开发部门，消防检测机构，各级建筑设计院，地方消防行政管理部门，消防工程施工和建设部门，各企业单位消防事务管理部门，以及各种大型企业、机场、港口、重要物资的大型仓库等专职消防队，各类消防产品的生产企业。

自改革开放以来，特别是在《中华人民共和国消防法》颁布实施以来，我国的消防工作水平得到了显著提高，但重特大火灾仍时有发生，暴露出我国消防工作社会化程度、管理水平与消防安全保障能力的不足。究其原因，一方面，随着经济的高速发展，人民生活水平的不断提高，人们所从事的生产生活形式更为多样，使得消防工作更为复杂、任务更为艰巨；另一方面，消防行业人才队伍的建设相对滞后，人才培养与职业制度还不够规范，社会缺乏对从业人员的正确认知与有效评价，这些均极大地制约了社会消防技术人才队伍的建设和发展。据有关部门统计，目前我国从事消防专业技术的专职人员约有 20 万人。而长期缺乏有效的规范管理使得其职业素质良莠不齐。专业的社会化消防技术服务和人才缺乏，影响了社会消防管理水平的提高，为弥补消防人才供给失衡的情况，2013 年我国开始执行注册消防工程师制度，成为消防专业技术人员来源的一个重要途径。

随着社会经济的发展，消防机构也进行了根本性的改革，为了在全国范围内形成自上而下、由纵到横的消防安全网络，还需要大量消防工程、管理与技术人才，这也要求对消防专业人员的培养模式必须逐步走向系统化、专业化、现代化。总体来说，虽然我国的消防事业尚未成熟，但是随着国家与社会对消防人才的重视，消防工程专业的就业前景将十分广阔。

第二节　火灾科学基础

一、传热学基础

热量传递是自然界中普遍存在的一种传递过程，是由于温度差使热量从高温区向低温区转移的过程，无隔热层的两个物体或同一物体的不同部位，只要存在温差，就会发生热量传递，直到各处温度相同为止。在生产过程中普遍遇到的物料升温和冷却、换热或保温等操作过程，都涉及热量传递。火灾是一种失去控制的燃烧，具有强烈的传热、传质过程与化学反应过程，在火灾的不同阶段，传热的主要模式也有区别。

热量传递有三种基本方式，分别为热传导、热对流和热辐射。热传导依靠物质内部粒子的微观运动来传递热量。热对流只能在流体中存在，它依靠流体微团的宏观运动来传递热量。而热辐射则通过电磁波传递热量，因此不需要物质作媒介。

（一）热传导

热传导是指物体各部分无相对位移，仅依靠物质微观粒子（分子、原子及自由电子等）的碰撞、转动和振动等热运动引起热量从高温部分向低温部分传递的现象，属于接触传热。一般在固体内部，只能依靠热传导的方式传热；在流体中，尽管也有热传导现象发生，但通常被热对流运动所掩盖。

热传导可用傅里叶定律来描述。傅里叶定律是传热学中的一个基本定律，即在热传导现象中，单位时间内通过给定截面的热量，正比例垂直于该截面方向上的温度变化率和截面面积，而热量传递的方向则与温度升高的方向相反，其数学表达式如下：

$$q = -\lambda \frac{\mathrm{d}T}{\mathrm{d}x} \tag{1-1}$$

式中 T——温度（K）；

q——热流密度，即 x 方向上单位时间，经单位面积传递的热量，（W/m^2）；

x——导热面上的坐标（m）；

$λ$——热导率，表示物质的热传导能力，即单位温度梯度时的热通量 [W/(m·K)]，需要注意的是，$λ$ 作为导热系数是表示材料导热性能的一个参数，$λ$ 越大，表明该材料热传导越快。

（二）热对流

热对流是指由流体的宏观运动引起的流体各部分之间发生的相对位移（对流），冷、热流体相互掺混引起的热量传递过程。热对流作为热传播中一种重要的热量传递方式，是影响初期火灾发展走向最主要的因素。

热对流可分为自然热对流和强迫热对流两大类。自然热对流是指没有外界驱动力的条件下，流体由于内部温度或密度的不同，在重力作用下，高温低密度流体自下而上，低温高密度流体自上而下的流动。强迫热对流则是指流体在外界作用下产生的热流动。

运动着的流体与所接触的固体壁面间的热量传递过程称为对流换热。由于宏观相对运动，流体（液体或气体）流过固体壁面时，在黏性和壁面摩擦的共同影响下，靠近壁面的流体分层流动，总有一层很薄的流体黏附于壁面与流体直接接触的几何面上，且该层流体处于静止状态，因此表面层的热流传递只能依靠热传导的方式。显然，由于流体中温度分布不均，流体在发生热对流时，也伴随热传导现象。因此，对流换热实际上是热传导和热对流两者综合作用的过程。

热对流换热过程相对复杂，受诸多因素的影响，如流体的物理性质和流动状况，固体壁面的表面粗糙程度、形状和大小等。一般情况下，热对流换热可用牛顿冷却公式计算，即：

$$q_s = \alpha(T_s - T_0) \tag{1-2}$$

式中 T_s——壁面的温度（K）；

T_0——风流的平均温度（K）；

α——壁面的对流换热系数 [W/（m²·K）]。

（三）热辐射

热辐射是由物体自身温度或热运动激发引起的表面发射可见和不可见的射线（电磁波）传递热量的现象。物体的辐射能力与温度有关，一切物体只要其温度大于0K，都会不断向外发射热射线。物体间以热辐射方式进行的热量传递称为辐射换热。辐射能可以在真空中进行传播，所以辐射换热是一种不需要依赖物体接触而进行的热量传递。在工程技术和日常生活中，辐射换热是一种常见的现象。例如，太阳对大地的照射，人们通过石英管电暖器取暖等。

实际物体辐射热流量的计算可以采用斯忒藩-玻尔兹曼定律（Stefan-Boltzmann Law）的经验修订公式，即：

$$\Phi = \varepsilon A \sigma T^4 \tag{1-3}$$

式中 ε——物体的辐射率，它是一个表征辐射物体表面性质的常数，定义为：一个物体的辐射能与同样温度下黑体的辐射能之比。所谓黑体，是指能吸收投入其表面上的所有热辐射能量的物体；

ϕ——物体自身向外辐射的热流量（W）；

A——物体的辐射表面积（m²）；

σ——斯忒藩-玻尔兹曼常量 [W/（m²·K⁴）]，其值为 5.67×10^{-8}；

T——物体的热力学温度（K）。

二、燃烧学基础

(一) 燃烧的本质

燃烧是燃料和氧化剂两种组分在空间发生激烈的放热化学反应的过程,通常伴有火焰、发光和(或)发烟的现象。燃烧本质上是一种氧化还原反应,但具有放热、发光和(或)发烟的特征,这些特征也是进行火灾早期探测的重要依据,如利用感温探测器、感烟探测器,以及红外、紫外感光探测器等探测初期火灾。燃烧是一种极其复杂的化学反应。多数情况下,可燃物质的氧化反应不是直接进行的,而是经过一系列复杂的中间反应,是一种游离基的连锁反应。游离基也称自由基或自由原子,是一种活性中间物的链载体,其化学活性非常强,当反应物产生少量的活化中心时,即可发生连锁反应。游离基容易自行结合成稳定分子或与其他物质的分子反应生成新的游离基。当游离基全部消失时,连锁反应就会终止。

(二) 燃烧的条件

发生燃烧所需要必要条件有三个,即可燃物、助燃物(氧化剂)和点火源。

凡是能与氧气及其他氧化剂发生燃烧反应的物质,都称为可燃物。凡能帮助和支持燃烧的物质,即能与可燃物发生燃烧反应的物质,都称为助燃物(实质上是氧气或氧化剂)。点火源是指能引起可燃物与助燃物发生燃烧反应的热能。

燃烧反应要进行,除了以上条件外,可燃物和助燃物都需要达到一定的浓度,引起可燃物燃烧的点火能量不管以何种形式出现,都必须达到一定的强度,同时三者还要相互作用。

表 1-1 列出了部分常见可燃物燃烧所需的最低含氧量;表 1-2 列出的是几种常见可燃物燃烧的着火温度。

表 1-1 部分常见物质燃烧所需最低含氧量

物质名称	含氧量(%)	物质名称	含氧量(%)
汽油	14.4	氢气	5.9
乙醇	15.0	橡胶屑	13.0
煤油	15.0	棉花	8.0

表 1-2　几种常见可燃物燃烧的着火温度

物质名称	燃点 /℃	物质名称	燃点 /℃
松木	250	照明煤油	86
蜡烛	190	松节油	53
纸张	130	橡胶	120
布匹	200	黄磷	34 ~ 60
棉花	210	麻	150

三、燃烧产物及其危害

(一) 火灾烟气

烟气是火灾中一种对人体构成严重威胁的主要燃烧产物。统计资料表明，发生火灾时，大约有70%的人是由于吸入烟尘和有毒有害气体昏迷后窒息死亡的，并非被火直接烧死。可见，在火灾发生时，对于烟气和有毒有害气体的控制尤为重要。

烟或烟粒通常是由燃烧和热解作用产生的悬浮在气相中的固体微粒组成的，而含有烟粒的气体则被称为烟气。烟的主要成分是一些极小的炭黑粒子，其直径一般为 $10^{-7} \sim 10^{-4}$ cm，大直径的粒子容易由烟中落下来成为烟尘或炭黑。它主要由未燃烧或未完全燃烧的气态可燃物、固液相热解物、燃烧分解的产物和冷凝微小颗粒及空气组成。火灾燃烧状况，即明火燃烧、热解和阴燃等，对生成烟气的数量、成分和性质都有影响。火灾中烟气的毒害性、减光性等均会对人员的逃生造成影响。

1. 毒害性

火灾烟气能使受灾人员、扑救人员直接中毒死亡，或因缺氧或一氧化碳中毒晕倒后而被火烧死。烟气中的含氧量往往低于人们生理需要的正常数值。当空气中的氧含量低于15%时，人体肌肉的活动能力将受影响；当含氧浓度低于6%时，在短时间内人将因缺氧而窒息死亡。在实际火灾环境中的最低氧浓度可达到3%，可见，人们若不能及时逃离火场是非常危险的。

另外，烟气中含有各种有毒有害气体，当这些气体的含量超过人们正常生理过程所能承受的最低浓度时，很容易造成人的中毒死亡。尤其是现代建筑物室内装饰装修及外墙保温材料等，都使用了大量易燃、可燃材料，导致火灾发生时产生大量有毒有害气体，这些有毒有害气体的蔓延扩散对被困人员的安全构成了巨大的威胁。此外，火灾烟气的悬浮微粒经过呼吸进入人体肺部时，能黏附并聚集在肺泡壁上，部分随血液循环输送至全身，造成呼吸道疾病，增大患者的死亡率。

2. 减光性

烟粒子对可见光具有遮蔽作用,导致其蔓延的区域可见光的强度大大减弱,能见度也随之降低,这就是烟气的减光性。同时,人的眼睛因烟气中部分气体(如HCl、SO_2、Cl_2、NH_3等)的进入受到刺激,导致睁不开。烟气的减光性降低了逃生人员的能见距离或视程(称为能见度),严重妨碍了火场的人员疏散,从而增加了人员中毒或死亡的可能性,也给扑救过程造成了很大的阻碍。

此外,发生火灾时,特别是发生爆燃时,熊熊烈火连同浓浓的黑烟冲破门窗的场景还容易增加人们的恐怖感,使人产生恐慌情绪,导致疏散过程出现混乱,并可能造成人员挤压踩踏致死等严重后果。

(二)燃烧生成的热量

燃烧是一种放热反应。在火场中,燃烧区的温度随着燃烧反应的进行而急剧升高,这对在场人员的生命安全和建筑物的安全性能都造成很大的威胁。火灾温度对人的影响见表1-3。人的生存极限的呼吸温度约为131℃。当温度达到120℃时,若人暴露的时间超过1min就会被烧伤。而一般室内火灾的温度可达到900℃,高层建筑或地下建筑中的火灾最高温度可能达到1300℃,高温的持续作用还会导致建筑结构的破坏,甚至引起建筑物倒塌。

表1-3 火灾温度对人的影响

温度/℃	对人的影响
95	出现头晕,可暴露1min以上
120	超过1min就会被烧伤
140	生理机能逐渐丧失
超过180	呈现失能状态

(三)燃烧生成的气体

可燃物的燃烧产物主要有水、二氧化碳、一氧化碳、二氧化硫、二氧化氮、氰化氢、氯化氢等。这些产物中有的是完全燃烧的产物,有的是不完全燃烧产物,而且有毒物质占了很大一部分,如二氧化氮、二氧化硫、氨气、硫化氢、氯化氢等。其中,氰化氢毒性很强,能使人迅速窒息致死;其他毒物对人体也有不同程度伤害。燃烧生成的气体对人的影响见表1-4。

表 1-4　燃烧生成的气体对人的影响

气体	对人的影响
一氧化碳	能与血液中的血红蛋白结合，形成一氧化碳血红蛋白，当血液中 50% 的血红蛋白被结合，会导致脑和中枢神经严重缺氧甚至死亡
二氧化氮	二氧化氮和其他的氮化物能引起肺部的强烈刺激，立刻引起死亡和人体功能性损伤
二氧化硫	能强烈刺激呼吸道
氯化氢	能强烈刺激呼吸道
硫化氢	能迅速使人窒息、致死
氨气	对人的口鼻有强烈的刺激作用

四、防灭火基础

"预防为主，防消结合"是我国消防安全工作的方针。掌握基本的防火灭火基础知识，对于火灾的预防以及扑救具有重要意义。防火是在火灾未发生时，防止火灾条件的形成，灭火则是在火灾发生之后，破坏、消除火灾形成的条件，达到灭火的目的。总体来说，防火付出的代价要小得多。因此，防火是消防工作的基础，在消防工作中处于首要地位，需要通过制定和贯彻落实各项防火法律法规、技术标准和组织措施得以实现，进而切实有效地防止火灾发生。另外，在做好防火工作的同时，还要积极做好各项灭火的准备工作，以便在发生火灾时能及时有效地进行扑救，最大限度地减少火灾损失与人员伤亡。

（一）基本术语

1. 火灾

在时间或空间上失去控制的燃烧所造成的灾害。

2. 着火

着火是燃烧反应的重要外部标志，是指在可燃物与空气共存的条件下，达到某一温度后，与点火源接触即能立刻发生燃烧，且点火源离开后仍能保持燃烧的现象。影响着火的因素有很多，主要涉及化学动力学和流体力学两个方面。

3. 着火条件

如果在一定的初始条件（闭口系统）或边界条件（开口系统）之下，系统将不能在整个时间区段内或空间区段内保持低温水平的缓慢反应态，而会出现一个剧烈加速的过渡过程，使整个系统在某个瞬间或空间某部分达到高温反应态（即燃烧态），实现这个过渡过程的初始条件或边界条件称为着火条件。着火条件不是一个简单的初温条件，而是化学动力参数和流体力学参数的综合函数。

4. 着火感应期（又称着火延迟期、诱导期）

可燃混合气体系统已达着火条件的情况下，从初始温度升高到着火温度所需的时间。

5. 热自燃

在可燃混合物着火的过程中，通过热量不断积累而自动升温，最终从缓慢反应态过渡到剧烈的反应状态的现象。

6. 链锁自燃

依靠链锁分支反应不断积累游离基，最终达到剧烈反应速度的自燃。

7. 强迫点火（又称点燃或引燃）

可燃物局部受高温热源加热而着火、燃烧，并依靠燃烧波传播到整个可燃混合物中。

8. 灭火

由于散热、做功等因素将自由基或能量从燃烧区域移走，使反应不能自持，系统由燃烧态过渡到低温缓慢氧化态，燃烧中断。

9. 灭火滞后现象

当系统着火后，要使系统灭火，必须使系统处于比着火更不利的条件下才能实现，它表明着火与灭火是不可逆过程。

10. 闪燃

易燃或可燃液体挥发出的蒸气与空气混合后，达到一定浓度时，遇引火源而产生的一闪即灭的现象。

11. 爆炸

在极短时间内，释放出大量能量与气体，并产生高温，在周围介质中形成高压的化学反应或状态变化，其破坏性极强。

12. 爆炸极限

可燃气体、液体蒸气和粉尘与空气混合后，遇火源会发生爆炸的最高或最低的浓度范围。其中，能引起爆炸的最高浓度称为爆炸上限；能引起爆炸的最低浓度称为爆炸下限。

13. 闪点

在规定的试验条件下，能够发生闪燃时，液体的最低温度。

14. 着火点

在规定的试验条件下，在外部引火源作用下，物质表面起火，形成持续燃烧时可燃物的最低温度。

15. 自燃点

在规定的条件下，能够产生自燃时，可燃物的最低温度。

(二) 火灾的分类及危险类别划分

按照《火灾分类》(GB/T 4968—2008)的规定，火灾可以分为六类，见表 1-5。

表 1-5 火灾分类

火灾类型	主要内容
A 类火灾	固体物质火灾
B 类火灾	液体或可熔化固体物质火灾
C 类火灾	气体火灾
D 类火灾	金属火灾
E 类火灾	带电火灾
F 类火灾	烹饪器具内的烹饪物火灾

根据可燃物的特点，可将可燃物划分为不同级别的火险物质。一般划分如下：

① 对于气体可燃物，将爆炸下限＜10%的气体归为甲类火险物质，爆炸下限≥10%的气体归为乙类火险物质。

② 对于液体可燃物，通常将闪点＜28℃的液体归为甲类火险物质，将28℃≤闪点＜60℃的液体归为乙类火险物质，将闪点60℃以上的液体归为丙类火险物质。

③ 对于固体可燃物，燃烧物质可分为易燃固体和可燃固体。燃点≤300℃的固体称为易燃固体。燃点＞300℃的固体称为可燃固体，属于丙类火险物质。但燃点在300℃以下的天然纤维（如棉、麻纸张、谷草等）为丙类易燃固体。

(三) 常用的防火方法

防火原理及可采取的防火措施都是针对着火条件建立的，根据"燃烧学"中提到的燃烧三要素理论，可以提出常用的防火措施。

① 控制可燃物：即破坏燃烧三要素中可燃物条件或缩小燃烧范围，使之缺少可燃物或可燃气体浓度达不到可发生燃烧的最低浓度。在实际应用中，可以选用难燃或不燃的材料代替可燃材料，如在建筑材料表面涂刷防火、阻燃涂料，提高耐火性能、使用水泥替代木料建筑房屋，控制可燃气体及粉尘的浓度低于爆炸下限值等。

② 隔绝空气：即破坏燃烧三要素中的助燃条件，使燃烧环境中缺少氧气。在实际应用中，可以把易燃易爆物品的生产过程放在密闭环境中进行，把危险性化学物品密封存放以隔绝氧气，如钠封存于煤油、镍封存于酒精、二硫化碳采用水

封等。

③ 消除点火源：即破坏燃烧三要素中的点火能条件。在实际应用中，在有火灾危险的场所禁止吸烟及严禁用明火照明、在有易燃易爆危险的场所使用不产生静电的电气设备等。

④ 设置防火间距：即通过对建筑物的合理布局，将相邻建筑设置一定的安全距离，可以有效地阻止火灾向相邻建筑物蔓延，减小火灾建筑对周围释放热辐射和烟气的影响，同时也为人员安全疏散和消防员灭火救援提供相应的场地条件。

（四）基本的灭火方法

着火四面体理论，即燃烧不可或缺的四个条件，分别是可燃物、助燃物、点火源和自由基。该理论不仅描述了着火过程必需的条件，还为灭火提供了理论基础。根据着火四面体理论，可以提出四种常用的灭火方法，即隔离法、冷却法、窒息法和抑制法。

① 隔离法：把正在发生燃烧的可燃物与其周围的可燃物隔离开，燃烧就会因缺少可燃物来保持燃烧状态而终止。在实际应用中，将靠近着火区域的可燃物品移走、拆除贴近火源的易燃建筑、关闭可燃气体液体管道阀门、减少和阻止可燃物质进入燃烧区域等，均是隔离法灭火的具体应用。

② 冷却法：将灭火剂（水、二氧化碳等）直接喷射到已燃的可燃物表面，水等液体蒸发带走热量，使可燃物的温度降低到着火点以下，燃烧因不能自持而终止。或者将灭火剂喷射在着火区域附近的可燃物表面，使其不受火焰辐射热的作用，阻止着火区域的扩大及避免形成新的着火点，待已燃可燃物燃尽而燃烧终止。

③ 窒息法：阻止空气继续流入燃烧区域，或用不助燃的惰性气体，或不助燃的气体稀释氧气浓度，使燃烧区域内的可燃物因得不到足够的氧气助燃而熄灭。例如，用二氧化碳、氮气、水蒸气等气体灌注充满容器设备，用石棉毯、湿麻袋、湿棉被、黄沙等不燃物或难燃物覆盖在燃烧物表面，封闭起火建筑或设备的门窗、孔洞等。

④ 抑制法：将有抑制自由基作用的灭火剂喷射到燃烧区域，使之参与到燃烧反应中一起促进燃烧反应的自由基结合，从而使维持燃烧反应的自由基消失、形成稳定分子或低活性的自由基，使燃烧反应不能持续而终止。

第三节　火灾探测基础

一、火灾探测基本原理

火灾本质上是一种燃烧现象，而燃烧过程常常伴有向外界发光、发热、发烟、产生火焰等现象。火灾探测的理论就是在此基础上建立的，日常生活中常用的火灾探测器的基本原理就是将火灾过程产生的多种物理化学信号（如烟雾、温度、光、气体和辐射）等转换成电信号，进而向火灾报警控制器发出报警信号，从而达到火灾报警的目的。

火灾探测器是火灾自动报警系统中的重要组件，是专门用来探测温度、烟雾、气体、光和辐射强度信号的设备，当探测值超出探测元件的额定阈值时，火灾探测器将发生动作，并向系统终端发出报警信号，继而联动其他消防系统进行灭火。

二、常用的火灾探测方法

（一）火焰（光）探测法

火焰（光）探测法是针对可燃物在燃烧过程中产生的紫外光辐射或红外光辐射等，通过相应的紫外光敏元件或红外光敏元件来响应火焰的光照强度、光谱特性和火焰的闪烁频率等，用以确认火灾信号和及时报警。目前，较为常用的火焰（光）火灾探测器有紫外感光探测器和红外感光探测器两种，前者对波长较短的光辐射敏感，响应紫外光线，后者则对于波长较长的光辐射敏感，响应红外光线。

火焰（光）火灾探测器具有响应速度快，误报、漏报率低，性能稳定，不受环境气流的影响，探测方位准确等优点，适用于可能瞬间产生爆炸场所的早期火灾报警。

（二）热（温度）探测法

热（温度）探测法是针对可燃物在燃烧时释放热量引起的周围环境温度变化，通过相应的热敏元件（如热电偶、热电阻、双金属片、膜盒等）响应警戒范围中某一位置，或某一线路监测范围内温度变化值超出设定的阈值，从而确认火灾信号和及时报警。根据监测温度参数方式的不同，感温火灾探测器分为三种。

① 定温式感温火灾探测器：在规定的探测时间内，火灾引起的温升超过某个设定的阈值时动作发出报警信号。它有线型和点型两种，其中点型定温式探测器利用双金属片、易熔金属热电偶、热敏半导体电阻等元件，在规定的温度下产生火灾报警信号。

② 差温式感温火灾探测器：在规定的探测时间内，火灾引起的温升速率超过某个设定的阈值时发出报警信号。

③ 差定温式感温火灾探测器：结合以上两种类型探测器的工作原理，将差温式和定温式火灾探测器结构进行组合，复合使用。

感温火灾探测器具有动作温度准确，灵敏度高，牢固可靠，误报、漏报率低等优点，适用于火灾发生过程中产生烟雾较小的场所，工作温度较高的场所不宜安装感温式火灾探测器。

（三）可燃气体探测法

可燃气体探测法主要针对可燃物在燃烧过程中产生的烟气或易燃易爆场所泄漏的易燃气体，通过各种气敏器件或利用电化学元件，探测监测场所内的火灾与爆炸信号。

可燃气体火灾探测器的工作过程是：可燃气体发生泄漏扩散后，接触探测器内的半导体气敏元件表面，产生无焰燃烧且释放热量，使体积小、热容量小的半导体气敏元件的温度快速上升，元件内金属氧化物中的电子能量增加，脱离原子层束缚参与导电，使元件的电阻值快速下降，进而使电路导通对火灾信号进行响应，探测器在初步确认火灾信号后发出警报。

（四）空气离化探测法

空气离化探测法是针对火灾烟气对带电离子的吸附性，利用放射性同位素释放的 α 射线将电离室内的空气电离，产生导电性。当火灾烟气进入电离室后，烟气粒子吸附电离空气产生带电离子，产生离子电流变化。火灾烟气浓度越大，离子电流变化范围越大，利用电流变化值可以直接反映烟气浓度，并可被相应的离子火灾探测器检测，从而获得反映烟气浓度的电信号来响应火灾进行报警。离子感烟火灾探测器的工作过程是以空气离化法为理论基础的，抽吸烟气粒子进入电离室后，火灾烟气粒子对原有的离子流产生干扰，产生电流变化，当电流值低于设定的阈值时，离子感烟火灾探测器会发出警报。离子感烟火灾探测器具有稳定性好，灵敏度高，误报、漏报率低，使用寿命长，空间占用小，价格低等优点，适用于火灾初期阶段的报警。

（五）光电感烟探测法

光电感烟探测法是针对火灾烟气对光线的吸收和散射作用，在通气暗箱中利用发光元件发射特定波长的探测光线，抽吸火灾烟气进入探测暗箱后，火灾烟气粒子会对发光元件发射的探测光线吸收和散射，从而改变探测光线的光强。通过置于探测暗箱内，并与发光元件存在一定夹角的光电接受元件接收散射光线，或直接测量被火灾烟气吸收后探测光线的光强，即得到可直接反映火灾烟气浓度的电信号，用以响应火灾信号和及时报警。光电感烟火灾探测器主要有散射型和遮光型两种，两者的工作原理基本相同。光电感烟火灾探测器主要适用于办公室、书库、档案库、旅馆、饭店、教学楼、通信机房、计算机房等场所。

三、火灾探测器的选用原则

火灾探测器的选择应充分考虑火灾的形成规律、不同场所对火灾预警的需求度以及经济成本等，并根据火灾探测区域内可能发生火灾的初期特点、建筑空间特点、环境条件、承受误报的能力及所有可能引起误报的因素等，综合确定合适的火灾探测器类型。在实际应用中通常有以下原则：

① 火灾初期伴随阴燃阶段，产生大量的烟、少量的热，很少或没有火焰辐射，应选择感烟式火灾探测器，适用场所有旅馆、饭店、银行、计算机房、商场等，其感烟方式和灵敏度级别应根据实际情况确定。

② 当火灾发展迅猛，且伴有火焰辐射，只有少量的烟和热时，应选择火焰火灾探测器。火焰火灾探测器多为点型结构，采用紫外式或紫外与红外复合式，影响其探测效率的主要因素为：响应时间、安装位置、光学灵敏度和视锥角。

③ 火灾形成阶段，产生较大的热量，对于同时产生大量的火灾烟气和火焰辐射的火灾，应选择火焰火灾探测器、感温火灾探测器、感烟火灾探测器，或将其组合使用。

④ 火灾探测报警与灭火设备有指定的联动要求时，须把可靠性作为选择火灾探测器的首要条件，火灾探测器应在获得双报警信号，或在加上延时报警判断后，产生延时报警信号，尽可能减少误报发生的概率。

⑤ 在散发可燃气体、易燃液体蒸气的场所或需要实时监测气体泄漏的场所，应选择可燃气体火灾探测器，以实现早期的火灾报警。

⑥ 对火灾形成不可预料的场所，应先进行模拟试验，而后按模拟试验结果选择最佳的火灾探测器类型。

四、智慧消防

(一) 智慧消防定义

智慧消防是智慧城市战略的建设内容和工作项目之一。智慧消防是指运用物联网、大数据、云计算等技术手段，将消防设施、社会化消防监督管理、灭火救援等各种要素，通过物联网信息传感与通信等技术的有机链接，以实现实时、动态、互动、融合的消防信息采集、传递和处理；促进与提高消防监督与管理水平，增强灭火救援的指挥、调度、决策和处置能力；做到"早预判、早发现、早除患、早扑救"；满足火灾防控"自动化"、灭火救援指挥"智能化"、日常执法工作"系统化"和部队管理"精细化"的实际需求。

(二) 智慧消防的原理和功能

智慧消防的原理是将GPS（全球卫星定位系统）、GIS（地理信息系统）、GSM（无线移动通信系统）和计算机、网络等现代高新技术集于一体的智能消防无线报警网络服务系统。智慧消防基于此类原理具有解决电信、建筑、供电、交通等公共设施建设协调发展问题的能力；具有改变过去传统、落后和被动的报警、接警、处警方式的能力；具有实现报警自动化、接警智能化、处警预案化、管理网络化、服务专业化、科技现代化的能力；能做到方便、快捷、安全、可靠，使人民群众生命、财产安全以及消防员的生命安全得到最大限度的保护。

智慧消防可实现报警、信息记录与重放、指挥和消防移动端等功能。

① 报警功能：报警终端采用了当今最先进的传感技术，报警终端和报警接收机之间采用无线通信方式。当发生火灾时，只需按一下手动按钮，报警信号就会迅速传送到报警接收机，启动接收机的声光报警装置，并通过转发器将信号传送到119指挥中心。当火灾现场没有人手动按下报警按钮时，各种智能传感器均能自动将报警信号传送到报警接收机，并最终将报警信号传送到119指挥中心，从而实现119指挥中心对火警的实时监测和发送，完成自动报警。

② 信息记录与重放功能：接警中心按有关消防法律法规给每个用户制订灭火预案，并存储在中心数据库中。能自动、准确地记录报警时间、地点、核警过程、处警程序及处警结果，录下指挥员的语音和现场情况，提供行车路线，重放行车轨迹及出警与灭火的全过程，不会出现误报、漏报。

③ 指挥功能：一旦有火灾报警，在接警中心的电子地图上就会自动显示出报警点的精确位置和到达火警点的最佳路线，还能对误报和恶意报警具有自动查询、检测、判断功能，对非法用户具有自动停机和拒绝服务的功能。火灾报警时，接警中心可随时调出全面、翔实反映本辖区消防系统的相关信息和资料。

④ 消防移动端功能：消防车上配有GPS卫星定位自主导航仪。接到报警时，车上配有的GPS卫星定位自主导航仪，能显示出报警的地点、路线、用户名称等，调出报警用户的灭火预案资料，接通GSM通话功能，实现与监控中心通话，形成消防各级单位和火灾现场多位一体的网络。

（三）智慧消防的特点和内容

智慧消防是全新的理念，融合现代新兴技术，实时采集消防设施设备的运行数据，并及时分析处理，实现城市消防的自动化预警、智能化应急救援和精细化部门管理。智慧消防基于传统消防但系统更具智能化，主要体现在以下几个方面。

1. 全面的信息感知

智慧消防拥有的信息感知网络能实时收集消防设施设备的信息，广泛感知不同特性的城市消防信息，及时全面地掌握城市消防系统运行的各类数据，是实现数据深度研判的基础。

2. 广泛的数据共享

智慧消防在感知的基础上，在建筑内使信息和消防系统连接，利用互联网、宽带等扩大网络互通，最大限度地实现信息互联共享，使消防走出信息孤岛，成为一个有效的数据资源共享体系。

3. 智能的信息处理

智慧消防拥有庞大的信息体系，其相关的云平台能对海量的信息进行智能计算、整合和分析，提炼增值的信息服务于各个部门或用户，进行智能管理及决策。

智慧消防是在原有消防的基础上，优化设施设备，加入无线传感技术、物联网和大数据等手段，满足防控、救援、执法和管理一系列消防工作的开展，实现智慧化。因此，从应用体系分析，智慧消防框架可由三个主要部分组成。

① 信息感：知层信息感知层包括无线感温（感烟）探测器、水位（水压）采集器、用电安全探测器、RFID 标签和网络视频摄像头等自动报警设备和感知终端，用来监测、识别、收集信息，这些传感器之间组网，形成一个传感器网络。

② 数据处理层：数据处理层是对有线和无线通信网络收集来的信息资源进行分析处理。

③ 智能应用层：智能应用层完成数据的实时接收、及时处理、存储，并向用户提供各种消防服务，包括可视化实时监控、协助管理和决策、消防设施巡检维保等，用户通过 WEB 端和手机 APP 等形式即可访问平台享受服务。

（四）智慧消防的建设对城市发展的影响

1. 智慧消防建设对管理层的影响

传统消防管理存在很大缺陷，首先管理部门政策很难落实到位，消防责任意识差；其次消防基础设施不完善，日常巡检和维保存在漏洞；最后在监督与灭火救援方面存在信息孤岛，难以及时掌握相关情况。智慧消防采用物联网、大数据、RFID

等技术手段，通过互联网、无线通信网等网络，对消防设施、器材和值班人员实时监控，获取现场消防设备运行状态的数据并对其进行挖掘处理和态势分析。可实现监管人员对消防设施和日常巡检情况全面、动态的监督管理，实时接收火警、故障等信息。智慧消防建设可实现管理层对城市消防运行的实时监管，全面掌握消防动态，随时查阅信息资源，并进行智能化的指挥与决策。

2. 智慧消防建设对基层的影响

传统消防设施、设备巡检采用纸质记录表，由值班人员进行日常检查。存在巡检员专业素质不高、数据造假、监管缺失、无法及时发现隐患等弊端。智慧消防利用RFID技术和无线传感网络等建立消防设施与巡检终端之间的通信连接，对消防设施设备相关信息进行实时跟踪定位，值班人员巡检作业时使用手持终端，可拍照取证，上传数据库管理。智慧消防建设可提高消防设施日常检查维保的智能化水平，实时掌握消防设施状态信息，及时发现隐患，可杜绝人为干预检查结果，实现消防巡检过程规范化、便捷化、透明化、真实化。

3. 智慧消防建设减少火灾伤害

城市快速发展面临的消防问题日渐突出，消防管理体系不完善、基础设施建设被忽视、消防意识和教育薄弱以及火灾隐患剧增且扑救难度增大等一系列问题频发，消防建设亟待革新与发展。智慧消防将无线通信技术、传感技术、GPS、GIS、GSM等集于一体，做到消防指挥中心与用户联网，减少中间环节，数据库储存建筑灭火预案资料等。实现报警自动化、接警智能化、出警预案化，并具备过程信息记录与重放功能，还可根据需要显示建筑平面图与火警分布图，进行全面、动态的指挥，使人民生命、财产安全得到最大限度的保护，从而最大限度地降低火灾损失。

第二章 消防安全检查

第一节 消防安全检查的目的和形式

一、消防安全检查的目的

单位消防安全检查的目的是通过对本单位消防安全管理和消防设施的检查，了解单位消防安全制度、安全操作规程的落实和遵守情况以及消防设施、设备的配置和运行情况，以督促规章制度、措施的贯彻落实，提高和警示员工的安全防范意识，以及发现火灾隐患并督促落实整改。减少火灾的发生和最大限度地减少人员伤亡及其财产损失，这既是单位自我管理、自我约束的重要手段，也是及时发现和消除火灾隐患、预防火灾发生的重要措施。

二、消防安全检查的形式

消防安全检查是一项长期的、经常性的工作，在组织形式上应采取经常性检查和定期性检查相结合、重点检查和普遍检查相结合的方式。具体检查形式主要有以下几种。

（一）一般日常性检查

这种检查是按照岗位消防责任制的要求，以班组长、安全员、义务消防员为主对所处的岗位和环境的消防安全情况进行检查，通常以人员在岗在位情况、火源电源气源等危险源管理、灭火器配置、疏散通道和交接班情况为检查的重点。

一般日常性检查能及时发现不安全因素，及时消除安全隐患，它是消防安全检查的重要形式之一。

（二）定期防火检查

这种检查是按规定的频次进行，或者按照不同的季节特点，或者结合重大节日进行检查的。这种检查通常由单位领导组织，或由有关职能部门组织，除了对所有部位进行检查外，还要对重点部位进行重点检查。依据这种检查的频次，企事业单位应当至少每季度检查一次，对重点部位至少每月检查一次。

(三) 专项检查

根据单位实际情况以及当前主要任务和消防安全薄弱环节开展的检查，如用电检查、用火检查、疏散设施检查、消防设施检查、危险品储存与使用检查等。专项检查应有专业技术人员参加。

(四) 夜间检查

夜间检查是预防夜间发生大火的有效措施，检查主要依靠夜间值班干部、警卫和专、兼职消防管理人员。重点是检查火源电源的管理、白天的动火部位、重要仓库以及其他有可能发生异常情况的部位，及时堵塞漏洞，消除隐患。

(五) 防火巡查

防火巡查是消防安全重点单位的一种必要的消防安全检查形式，也是《中华人民共和国消防法》赋予消防安全重点单位必须履行的一项职责。消防安全重点单位应当进行每日防火巡查，并确定巡查的人员、内容、部位和频次。公共娱乐场所在营业期间的防火巡查应当至少每 2h 一次，营业结束时应当对营业现场进行检查，消除遗留火种。宾馆、饭店、医院、养老院、寄宿制的学校、托儿所、幼儿园应当加强夜间防火巡查，重要的仓库和劳动密集型企业也应当重视日常的防火巡查，其他消防安全重点单位可以结合实际需要组织防火巡查。

防火巡查人员应当及时纠正违章行为，妥善处置火灾危险，无法当场处置的，应当立即报告。发现初起火灾应当立即报警并及时扑救。

防火巡查应当填写巡查记录，巡查人员及其主管人员应当在巡查记录上签名。

单位防火巡查的内容，一般都是动态管理上的薄弱环节，而且一旦失察就可能造成重大事故的情况，包括以下内容：

① 用火、用电有无违章情况；
② 安全出口、疏散通道是否畅通，安全疏散指示标志、应急照明是否完好；
③ 消防设施、器材和消防安全标志是否在位、完整；
④ 常闭式防火门是否处于关闭状态，防火卷帘下是否堆放物品影响使用；
⑤ 消防安全重点部位的人员在岗情况；
⑥ 其他消防安全情况。

(六) 其他形式的检查

根据需要进行的其他形式检查,如重大活动前的检查、开业前的检查、季节性检查等。

第二节 消防安全检查的方法和内容

一、单位消防安全检查的方法

消防安全检查的方法是指单位为达到实施消防安全检查的目的采取的技术措施和手段。消防安全检查手段直接影响检查的质量,单位消防安全管理人员在进行自身消防安全检查时应根据检查对象的情况,灵活运用以下各种手段,了解检查对象的消防安全管理情况。简单地说就是查、问、看、测。

(一) 查阅消防档案

消防档案是单位履行消防安全职责、反映单位消防工作基本情况和消防管理情况的载体。查阅消防档案应注意以下问题:

① 消防安全重点单位的消防档案应包括消防安全基本情况和消防安全管理情况。其内容必须按照《机关、团体、企业、事业单位消防安全管理规定》(公安部61号令) 中第四十二条、第四十三条的规定,全面翔实地反映单位消防工作的实际状况。

② 制定的消防安全制度和操作规程是否符合相关法规和技术规程。

③ 灭火和应急救援预案是否可靠,演练是否按计划进行。

④ 查阅消防救援部门填发的各种法律文书,尤其要注意责令改正或重大火灾隐患限期整改的相关内容是否得到落实。

⑤ 防火检查、防火巡查记录是否完善。

⑥ 消防安全教育、培训内容是否完整。

(二) 询问员工

询问员工是消防安全管理人员实施消防安全检查时最常用的方法。为在有限的时间内获得对检查对象的大致了解,掌握被检查对象的消防安全知识和能力状况,消防管理人员可以通过询问或测试的方法直接而快速地获得相关信息。

① 询问各部门、各岗位的消防安全管理人员，了解其实施和组织落实消防安全管理工作的概况，以及对消防安全工作的熟悉程度。

② 询问消防安全重点部位的人员，了解单位对其培训的概况。

③ 询问消防控制室的值班、操作人员，了解其是否具备岗位资格。

④ 公众聚集场所应随机抽查数名员工，了解其组织引导在场群众疏散的知识和技能，以及报告火警和扑救初起火灾的知识和技能。

（三）查看消防通道、安全出口、防火间距、防火防烟分区设置、灭火器材、消防设施、建筑及装修材料等情况

消防通道、安全出口、消防设施、灭火器材、防火间距、防火防烟分区等是建筑物或场所消防安全的重要保障，国家的相关法律与技术规范对此做了相应的规定。查看消防通道、消防设施、灭火器材、防火间距、防火分隔等，主要是通过眼看、耳听、手摸等方法，判断消防通道是否畅通，防火间距是否被占用，灭火器材是否配置得当并完好有效，消防设施各组件是否完整齐全无损、各组件阀门及开关等是否置于规定启闭状态、各种仪表显示位置是否处于正常允许的范围，建筑装修材料是否符合耐火等级和燃烧性能要求，必要时再辅以仪器检测、鉴定等方法，确保检查效果。

（四）测试消防设施

按照《中华人民共和国消防法》的要求，单位应对消防设施至少每年检测一次，一般由专业的检测公司进行。使用专用检测设备测试消防设施设备的工况，要求检测员具备相应的专业技术基础知识，熟悉各类消防设施的组成和工作原理，掌握检查测试方法以及操作中应注意的事项。对一些常规消防设施的测试，利用专用检测设备对火灾报警器报警、消防电梯强制性停靠、室内外消火栓压力、消火栓远程启泵、压力开关和水力警铃、末端试水装置、防火卷帘升降、防火阀启闭、防排烟设施启动等项目进行测试。

二、单位消防安全检查的内容

单位进行消防安全检查应当包括以下内容：

① 火灾隐患的整改情况以及防范措施的落实情况；

② 安全疏散通道、疏散指示标志、应急照明和安全出口情况；

③ 消防车通道、消防水源情况；

④ 灭火器材配置及有效情况；

⑤ 用火、用电有无违章情况；
⑥ 重点工种人员以及其他员工消防知识的掌握情况；
⑦ 消防安全重点部位的管理情况；
⑧ 易燃易爆危险物品和场所防火防爆措施的落实情况，以及其他重要物资的防火安全情况；
⑨ 消防（控制室）值班情况和设施运行、记录情况；
⑩ 防火巡查情况；
⑪ 消防安全标志的设置情况和完好、有效情况；
⑫ 其他需要检查的内容。

第三节　消防安全检查的实施

一、一般单位内部的日常管理检查要点

（一）消防安全组织机构及管理制度的检查

① 检查方法：查看消防安全组织机构及管理制度的相关档案及文件。
② 要求：消防安全责任人及消防安全管理人的设置及职责明确；消防安全管理制度健全；相关火灾危险性较大的岗位操作规程和操作人员的岗位职责明确；义务消防队组成和灭火及疏散预案完善；消防档案包括单位基本情况、建筑消防审批验收资料、安全检查、巡查、隐患整改、教育培训、预案演练等日常消防管理记录在案。

（二）单位员工消防安全能力的检查

1. 检查方法

任意选择几名员工，询问其消防基本知识掌握的情况，对疏散通道和安全出口的位置及数量的了解情况、疏散程序和逃生技能的掌握情况；模拟一起火灾，检查现场疏散引导员的数量和位置；检查疏散引导员引导现场人员疏散逃生的基本技能；常用灭火器的选用和操作方法等。

2. 要求

① 员工熟练掌握报警方法，发现起火能立即呼救、触发火灾报警按钮或使用消防专用电话通知消防控制室值班人员，并拨打"119"电话报警。

②熟悉自己在初起火灾处置中的岗位职责、疏散程序和逃生技能，以及引导人员疏散的方法要领。

③熟悉疏散通道和安全出口的位置及数量，按照灭火和应急疏散预案要求，通过喊话和广播等方式，引导火场人员通过疏散通道和安全出口正确逃生。

④宾馆、饭店的员工应掌握逃生器械的操作方法，指导逃生人员正确使用缓降器、缓降袋、呼吸器等逃生器械。

⑤员工掌握室内消火栓和灭火器材的位置和使用的操作要领，能根据起火物类型选用对应的灭火器，并按操作要领正确扑救初起火灾。

⑥员工掌握基本的防火知识，熟悉本岗位火灾危险性、工艺流程、操作规程，能紧急处理一般的事故苗头。

⑦电、气焊等特殊工种相关操作人员具备电、气焊等特殊工种上岗资格，动火作业许可证完备有效；动火监护人员到场并配备相应的灭火器材；员工掌握可燃物清理等火灾预防措施，掌握灭火器操作等火灾扑救技能。

(三) 重点火灾危险源的检查

1. 检查方法

查看厨房、配电室、锅炉房及柴油发电机房等火灾危险性较大的部位和使用明火部位的管理情况。

2. 要求

①厨房排油烟机及管道的油污定期清洗；电气设备的除尘及检查等消防安全管理措施落实；燃油燃气设施消防安全管理等制度完备，燃油储量符合规定（不大于一天的使用量）。

②电气设备及其线路未超负荷装设，无乱拉乱接；隐蔽线路应当穿管保护；电气连接应当可靠；电气设备的保险丝未加粗或以其他金属代替；电气线路具有足够的绝缘强度和机械强度；未擅自架设临时线路；电气设备与周围可燃物保持一定的安全距离。

③使用明火的部位有专人管理，人员密集场所未使用明火取暖。

(四) 建筑内、外保温材料及防火措施的检查

1. 检查方法

现场观察和抽样做材料燃烧性能鉴定。

2. 要求

①一类高层公共建筑和高度超过100m的住宅建筑，保温材料的燃烧性能应为

A级；

② 二类高层公共建筑和高度大于27m、小于100m的住宅建筑，保温材料应采用低烟、低毒且燃烧性能不能低于B1级；

③ 其他建筑保温材料的燃烧性能不应低于B2级；

④ 保温系统应采用不燃材料做防护层，当采用B1级材料时，防护层厚度不低于10mm；

⑤ 建筑外墙的外保温系统与基层墙体、装饰层之间的空腔，应在每层楼板处采用防火封堵材料进行封堵。

(五) 消防控制室的检查

1. 检查方法

① 查看消防控制室设置是否合理，内部设备布置是否符合规定，功能是否完善；查看值班员数量及上岗资格证书；任选火灾报警探测器，用专用的测试工具向其发出模拟火灾报警信号，待火灾报警探测器确认灯启动后，检查消防控制室值班人员火灾信号确认情况；模拟火灾确认之后，检查消防控制室值班人员火灾应急处置情况。

② 检查其他操作如开机、关机、自检、消音、屏蔽、复位、信息记录查询、启动方式设置等要领的掌握情况。

2. 要求

① 消防控制室的耐火等级应为一、二级，且应独立设置或设在一层或负一层并有直通室外的出口，内部设备布置合理，能满足受理火警、操控消防设施和检修的基本要求。

② 同一时段值班员数量不少于两人，且持有消防控制室值班员（消防设施操作员）上岗资格证书。

③ 接到模拟火灾报警信号后，消防控制室值班人员以最快的方式确认是否发生火灾；模拟火灾确认之后，消防控制室值班人员立即将火灾报警联动控制开关转至自动状态（平时已处于自动状态的除外），启动单位内部应急灭火疏散预案，并按预案操作相关消防设施。如切换电源至消防电源、启动备用发电机、启动水泵、防排烟风机，关闭防火卷帘和常开式防火门，打开应急广播引导人员疏散，同时拨打"119"电话报警并报告单位负责人，同时观察各个设备动作后的信号反馈情况，确认各项预案步骤落实到位。

④ 消防控制室内不应堆放杂物和无关物品。

(六)防火分区及建筑防火分隔措施的检查

1. 防火分区的检查

(1) 检查方法

实际观察和测量。

(2) 要求

防火分区应按功能划分且分区面积符合规范要求;无擅自加盖增加建筑面积或拆除防火隔断、破坏防火分区的情况;无擅自改变建筑使用功能使原防火分区不能满足现功能要求的情况。

2. 防火卷帘的检查

(1) 外观检查

组件应齐全完好,紧固件无松动现象;门帘各接缝处、导轨、卷筒等缝隙应有防火密封措施,防止烟火窜入;防火卷帘上部、周围的缝隙应采用相同耐火极限的不燃材料填充、封堵。

(2) 功能检查

分别操作机械手动、触发手动按钮、消防控制室手动输出遥控信号、分别触发两个相关的火灾探测器,查看卷帘的手动和自动控制运行情况及信号反馈情况。

(3) 要求

① 防火卷帘运行应平稳,无卡涩。远程信号控制,防火卷帘应按固定的程序自动下降。设置在非疏散通道位置的仅用于防火分隔用途的防火卷帘,在火灾报警探测器报警之后能一步直接下降至地面。

② 当防火卷帘既用于防火分隔又作为疏散的补充通道时,防火卷帘应具有二步降的功能,即在感烟探测器报警之后下降至距地面1.8 m的位置停止,待感温探测器报警之后继续下降至地面。

③ 对设在通道位置和消防电梯前室设置的卷帘,还应有内外两侧手动控制按钮,保证消防员出入时和卷帘降落后尚有人员逃生时启动升降。

④ 防火卷帘应有易熔片熔断降落功能。

3. 防火门的检查

(1) 外观检查

防火门设置合理,组件齐全完好,启闭灵活、关闭严密。

(2) 功能检查

将常闭式防火门从任意一侧手动开启至最大开度之后放开,观察防火门的动作状态;对常开式防火门将消防控制室防火门控制按钮设置于自动状态,用专用测试工具向常开式防火门任意一侧的火灾报警探测器发出模拟火灾报警信号，观察防火门的动作状态。

(3) 要求

① 防火门应为向疏散方向开启的平开门，并在关闭后能从任何一侧手动开启。

② 常闭式防火门应能自行关闭，双扇防火门应能按顺序关闭；电动常开式防火门应能在火灾报警后按控制模块设定顺序关闭，并将关闭信号反馈至消防控制室。设置在疏散通道上并设有出入口控制系统的防火门，应能自动和手动解除出入口控制系统。

③ 防火门的耐火极限符合设计要求，和安装位置的分隔作用要求相一致。防火门与墙体间的缝隙应用相同耐火等级的材料填充封堵。

④ 防火门不得跨越变形缝，并不得在变形缝两侧任意安装，应统一安装在楼层较多的一侧。

4. 防火阀和排烟防火阀等管道分隔设施的检查

(1) 检查方法

检查阀体安装是否合理、可靠，分别手动、电动和远程信号控制开启和关闭阀门，观察其灵活性和信号反馈情况。

(2) 要求

① 阀门应当紧贴防火墙安装，且安装牢固、可靠，铭牌清晰，品名与管道一一对应。

② 阀门启闭应当灵活，无卡涩。电动启闭应当有信号反馈，且信号反馈正确。阀体无裂缝和明显锈蚀，管道保温符合特定要求。

③ 易熔片的熔断温度和火灾温度自动控制应符合阀门动作温度要求。

④ 必要时，应打开防火阀检查内部焊缝是否平整密实，有无虚焊漏焊；油漆涂层是否均匀，有无锈蚀剥落；弹簧弹力有无松弛，阀片轴润滑是否正常，电气连接是否可靠；有无异物堵塞，特别是防火阀在经历火灾后应立即检查并更换易熔片和其他因火灾损坏的部件。

5. 电梯井、管道井等横、竖向管道孔洞分隔的检查

(1) 检查方法

查看电缆井、管道井等竖向井道以及管道穿越楼板和隔墙的孔洞分隔及封堵情况。

(2) 要求

① 电缆井、管道井、排烟道、通风道等竖向井道，应分别独立设置。井壁的耐火极限不应低于1.00h，检查门应采用丙级防火门。

② 电缆井、管道井等竖向井道在每层楼板处采用不低于楼板耐火极限的不燃烧

体或防火封堵材料封堵；与房间相连通的孔洞采用防火封堵材料进行封堵；特别是电缆井桥架内电缆空隙也应在每层封堵，且应满足耐火极限要求。

③电梯井应独立设置，井内严禁敷设可燃气体和甲、乙、丙类液体管道，不应敷设与电梯无关的电缆、电线等。电梯井的井壁除设置电梯门洞和通气孔洞外，不应设置其他洞口。电梯层门的耐火极限不应低于1.00h。

④现代建筑一般不设垃圾井道，因此对老建筑的垃圾道应封死，防止有人随意丢弃垃圾或其他引火物。垃圾应实行袋装化管理。

⑤玻璃幕墙应在每层楼板处用一定耐火等级的材料进行封堵。

（七）安全疏散设施的检查

1. 疏散走道和安全出口的检查

（1）检查方法

查看疏散走道和安全出口的通行情况。

（2）要求

①疏散走道和安全出口畅通，无堵塞、占用、锁闭及分隔现象，未安装栅栏门、卷帘门等影响安全疏散的设施。

②平时需要控制人员出入或设有门禁系统的疏散门具有保证火灾时人员疏散畅通的可靠措施；人员密集的公共建筑不宜在窗口、阳台等部位设置栅栏，当必须设置时，应设有易于从内部开启的装置；窗口、阳台等部位宜设置辅助疏散逃生设施。

③疏散走道、楼梯间应无可燃装修和堆放杂物。

④进入楼梯间和前室的门应为乙级防火门，平时应处于关闭状态。楼梯间的门除通向屋顶平台和一楼大厅的门外，其他各层的门进入楼梯间都应向楼梯间开启。楼梯间内一楼与地下室的连接梯段处应有分隔措施，防止人员疏散时误入地下层。

2. 应急照明和疏散指示标志的检查

（1）检查方法

①查看外观、附件是否齐全、完整。

②应急照明灯的设置位置是否符合要求；疏散指示标志方向是否正确。

③断开非消防用电，用秒表测量应急工作状态的转换时间和持续时间。

④使用照度计测量两个应急照明灯之间地面中心的照度是否达到要求。

（2）要求

①应急照明灯能正常启动；电源转换时间应不大于5s。

②应急照明灯和疏散指示灯的供电持续时间应符合相关要求，照度应符合设置场所的照度要求。

③消防应急灯具的应急工作时间应不小于灯具本身标称的应急工作时间。

④安装在走廊和大厅的应急照明灯应置于顶棚下或接近顶棚的墙面上，楼梯间应置于休息平台下，且正对楼梯梯段。

⑤消防疏散标志灯应安装在疏散走道1m以下的墙面上，间距不应大于20m；供电应连接于消防电源上，当用蓄电池作应急电源时，其连续供电时间应满足持续时间的要求。

⑥对安装在疏散通道高处的消防疏散指示标志，应使指示标志正对疏散方向，标志牌前不得有遮挡物；消防疏散指示标志灯安装在安全出口时应置于出口的顶部，安装在走道侧面墙壁上和安装在转角处时应符合相关要求。

⑦商场、展览馆等人员密集场所除在墙面设置灯光疏散指示灯外，还应在疏散通道地面上设置灯光疏散指示标志灯或蓄光型疏散指示标志，且亮度符合要求。

3. 避难层（间）的检查

(1) 检查方法

查看避难层（间）的设置和内部设施情况。

(2) 要求

①保证避难层（间）的有效面积能满足疏散人员的要求（每平方米少于5人），不得设置办公场所和其他与疏散无关的用房。

②避难层（间）的通风系统应独立设置，建筑内的排烟管道和甲、乙类燃气管道不得穿越避难层（间），避难层（间）内不得有任何可燃装修和堆放可燃物品，通过避难层的楼梯间应错开设置。

③避难层（间）应设应急照明，地面照度不低于3lx；医院避难层（间）地面的照度不低于10lx。

④应急照明、应急广播和消防专用电话及其他消防设施的供电电源应连接至消防电源。

(八) 火灾自动报警系统的检查

1. 火灾报警功能的检查

(1) 检查方法

观察各类探测器的型号选择、保护面积、安装位置是否符合规范《火灾自动报警系统设计规范》(GB 50116—2014)的要求，并任选一只火灾报警探测器，用专用测试工具向其发出模拟火灾报警信号，观察其动作状态。

(2) 要求

①探测器选型准确，保护面积适当，安装位置正确。

② 发出模拟火灾信号后，火灾报警确认灯启动，并将报警信号反馈至消防控制室，编码位置准确。

2. 故障报警功能的检查

(1) 检查方法

任选一只火灾报警探测器，将其从底座上取下，观察其动作状态。

(2) 要求

故障报警确认灯启动，并将报警信号反馈至消防控制室。

3. 火警优先功能的检查

(1) 检查方法

任选一只火灾报警探测器，将其从底座上取下；同时，任选另外一只火灾报警探测器，用专用测试工具向其发出模拟火灾报警信号，观察其动作状态。

(2) 要求

故障报警状态下，火灾报警控制器首先发出故障报警信号；火灾报警信号输出后，火灾报警控制器优先发出火灾报警信号。故障报警状态暂时中止，当处理完火灾报警信号（消音）后，故障信号还会出现，可以滞后处理，以保证火警优先。

4. 手报按钮和探测器安装位置的检查

(1) 检查方法

目测或工具测量。

(2) 要求

① 手报按钮应安装在楼梯口或疏散走廊的墙壁上，高度为 1.3~1.5m，间隔距离不大于 20m。

② 感烟探测器应安装在楼板下，进烟口与楼板距离不大于 10cm，斜坡屋面应安装在屋脊上，倾斜度不大于 45°；安装在走廊时，两个感烟探测器间距不大于 15m，袋型走道间距不大于 8m 且应居中布置；两个感温探测器的安装间距不大于 10m；探测器的工作显示灯闪亮并面向出入口。

③ 探测器与侧墙或梁的距离应不小于 0.5m，距送风口不小于 1.5m；当梁的高度大于 0.6m 时，两梁之间应为独立探测区域。

(九) 消防给水灭火设施的检查

1. 室内、室外消火栓系统的检查

(1) 室内消火栓组件的检查

① 检查方法：任选一个综合层和一个标准层，查看室内消火栓的数量和安装要求；任选几个消火栓箱，查看箱内组件，用带压力表的枪头测试消火栓的静压。

②要求：室内消火栓竖管直径不小于100mm，消火栓间距对多层建筑不大于50m，对于高层建筑不大于30m。室内消火栓箱内的水枪、水带等配件齐全，水带长度不小于20m，水带与接口绑扎牢固。出水口应与墙面垂直。消火栓出水口静压大于0.3MPa，但不宜大于0.7MPa。消火栓箱的手扳按钮按下后既能发出报警信号还能启动消防水泵。

(2) 室内消火栓启泵和出水功能的检查

①检查方法：按照设计的出水量要求，开启相应数量的室内消火栓；将消防控制室联动控制设备设置在自动位置，按下消火栓箱内的启泵按钮，查看消火栓及消防水泵的动作情况，并目测充实水柱长度。

②要求：消火栓泵启动正常并将启泵信号反馈至消防控制室；水枪出水正常；充实水柱一般长度不应小于10m；体积大于25000m^3的商店、体育馆、影剧院、会堂、展览建筑及车站、码头、机场建筑等，充实水柱长度不应小于13m。

(3) 室外消火栓的检查

①检查方法：任选一个室外消火栓，检查出水情况。

②要求：室外消火栓不应被埋压、圈占、遮挡，标志明显；安装位置距建筑外墙不宜小于5m，距消防车道不宜大于2m，两个消火栓之间的间距不应大于120m；有专用开启工具，阀门开启灵活、方便，消火栓出水正常；在冬季冻结区域还应有防冻措施。设置室外消火栓箱的，箱内水带、枪头等备件齐全。

(4) 水泵接合器的检查

①检查方法：任选一个水泵接合器，检查供水范围。

②要求：水泵接合器不应被埋压、圈占、遮挡，标志明显，并标明供水系统的类型及供水范围，安装在墙壁的水泵接合器的安装高度距地面宜为0.7m，距建筑物外墙的门窗洞口不小于2m，且不应设置在玻璃幕墙下。设置在室外的水泵接合器应便于消防车取水，且距室外消火栓或消防水池不宜小于15m。

2. 消防水泵房、消防水池、消防水箱的检查

(1) 检查方法

①消防水泵房设置是否合理，是否有直通室外地面的出口。

②储水池是否变形、损伤、漏水、严重腐蚀，水位标志是否清楚、储水量是否满足要求。寒冷地区消防水池（水箱）应有保温防冻措施。

③操作控制柜，检查水泵能否启动。

④水管是否锈蚀、损伤、漏水。管道上各阀门开闭位置是否正确。

⑤利用手动或减水检查浮球式补水装置动作状况。利用压力表测定屋顶高位水箱最远阀或试验阀的进水压力和出水压力是否在规定值以内。

⑥水质是否腐败、有无浮游物和沉淀。

(2) 要求

①消防水泵房不应设置在地下三层及以下或埋深10m以下，应有直通室外的出口，单独建造耐火等级不应低于二级。

②配电柜上的消火栓泵、喷淋泵、稳压(增压)泵的开关设置在自动(接通)位置。

③消火栓泵和喷淋泵进、出水管阀门，高位消防水箱出水管上的阀门，以及自动喷水灭火系统、消火栓系统管道上的阀门保持常开。

④高位消防水箱、消防水池、气压水罐等消防储水设施的水量达到规定的水位。

⑤北方寒冷地区，高位消防水箱和室内外消防管道要有防冻措施。

(十) 自动灭火系统的检查(系统的功能检验一般应在消防专业人员指导下进行)

1. 湿式喷水系统功能的检查

(1) 检查方法

观察喷头安装的距离、位置、保护面积是否符合规范要求；将消防控制室的消防联动控制设备设置在自动状态，开启最不利点处的末端试水装置观察报警、各类控制器动作、信号反馈、测试压力等。

(2) 要求

①闭式喷头易熔玻璃球的融化温度选择应符合场所的环境温度要求，两个喷头之间的距离应为3~4.5m，火灾荷载大的取大值，荷载小的取小值，一个喷头的最大保护面积不大于20m²。下垂式喷头的溅水盘与楼板的距离不大于0.10m，直立式喷头溅水盘与楼板的距离不大于0.15m，不小于0.075m，喷头与梁的间距不小于0.6m，溅水盘与梁底面的高度差不大于0.1m，不小于0.025m。宽度大于1.2m的通风管道下应设喷头，走廊的喷头应居中布置。

②末端试水装置应设在消防给水管网的最不利点，出水压力不低于0.05MPa；报警阀、压力开关、水流指示器动作；末端试水装置出水5min内，消防水泵自动启动；水力警铃发出警报信号，且距水力警铃3m处的声压级不低于70dB；水流指示器、压力开关和消防水泵的动作信号反馈至消防控制室。

其他自动喷水灭火系统如干式灭火系统、预作用灭火系统的检查可参照湿式灭火系统的检查方法进行。

2. 水幕、雨淋系统的检查

(1) 检查方法

将消防控制室的消防联动控制设备设置在自动位置(不宜进行实际喷水的场所，

应在实验前关闭雨淋阀出口控制阀)。先后触发防护区内部两个火灾探测器或触发传动管泄压,查看火灾探测器或传动管的动作情况。

(2) 要求

火灾报警控制器确认火灾后,自动启动雨淋阀、压力开关及消防水泵;水力警铃发出警报信号,且距水力警铃 3m 处的声压级不低于 70dB;水流指示器、压力开关,电动阀及消防水泵的动作信号反馈至消防控制室。

3. 泡沫灭火系统的检查

泡沫灭火设备的检查除应参照上述供水系统的检查外,还应注意以下几点:

(1) 灭火剂储罐的检查

灭火剂储罐各部分有无变形、损伤、泄漏,透气阀或通气管是否堵塞,外部有无锈蚀;通过液面计或计量杆检查储存量是否在规定量以上。

(2) 泡沫灭火剂的检查

打开储罐排液口的阀门,用烧杯或量筒从上、中、下三个位置采取泡沫液,目视检查有无变质和沉淀物;判定时注意,判断灭火剂的种类(蛋白、合成表面、轻水泡沫)及稀释容量浓度,最好与预先准备的试剂相比较。当难以判定能否使用时应同厂商联系。

(3) 泡沫灭火剂混合装置的检查

灭火剂混合方式有数种,按照有关说明资料,检查比例混合器、压力送液装置、比例混合调整机构及其连接的配管部分是否符合规定要求。

(4) 泡沫出口的检查

① 检查泡沫喷头安装角度,喷头、喷头网有无变形、损伤、零件脱落,泡沫喷射部分、空气吸入部分等是否堵塞。

② 高倍泡沫出口,检查泡沫网是否破损、变形,网孔是否堵塞。用手转检查风扇的旋转及轴、轴承等部位有无影响性能的故障。

③ 检查周围有无影响泡沫喷射的障碍。

④ 全淹没方式防护区开口部设自动关闭装置时,应检查有无影响自动关闭装置性能(如泡沫严重泄漏)的变形损伤等。

4. 气体灭火设备的检查

(1) 外观检查

① 储气瓶周围温度、湿度是否过高(温度应低于 40℃),日光是否直射和雨淋,是否设于防护区外且不通过防护区可以进出的场所。是否有照明设备,操作和检查空间是否足够。

② 目视检查储气瓶、固定架、附件有无变形、锈蚀,储气瓶固定是否牢靠,固

定螺栓是否紧固；储气瓶数目是否符合规定，压力是否处于安全区域；驱动气瓶压力是否符合要求，电气连接是否可靠；瓶头阀启动头是否牢固地固定在瓶头阀体上；电动式的导线是否老化、断线、松动；气动式的与驱动气瓶输气管连接处是否松脱；手动操作机构是否锈蚀，安全销是否损伤、脱落；气瓶连接管及集合管有无变形、损伤，连接部是否松动；单向阀是否变形、损伤，连接部是否松动；管网中的阀门、管道之间的连接是否可靠。

③ 气瓶间是否有气瓶设置及高压容器警示、说明标志。

④ 无管网装置的气瓶箱是否变形、损伤、锈蚀，安装是否牢靠，门的开关是否灵活，箱面是否有防护区名称和防护对象名称及使用说明。

⑤ 选择阀及启动头是否有变形损伤，连接部是否松动；手动操作处有无盖子或锁销；选择阀是否设在防护区外的场所，有无使用方法的标志说明牌（板）。

⑥ 手动启动装置操作箱是否设于易观察防护区的进出口附近，设置高度是否合适（应离地 0.8~1.5m），操作箱是否固定牢靠，周围有无影响操作的障碍物。在手动装置或其附近有无相应的防护区名称或防护对象名称、使用方法、安全注意问题等标志；启动装置处有无明显的"手动启动装置"的标牌。

⑦ 在防护区进出口门头上是否设置了声光报警装置和"施放灭火剂禁止入内"显示灯，防止灭火剂施放中或灭火后灭火剂未清除期间人员误入。

⑧ 控制柜周围有无影响操作的障碍物，操作是否方便，设于室外时有无防止雨淋和无关人员乱摸的措施；电源指示灯是否常亮；具有手动、自动切换开关的控制柜，自动、手动位置显示灯是否常亮；转换开关或其附件有无明显的使用方法说明标牌，转换状态的标志是否明显。

⑨ 防护区的进出口所设的"施放灭火剂禁止入内"显示灯是否破损、脏污、脱落。

(2) 功能检查

将消防控制室的消防联动控制开关设置在自动位置，关断有关灭火剂存储器上的驱动器，安上相适应的指示灯具、压力表和试验气瓶及其他相应装置，在实验防护区模拟两个独立的火灾信号进行施放功能的测试。

(3) 要求

① 检查试验保护分区的启动装置及选择阀动作应正常；压力表测定的气压足以驱动容器阀和选择阀。

② 声光报警装置应设于防护区门口且能发出符合设计要求的正常信号。

③ 有关的开口部位、通风空调设备以及有关的阀门等联动设备应关闭；换气装置应停止。

④延时阶段触发停止按钮，可终止气体灭火系统的自动控制。

⑤试验防护分区的启动装置及选择阀应准确动作、喷射出试验气体，且管道无泄漏。

⑥检查结束后，把试验用气瓶卸下，重新安装好气瓶，其他均恢复到原状。

⑦喷射分区门口应有喷射正在进行的提示标志，未完全换气前不得进入，必须进入时应佩戴空气呼吸器。

⑧无管网气体灭火装置的气体喷放口不得有任何影响气体施放的遮挡物。

(十一)通风、防排烟系统的检查

1. 外观检查

①风机管道安装牢固，附件齐全，排烟管道符合耐火极限要求，无变形、开裂和杂物堵塞；通风口、排烟口无堵塞，启闭灵活；管道设置合理，排烟管道的保温层符合耐火要求。

②防火阀、排烟防火阀标识清晰，表面不应有变形及明显的凹凸，不应有裂纹等缺陷，焊接应光滑平整，不允许有虚焊、气孔夹杂等缺陷。

2. 功能检查

①用于自然排烟的走道开窗面积分别不小于走道面积的2%，防烟楼梯间及其前室的开窗面积不小于$2m^2$，与电梯间合用前室的开窗面积不小于$3m^2$，且在火灾发生时能自动开启或便于人工开启。

②机械排烟风机能正常启动，无不正常噪声；各送风、排烟口能正常开启；挡烟垂壁能自动降落。

③防火阀、排烟防火阀的手动开启与复位应灵活可靠，关闭时应严密。

④对电动防火阀应分别触发两个相关的火灾探测器或由控制室发出信号查看动作情况，防火阀和排烟防火阀在关闭后应向控制室反馈信号，确认阀门已关闭。

⑤将消防控制室防排烟系统联动控制设备设置在自动位置，任选一只火灾报警探测器，向其发出模拟火灾报警信号，其报警区域内的排烟设施应能正常启动。

3. 要求

当系统接到火灾报警信号后，相应区域的空调送风系统停止运行；相应区域的挡烟垂壁降落，排烟口开启并同时联动启动排烟风机，排烟口风速不宜大于10m/s；设有补风系统的防排烟系统，相应区域的补风机启动；相应区域的正压送风机启动，送风口的风速不宜大于7m/s；相应区域的防烟楼梯间及其前室和合用前室的余压值符合要求，保证楼梯间风压大于前室，前室风压大于疏散走道。

(十二) 灭火器设置的检查

① 检查方法：查看灭火器的选型、数量、设置点；查看压力指示器、喷射软管、保险销、喷头或阀嘴、喷射枪等组件；查看压力指示器和灭火器的生产或维修日期。

② 要求：灭火器选型符合配置场所的火灾类别和配置规定，组件完好，压力指针位于绿色区域，灭火器处于使用有效期内。

(十三) 其他防火安全措施的检查

1. 消防电源的检查

(1) 检查方法

查看消防电源指示灯显示；切换消防主、备电源。

(2) 要求

① 对一类高层建筑、建筑高度大于 50 m 的乙、丙类厂房和丙类仓库，以及室外消防用水量 30L/s 的厂房或仓库、二类高层民用建筑等要求一级和二级负荷供电的建筑、罐区、堆场的消防用电应设置双回路供电。当采用自备发电机作备用电源时，自备发电设备应设置自动和手动启动装置，当采用自动方式启动时，应能保证在 30s 内供电。

② 从变压器端引出的消防电源与非消防电源相互独立；消防主、备电源供电正常，自动切换功能正常；备用消防电源的供电时间和容量应满足该建筑火灾延续时间内各消防用电设备的要求。

③ 消防控制室、消防水泵房、防烟和排烟风机房及消防电梯等的供电应在其配电线路的最末一级配电箱处设置自动切换装置。

④ 消防控制室应设置 UPS 备用电源，并能保证消防控制室、应急照明灯、疏散指示标志灯和消防电梯等消防设备运行不少于 30min，以满足极端条件下人员安全疏散的需要。

⑤ 所有消防用电的电气线路除采用矿物绝缘类不燃电缆以外，都应穿金属管或用封闭式金属槽盒保护。配电室的消防用电配电线路应有明显标志。

2. 防火间距、消防车道及应急救援场地的检查

① 检查方法：实地查看防火间距、消防车道及应急救援场地的管理。

② 要求：防火间距、消防车道及消防救援场地符合设计规范；防火间距未被侵占 (无违章搭建或堆放杂物)；消防车道畅通，消防车道、回车场地及消防车作业场地未被堵塞、占用，设置临时停车位或开挖管沟未及时回填、覆盖以及设置影响消防车通行及展开应急救援的障碍物；扑救面设置的消防员出入口不得设置栅栏、广

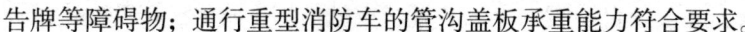

告牌等障碍物；通行重型消防车的管沟盖板承重能力符合要求。

二、其他重点场所的检查要点

（一）公共娱乐场所的检查

由于公共娱乐场所人员比较密集，一旦发生火灾，极易造成群死群伤。因此，此类场所的检查应抓住设置部位、安全疏散、消防设施等重点内容。

1. 设置部位

① 不应设在古建筑、博物馆、图书馆建筑内，不宜设置在砖木结构、木结构或未经防火处理的钢结构等耐火等级低于二级的建筑内；不应设置在袋形走道的两侧或尽头端（保龄球馆、旱冰场除外）。

② 不应在居民住宅楼内改建公共娱乐场所，不得毗连重要仓库或危险物品仓库。

2. 安全疏散

① 安全出口处不得设门槛，紧靠门口1.4m以内不应设踏步；疏散门应采用平开门并向疏散方向开启，不得采用卷帘门、转门、吊门和侧拉门、屏风等影响疏散的遮挡物；走道不应设台阶。

② 营业时必须确保安全出口和疏散通道畅通无阻，严禁将门上锁、阻塞或用其他物品缠绕，影响开启；场所内容纳的最多人数不应超过公安机关核定的最多人数。

③ 营业时，安全出口、疏散通道上应设置符合标准的灯光疏散指示标志（间距20m）。疏散走道、营业场所内应设应急照明灯，照明供电时间不得少于30min，当营业场所设置在超高层建筑内时，照明供电时间不得少于1.5h。

3. 疏散逃生措施

① 每间包房内应配备应急照明灯或应急手电筒，每个顾客配备一块湿手（毛）巾，在每间包房门的背后或靠近门口的醒目位置及公共走道交叉处设置疏散导向图。

② 卡拉OK厅及其包房内应设置声音或视像警报，保证在火灾发生初期将各卡拉OK房间的画面、音响消除，播送火灾警报，引导人们安全疏散。

4. 消防安全管理

① 严禁带入和存放易燃、易爆物品。在地下公共娱乐场所，严禁使用液化石油气。使用燃气的场所应按规范要求安装可燃气体浓度报警装置，规模较大的场所应安装气源自动切断装置。

② 严禁在营业时进行设备检修、电气焊、油漆粉刷等施工、维修作业。

③ 不得封闭或封堵建筑物的外窗。因噪声污染影响居民生活等特殊原因，确需

封堵的应采用可开启窗,并安装自动喷水灭火装置、机械排烟设施等予以弥补。

④ 电气线路不得乱拉乱接,严禁超负荷使用。

⑤ 演出、放映场所的观众厅内禁止吸烟和演出时使用明火。

⑥ 建立烟蒂与普通生活垃圾分开清理的制度,垃圾篓不得采用塑料制品,应采用不燃材料制品。清理收集的垃圾必须放置在建筑主体外。

⑦ 营业与非营业期间都应当落实防火巡查,及时发现和处理事故苗头。

5. 内部装修防火措施的检查

(1) 疏散通道、人员密集场所的房间、走道的顶棚、墙面和地面的装修材料的检查

① 检查方法:查看装修材料的燃烧性能。

② 要求:防烟楼梯间、封闭楼梯间、无自然采光楼梯间的顶棚、墙面和门厅的顶棚装修材料的燃烧性能等级为 A 级;房间墙面、地面的装修材料燃烧性能等级不低于 B1 级;当墙面、吊顶确需使用部分可燃材料时,可燃材料的占用面积不得超过装修面积的 10%;严禁使用泡沫塑料、海绵等易燃软包材料;地下建筑的疏散走道、安全出口和有人员活动的房间的顶棚、墙面和地面装修材料都应采用 A 级。

(2) 电气安装防火措施的检查

① 检查方法:查看电气连接、线路保护、隔热措施、电器性能等。

② 要求:电气连接应当可靠,不许搭接、虚接、铜铝线混接。设置在顶棚内和墙体内等隐蔽处的电线必须穿管保护,且管头要封堵;所有穿过或安装在可燃物上的电气产品,如开关、插座、镇流器和照明灯具等都要有隔热散热措施;卤钨灯和功率大于 100W 的白炽灯其引入线应采用瓷管、矿棉作隔热保护;同一支线上连接的灯具不得超过 20 个。不许使用不符合有关安全标准规定的电气产品。

(二) 建筑工地的检查

由于建筑工地内施工单位数量较多,规模参差不齐,外来务工人员的消防意识薄弱,人员流动性强,危险品数量、品种较多,各种建筑物资混放和缺少消防设施、器材,一旦发生火灾将很快蔓延,容易造成人员伤亡和经济损失,因此,建筑工地也是消防检查的重点场所。此类场所的消防检查,要以明火管理、危险品管理、电气线路及住宿场所、消防水源、车道和灭火器材等作为检查重点。

1. 明火管理

① 施工现场动火作业必须严格执行动火审批制度。

② 动火(电焊、气割等)作业人员必须经专业培训后持证上岗。

③ 动火场地应配备灭火器材,落实消防监护人员。

④施工现场内禁止吸烟，危险品仓库、可燃材料堆场、废品集中站及施工作业区等应设置明显的禁烟警告标志。

⑤内装修施工中使用油漆等带有挥发性的易燃、易爆材料时，应有良好的通风条件，严禁在现场吸烟或动火作业。

2. 危险品管理

①工地内应按规范设置专用的危险品仓库（室），严禁乱堆、乱放。危险品仓库内应有良好的通风设施，仓库内电线应穿金属管保护并按相关规定采用防爆型电器。

②在建筑内禁止设置易燃、易爆危险品仓库，禁止使用液化石油气。

③危险品仓库应派专人管理，危险品出库、入库应有记录。

④施工单位对施工中产生的刨花、木屑以及油毡、木料等易燃、可燃材料应当当天清理，严禁在施工现场堆积或焚烧。施工剩余的油漆、稀释料应集中临时存放，统一处理并远离火源。

3. 电气线路和设备

①施工现场采用的电气设备应符合现行国家标准的规定，动力线与照明线必须分开设置，并分别选择相应功率的保险装置，严禁乱接乱拉电气线路，严禁采用不符合规定要求的熔体代替保险丝。

②使用中的电气设备应保持完好，严禁带故障运行；电气设备不得超负荷运行；配电箱、开关箱内安装的接触器、刀闸、开关等电气设备应动作灵活，接触良好可靠，触头没有氧化烧蚀现象。

4. 住宿场所

①在建筑工程的地下室、半地下室禁止设置施工和其他人员的住宿场所；禁止在库房内设置员工集体宿舍。在建筑工地内设置临时住宿、办公场所时，应在住宿、办公场所与施工作业区之间采取有效的防火分隔，落实安全疏散、应急照明等消防安全措施。

②住宿、办公场所的耐火等级不应低于三级，严禁搭建木板房和使用泡沫塑料板作夹层的彩钢板房作为住宿、办公场所。

③住宿场所内严禁乱接乱拉电线，严禁使用大功率电气设备（包括取暖设备、电加热设备），严禁存放、使用易燃、易爆物品。

5. 其他安全措施

①施工现场应设有消防车道，宽度不应小于 3.5m，保证临警时消防车能停靠施救。

②建筑物的施工高度超过 24m 时，施工单位必须落实临时消防水源和供水设备。

③住宿、办公场所、施工现场要根据实际情况，配备足够的灭火器材，并安置

在醒目和便于取用的地方。灭火器材应保养完好。

(三) 仓库的检查

仓库是集中储存和中转物资的场所，一旦发生火灾，经济损失比较惨重，所以仓库是消防安全的重点。消防安全检查要抓住人员培训、堆存物品、建筑防火、制度管理和消防设施等要素。

1. 一般物品的储存

① 库内物品应当分类、分垛储存，每垛占地面积不宜大于$100m^2$，仓库内货物的堆放间距要符合有关仓库管理规定要求，仓库内货物进出通道宽度应不小于1.5m；垛与垛不小于1m，垛与墙、垛与顶、垛与柱梁、垛与灯之间，各种水平间距要保证不小于0.5m，灯具下方不宜堆放可燃物品，以利于通风和人员通行并能进行安全巡查。

② 物品堆垛应避开门、窗和消防器材等，以便于通行、通风和消防救援。

③ 库房内或危险品堆垛附近不得进行实验、分装、打包、易燃液体灌装或其他可能引起火灾的任何不安全操作。

④ 库房内不得乱堆、乱放包装残留物，特别是易自燃的油污包装箱、袋。

⑤ 露天堆场物品也应分类、分堆、分组、分垛堆放，并留出足够的防火间距。

2. 易燃易爆物品的储存

① 易燃易爆化学物品已超过存储期或因其他原因发生变质的要及时进行处理，防止变质物品因分解和氧化反应发生泄漏或产生热量引发火灾。

② 凡包装、标志不符合国家标准，或破坏、残缺、渗漏、变形及变质、分解的货品，严禁入库。例如，压缩气体瓶没有戴安全帽；野蛮装卸造成的阀门损坏；金属钾、钠容器破裂，致使液体渗漏；盛装易燃液体的玻璃容器瓶盖不严，瓶身上有气泡、疵点等。

③ 严禁将化学性质抵触、消防施救方法不同的易燃、易爆危险物品违章混存。

3. 仓库建筑

① 仓库应当符合消防安全要求，不得违规改变仓库的使用性质和使用功能。经过消防审核（验收）的仓库建筑不得随意改变使用性质。确需改变使用性质的，应重新报批。

② 存放易燃、易爆化学物品的库房不得设置在高层建筑、地下室或半地下室，库房地面应采用防火花或防静电材料，高温季节应有通风降温措施。

③ 存放甲、乙类物品库房的泄爆面不得开向库区内的主要道路，库房内不准设办公室、休息室。存放丙类以下物品的库房需设置办公室时，可以贴邻库房一角设

置无孔洞的一级、二级耐火等级的建筑,其门窗应能直通室外。

④钢结构仓库顶棚必须设置由易熔材料制成的可熔采光带。易熔材料是指能在高温条件(一般大于80℃)自行熔化且不产生熔滴的材料。可熔采光带的面积不应小于顶棚总面积的25%。或在建筑两个长边的外墙上方设置面积不小于仓库面积5%的外窗,以利于火灾情况下的排烟、排热和灭火行动。

⑤存放压缩气体和液化气体的仓库,应根据气体密度等性质,采取防止气体泄漏后积聚的措施。存放遇湿易燃物品的仓库应采取防火、防潮措施。

⑥库区内不得随意搭建影响防火间距的临时设施。

4. 电气设备

①所有库房内的电气设备都应为符合国家的现行标准。电气设计、安装、验收必须符合国家现行标准的有关规定。

②存放甲、乙类物品库区内的电气设备及铲车、电瓶车等提升、堆垛设备均应为防爆型。存放丙类物品的库房内应在上述机械设备易产生火花的部位设置防护罩。

③库房内不准设置移动式照明灯具,不得随意拉接临时电线。

④库房内电气线路应穿管敷设或采用电缆,插座装在库房外,并避免被碰砸、撞击和车轮碾压。

⑤库房内不准使用电炉等电热器具和家用电器。

⑥存放丙类以上物品的库房内不得使用碘钨灯和超过60W的白炽灯等高温照明灯具;库房内使用低温照明灯具和其他防燃型照明灯具时,应当对镇流器采取隔热、散热等防火保护措施。

⑦库区电源应设总闸,每个库房单独设分电闸。开关箱设在库房外,并设置防雨设施,人员离开即拉闸断电。

5. 从业人员

①存放易燃、易爆化学物品仓库的保管员、装卸人员应参加消防安全知识、技能培训,并持证上岗,仓库管理人员同时也是义务消防队员。

②应建立24h值班、定时巡逻制度,并做好记录。

6. 火源

①库区内应设置最醒目的禁火标志。进入存放甲、乙类物品库区的人员,禁止携带火柴、打火机等物品。进入甲、乙类液体储罐区的人员,禁止携带手机。

②进入库区的机动车辆的排气管应加装火星熄灭装置。

③库区内动火须经单位防火负责人批准,办理动火手续。

④库区周围禁止燃放烟花爆竹。

⑤防雷、防静电设施必须定期维护保养,保持正常、好用。

7. 消防设施

仓库的消防设施应按照建筑消防设施的检查要求，对其完好有效情况实施检查。

(四) 地下建筑的检查

地下空间由于通风不良、疏散逃生和施救困难，易发生群死群伤的火灾事故，因此也是消防检查的重点场所。

1. 地下建筑内应当禁止的行为

① 内部存放液化石油气钢瓶、使用液化石油气和闪点小于60℃的液体作燃料。

② 内部设置哺乳室、托儿所、幼儿园、游乐厅等儿童活动场所和残疾人员活动场所。

③ 在地下二层及以下层面设置影院、礼堂等人员密集的公共场所和医院病房。

④ 经营和储存火灾危险性为甲、乙类储存属性物品。

⑤ 营业厅设置在地下三层及三层以下。

⑥ 歌舞、娱乐、放映、游艺场所设置在地下二层及以下。

⑦ 内部设置油浸电力变压器和其他油浸电气设备。

⑧ 每个防火分区的安全出口数量少于两个（仓库除外）。

检查中一旦发现上述行为，应立即责令停止使用。

2. 防火分区设置的检查

① 每个防火分区允许的最大建筑面积应不大于500m²（设自动喷水灭火系统时为1000m²）。

② 存放丙类可燃液体的仓库内，每个防火分区允许的最大建筑面积应不大于150m²。

③ 存放丙类可燃物品的仓库内，每个防火分区允许的最大建筑面积应不大于300m²。

④ 商业营业厅、展览厅等防火分区面积应不大于2000m²。

⑤ 电影院、礼堂的观众厅防火分区面积应不大于1000m²。

⑥ 歌舞、娱乐、放映、游艺场所内一个厅、室的建筑面积应不大于200m²。

3. 消防设施的检查

① 防火分区面积超过允许的最大建筑面积的地下歌舞、娱乐、放映、游艺场所，建筑面积大于500m²的地下商店都应当设置自动喷水灭火系统和防、排烟设施。

② 建筑面积大于500m²的地下商店和建筑面积大于1000m²的地下丙、丁类物品生产车间和存放丙、丁类物品的库房，以及地下歌舞、娱乐、放映、游艺场所除应设置自动喷水灭火系统外，还应设置火灾自动报警系统。

③长时间有人员活动的地下建筑,按规定设置足够的火灾应急照明灯具和疏散指示标识。

4.防火措施的检查

①地下公共娱乐场所或中小旅馆、招待所应分别根据公安机关核定的场所最大允许容纳人数或床位数,按1:1的比例配置防烟面具,合理放置在每间客房内和公共走道上。每个放置点应采用表面为玻璃等透明物的箱体,做到醒目和便于取用。

②地下公共娱乐场所或中小旅馆、招待所的每间包房或客房内应配置一把应急手电筒;每间房门的背后或靠近门口的醒目位置应设置疏散导向图;公共走道交叉处墙壁上应设置疏散指示标志。

③烟蒂与普通生活垃圾应分开清理,并将烟蒂倒入专门的铁质或其他金属垃圾桶内。废纸篓应采用不燃材料制品。

④疏散通道、安全出口必须保持畅通无阻。营业期间,严禁将安全出口上锁、阻塞或用其他物品缠绕,影响开启。一层与地下室的连通楼梯应用防火门可靠分隔,并向一楼平推开启。

⑤严禁在同一房间和防火分区内存在人员住宿、生产加工、储存货物的"三合一"现象。

⑥地下建筑内不得使用可燃材料装修。

(五)易燃、易爆化工单位的检查

易爆化工单位容易引发恶性火灾爆炸事故,历来是消防安全管理的重点。因此在检查时应重点关注以下情况。

1.危险化学品生产或存储的基本情况

①生产过程中涉及的危险化学品的种类、性质,如原料、中间体、产品的闪点、燃点、熔点、相对密度、腐蚀性、氧化性、沸点、爆炸极限、饱和蒸汽压等基础信息。

②火灾危险性级别高的重点部位、危险性较大的工序等。

2.建筑情况

①易燃、易爆化工厂房、仓库的耐火等级、层数、占地面积、工艺布置、泄压面积、储罐设置、事故罐(池)容积、围堰体积等均应符合国家现行规范要求。

②新建、改建、扩建的建筑工程必须经过消防救援部门的消防设计审核,工程竣工后必须经过住建部门验收合格后方可投入使用。

3.重点部位情况

①管道、阀门、泵、阻火器、防爆泄压等装置和附件应处于正常状态。

② 生产、使用中涉及闪点、自燃点低、爆炸极限下限低、范围宽的易燃、易爆化学物品的工艺装置，应设置与工艺相配套的自动连锁、泄漏消除、紧急救护、自动灭火等设施。

③ 电气设备应采用符合国家现行标准的产品，危险区域应采用防爆型产品。

④ 防雷、防静电、可燃气体浓度报警等安全设施应保持正常、好用。

⑤ 作业人员应经过消防安全知识培训，熟悉掌握生产使用的易燃、易爆化学物品的火灾危险性，岗位的操作规程等消防安全知识和安全操作技能。

⑥ 健全和落实安全管理制度，并结合工艺流程制定危险岗位的安全操作规程和事故状态下的处置程序。

⑦ 重点装置的温度、压力、流量、流速、液位等参数处于正常范围。

4. 检修施工场所

① 单位应制订检修施工消防安全方案。

② 动火施工时必须办理动火手续，进行电焊、气焊和其他具有火灾危险作业的人员应持证上岗。合理划定现场警戒区域，并清除周围杂草和可燃物质包括油污等，落实封堵地沟、水封井等安全措施。

③ 输油管线、储罐检修前应按相关规定进行蒸洗和自然通风。在可能产生可燃气体的场所，动火前应进行可燃气体检测，符合规定方可动火作业，该封堵的端口应采取有效的封堵措施。第一次与第二次动火的时间间隔超过规定有效安全时间的，必须重新进行检测。

④ 施工现场应落实消防安全监护措施，现场应配置足够的灭火器具。

5. 消防设施的配置

按照有关要求对单位内火灾自动报警系统、水灭火系统、泡沫灭火系统、气体灭火系统、建筑灭火器配置等进行检查。

第四节　火灾隐患的认定和整改

火灾隐患通常是指单位、场所、设备以及人们的行为违反消防法律、法规，有引起火灾或爆炸事故、危及生命财产安全、阻碍火灾扑救等潜在的危险因素和条件。及时发现和消除火灾隐患，保障人民生命和社会财产的安全，是单位进行防火检查的主要目的之一。企事业单位保卫人员在实施防火检查时，对单位存在的火灾隐患，应采取相应的处理措施，及时消除火灾隐患，纠正违法行为。

一、火灾隐患的分级

根据不安全因素引发火灾可能性的大小和可能造成危害程度的不同,火灾隐患可分为一般火灾隐患和重大火灾隐患。

二、一般火灾隐患的认定

一般火灾隐患是指存在的不安全因素有引发火灾的可能,且发生火灾会造成一定的危害后果,但危害后果不严重的情形。

具有下列情形之一的,应当确定为一般火灾隐患:

① 影响人员安全疏散或者灭火救援行动,不能立即改正的。
② 消防设施未保持完好有效,影响防火、灭火功能的。
③ 擅自改变防火分区,容易导致火势蔓延、扩大的。
④ 在人员密集场所违反消防安全规定,使用、储存易燃易爆危险品,不能立即改正的。
⑤ 不符合城市消防安全布局要求,影响公共安全的。
⑥ 其他可能增加火灾实质危险性或者危害性的情形。

三、重大火灾隐患的判定

重大火灾隐患是指违反消防法律、法规,可能导致火灾发生或火灾危害增大,由此可能造成特大火灾事故后果和严重社会影响的各类潜在的不安全因素。重大火灾隐患的判定一般分为直接判定和综合判定。

(一) 重大火灾隐患的判定程序

① 进行现场检查核实,并获取相关影像、文字资料。
② 组织集体讨论判定,且参与人数不应少于3人。
③ 对于涉及复杂疑难的技术问题,按照本标准判定重大火灾隐患有困难的,应由消防救援部门组织专家成立专家组进行技术论证。专家组由当地政府有关行业主管、监管部门和相关消防技术的专家组成,人数不应少于7人。
④ 集体讨论或专家技术论证时,建筑业主和管理、使用单位等涉及利害关系的人员可以参加讨论,但不应进入专家组。
⑤ 集体讨论或专家技术论证应形成结论性意见,作为判定重大火灾隐患的依据。判定为重大火灾隐患的结论性意见应有2/3以上的专家同意。
⑥ 集体讨论和专家技术论证应当提出合理可行的整改措施和期限。

（二）重大火灾隐患的直接判定

可直接判定为重大火灾隐患有以下情形：

① 生产、储存和装卸易燃易爆化学物品的工厂、仓库和专用车站、码头、储罐区，未设置在城市的边缘或相对独立的安全地带。

② 甲、乙类厂房设置在建筑的地下、半地下室。

③ 甲、乙类厂房、库房或丙类厂房与人员密集场所、住宅或宿舍混合设置在同一建筑内。

④ 公共娱乐场所、商店、地下人员密集场所的安全出口、楼梯间的设置形式及数量不符合规定。

⑤ 旅馆、公共娱乐场所、商店、地下人员密集场所未按规定设置自动喷水灭火系统或火灾自动报警系统。

⑥ 易燃可燃液体、可燃气体储罐（区）未按规定设置固定灭火、冷却设施。

（三）重大火灾隐患的综合判定

适用于重大隐患综合判定的因素主要是隐患存在的门类多，而某一项具体隐患又不够重大隐患的界定标准，因此需要考虑多方面的因素综合判定。需要综合判定的要素如下：

1. 总平面布置

① 未按规定设置消防车道或消防车道被堵塞、占用。

② 建筑之间的既有防火间距被占用。

③ 城市建成区内的液化石油气加气站、加油加气合建站的储量达到或超过 GB50156 对相应级别储量的规定。

④ 丙类厂房或丙类仓库与集体宿舍混合设置在同一建筑内。

⑤ 托儿所、幼儿园的儿童用房及儿童游乐厅等儿童活动场所，老年人居住建筑，医院、疗养院的住院部等与其他建筑合建时，所在楼层位置不符合规定。

⑥ 地下车站的站厅乘客疏散区、站台及疏散通道内设置商业经营活动场所。

2. 防火分隔

① 擅自改变原有防火分区，造成防火分区面积超过规定的 50%。

② 防火门、防火卷帘等防火分隔设施损坏的数量超过该防火分区防火分隔设施数量的 50%。

③ 丙、丁、戊类厂房内有火灾爆炸危险的部位未采取防火防爆措施，或现有措施不能满足防止火灾蔓延的要求。

3.安全疏散及灭火救援

①擅自改变建筑内的避难走道、避难间、避难层与其他区域的防火分隔设施，或避难走道、避难间、避难层被占用、堵塞而无法正常使用。

②建筑物的安全出口数量不符合规定，或被封堵。

③按规定应设置独立的安全出口、疏散楼梯而未设置。

④商店营业厅内的疏散距离超过规定距离的25%。

⑤高层建筑和地下建筑未按规定设置疏散指示标志、应急照明，或损坏率超过30%。其他建筑未按规定设置疏散指示标志、应急照明，或损坏率超过50%。

⑥设有人员密集场所的高层建筑的封闭楼梯间、防烟楼梯间门的损坏率超过20%。其他建筑的封闭楼梯间、防烟楼梯间门的损坏率超过50%。

⑦民用建筑内疏散走道、疏散楼梯间、前室室内的装修材料燃烧性能低于B1级。

⑧人员密集场所的疏散走道、楼梯间、疏散门或安全出口设置栅栏、卷帘门及其安全出口、楼梯间的设置形式及数量不符合规定。

⑨人员密集场所的建筑外窗被封堵或被广告牌等遮挡，影响逃生和灭火救援。

⑩高层建筑的举高消防车作业场地被占用，影响消防扑救作业。

4.消防给水及灭火设施

①未按规定设置消防水池或无其他解决消防水源的设施。

②未按规定设置室外消防给水设施，或已设置但不能正常使用。

③未按规定设置室内消火栓系统，或已设置但不能正常使用。

④已设置的自动喷水灭火系统或其他固定灭火设施不能正常使用或运行。

5.防烟排烟设施

人员密集场所未按规定设置防烟排烟设施，或防烟分区设置不当，或已设置但不能正常使用或运行。

6.消防电源

①消防用电设备未按规定采用专用的供电回路，或不能实现双回路供电。

②未按规定设置消防用电设备末端自动切换装置，或已设置但不能正常工作。

7.火灾自动报警系统

①火灾自动报警系统处于故障状态，不能恢复正常运行。

②自动消防设施不能正常联动控制。

8.其他

①违反规定在可燃材料或可燃构件上直接敷设电气线路或安装电气设备。

②易燃易爆化学物品场所未按规定设置防雷、防静电设施，或防雷、防静电设

施失效。

③易燃易爆化学物品或有粉尘爆炸危险的场所未按规定设置防爆电气设备，或防爆电气设备失效。

④违反规定在公共场所使用可燃材料装修。

四、火灾隐患的整改

单位对火灾隐患应当及时予以消除，消除的方式可以视隐患的大小、整改难易程度等情况灵活处置。可以立即改正的，保卫人员应当责令当场改正；对一时改正不了的，保卫人员应责令限期整改。特别重大的情况，保卫人员应及时向有关领导汇报，必要时可以向当地公安消防部门请求协助。

(一)火灾隐患当场改正

对下列违反消防安全规定的行为，单位应当责成有关人员当场改正并督促落实：
①违章进入生产、储存易燃易爆危险物品场所的；
②违章使用明火作业或者在具有火灾、爆炸危险的场所吸烟、使用明火等违反禁令的；
③将安全出口上锁、遮挡，或者占用、堆放物品，影响疏散通道畅通的；
④消火栓、灭火器材被遮挡影响使用或者被挪作他用的；
⑤常闭式防火门处于开启状态，防火卷帘下堆放物品影响使用的；
⑥消防设施管理、值班人员和防火巡查人员脱岗的；
⑦违章关闭消防设施、切断消防电源的；
⑧其他可以当场改正的行为。
违反前款规定的情况以及改正情况应当有记录并存档备查。

(二)火灾隐患限期整改

对不能当场改正的火灾隐患，消防工作归口管理职能部门或者专、兼职消防管理人员应根据本单位的管理分工，及时将存在的火灾隐患向单位的消防安全管理人或者消防安全责任人报告，提出整改方案。消防安全管理人或者消防安全责任人应当确定整改的措施、期限以及负责整改的部门、人员，并落实整改资金。

在火灾隐患消除之前，单位应当落实防范措施，保障消防安全。对不能确保消防安全，随时可能引发火灾或者一旦发生火灾将严重危及人身安全的情况，应当将危险部位停产停业整改。火灾隐患整改完毕，负责整改的部门或者人员应当将整改情况记录报送消防安全责任人或者消防安全管理人签字确认后存档备查。

对涉及城市规划布局而不能自身解决的重大火灾隐患，以及机关、团体、事业单位确无能力解决的重大火灾隐患，单位应当提出解决方案并及时向其上级主管部门或者当地人民政府报告。

对于对当地经济和社会生活影响较大的单位存在重大火灾隐患，需要停产、停业进行整改的，由消防救援机构提出意见，并由应急管理部门报请当地人民政府依法决定，由消防救援机构监督实施。

对消防救援机构责令限期改正的火灾隐患，应当及时提出整改方案报公安消防机构审查备案，单位应当在规定的期限内改正，并写出火灾隐患整改复函，报送消防救援部门，由消防救援部门验收。对于政府挂牌的重大火灾隐患，公安消防机构验收后应确认隐患整改是否完成，验收不合格的应当责令隐患单位继续整改，对验收合格的应将验收情况报当地人民政府，以确定是否摘牌，恢复单位正常的生产经营。

第三章 消防供水设施和消火栓系统

第一节 消防供水设施

一、消防供水系统的组成

消防供(给)水系统主要由消防水源(市政管网、消防水池、天然水源)、供水设施设备(消防水泵、高位消防水箱、消防稳压设施、水泵接合器)和供水管网、阀门等组成。

二、消防供水系统的分类

消防供水系统的分类见表3-1。

表3-1 消防供水系统的分类

分类方式	系统名称	特点
按水压分类	高压消防给水系统	能始终保持满足水灭火设施所需的工作压力和流量,火灾时无须消防水泵直接加压的供水系统
	临时高压消防给水系统	平时不能满足水灭火设施所需的工作压力和流量,火灾时能自动启动消防水泵以满足水灭火设施所需的工作压力和流量的供水系统
	低压消防给水系统	能满足车载或手抬移动消防水泵等取水所需的工作压力和流量的供水系统
按供水范围分类	独立消防给水系统	在一栋建筑内消防给水系统自成体系、独立工作的系统
	区域(集中)消防给水系统	两栋或两栋以上的建筑共用的消防给水系统
按设置位置分类	室外消防给水系统	由消防水源、消防供水设施设备、室外消防给水管网(阀门)、室外消火栓等组成,设置在市政道路或建筑物周围。火灾时,可以向车载或手抬移动消防水泵供水,也可以在建筑物外部进行灭火的给水系统
	室内消防给水系统	由消防水源、消防供水设施设备、室内消防给水管网(阀门)组成,向室内水灭火设施供水的给水系统
按供水灭火设施分类	消火栓灭火给水系统	向消火栓系统供水的给水系统
	自动喷水灭火给水系统	向自动喷水灭火系统供水的给水系统

续表

分类方式	系统名称	特点
按供水管网形式分类	环状管网消防给水系统	消防供水管网构成闭合环形，双向供水，供水可靠性高
	枝状管网消防给水系统	消防给水管网似树枝状，单向供水，供水可靠性比环状管网供水差

三、消防供水系统的检查

（一）消防水源

1. 市政供水管网

（1）检查室外给水管网的管道完好情况、供水能力

① 打开室外管道井（管沟），查看管道外表、连接处是否锈蚀，查看连接处是否有漏水、渗水现象。

② 完全打开消防水池、高位消防水箱的补水阀，利用流量计或其他方法测量补水管的供水能力。

（2）检查阀门状态

① 打开阀门井，检查阀门本体上操作手轮、手柄等是否齐全。

② 沿着供水管路观察安装在供水、泄压管路上的阀门是否处于完全开启状态，安装于测试管路上的阀门是否处于关闭状态。

③ 根据阀体上标注的启闭方向，操作手轮或手柄，检查其操作灵活性。

（3）检查进户管组件完好情况

① 打开水表井，检查进户管组件是否齐全。

② 确认两路进户管的安装位置。在条件许可的情况下，关闭一路进户管控制阀，测试另一路进户管的供水能力以及管网是否布置为环状。

2. 消防水池

（1）检查储水量

① 打开液位计进水阀，观察浮标的升起高度，读取水池液位高度，依据水池、水箱截面积，计算实际储水量。

② 根据计算结果，判断实际储水量是否满足消防用水量要求。

③ 设有电子水位仪的，可以在消防控制室、现场直接读取储水量。

（2）检查消防用水保证措施

① 在消防水池清洗时，专门检查合用消防水池是否采取了保证消防用水不被他

用的措施,保证消防用水不被他用的措施如下:

a. 将消防用水的取水口和其他用水的取水口设置在不同的高度;

b. 在水池里设置一个溢流墙,当水量消耗到溢流墙以下时,消防用水就被溢流墙隔开了,其他用水的吸水口无法吸取消防用水;

c. 在其他用水的吸水管上设置真空破坏管;

d. 在其他用水的吸水管上开孔。

② 在寒冷季节,检查消防水池的防冻措施是否有效。

③ 在枯水期、干旱季节,根据水位标尺读数及水池几何形状、尺寸,计算露天消防水池的实际储水量,判断其是否满足消防用水量的要求,同时检查池底淤泥厚度和水面杂物情况是否影响消防泵组取水。

(3) 检查消防水池组件功能

① 实地检查消防水池、高位消防水箱的排污管、溢流管是否引向集水井,通气孔是否畅通等;

② 进水控制阀启闭性能是否良好;

③ 供消防车取水的取水口保护措施是否完好、标志是否清晰;

④ 在消防控制室实地查看水位信息远传功能。

3. 高位消防水箱

高位消防水箱是指设置在高处,直接向水灭火设施重力供应初期火灾消防用水的储水设施。消防水箱按照容量大小可分为100m^3、50m^3、36m^3、18m^3、12m^3及6m^3六种规格,按照组装方式的不同可分为现场浇注型、拼装型及焊接型等,按照制作材料的不同可分为混凝土型、钢板型、玻璃钢型三种,按照用途不同可分为生产、生活与消防合用、独立消防水箱。其检查要点如下:

(1) 检查储水量

实地查看消防水箱水位高度,根据水箱截面积计算出水箱实际储水量,判断实际储水量是否满足消防设计文件要求。

(2) 检查保护措施

① 实地查看合用消防水箱消防用水不被他用的保护设施是否完好有效,合用消防水箱保证消防用水不被他用措施如下:

a. 取水口设置在不同高度;

b. 在生活取水管上开孔;

c. 设计溢流墙;

d. 在生活取水管上设置真空破坏管。

② 实地查看寒冷地区消防水箱的防冻设施是否完好有效。

(3) 检查组件功能

① 实地查看消防水箱排污管、溢流管是否直接排向屋面排水沟，消防水箱出水管上控制阀是否处于常开状态；

② 打开水箱盖板，用手按下进水阀的浮球，检查补水功能；

③ 启动消防水泵，通过观察溢流管是否出水，判断水箱出水管上止回阀防止水倒流的功能是否正常；

④ 在消防控制室实地查看水位信息远传功能。

4. 天然水源

天然水源是指自然存在的江、河、湖、海、泉、井等水体。其检查要点如下：

(1) 储水量

① 在干旱季节，实地检查最低水位时，储水量是否满足消防设计文件要求；

② 检查最低水位是否超过消防车吸水高度；

③ 检查消防泵组取水口是否设置隔栅或过滤等措施，保证取水口的可靠性；

④ 寒冷季节，实地检查防冻措施是否完好有效。

(2) 取水设施

① 实地检查取水码头、消防车道及回车场地是否满足消防车取水、通行等；

② 联合辖区消防中队，利用消防车实地测试天然水源取水管道的严密性。

(二) 消防供水设施设备检查

1. 气压给水设备

气压给水设备又称气压供水装置、无塔供水设备、储能器等，是利用密闭容器——气压水罐，由水泵将水压入罐内，利用罐内贮存气体的可压缩和膨胀的性能，将罐内贮存的水压送入输配水管网，满足用水点水压、水量要求的设备。它兼有升压、调节、贮水、供水、蓄能和控制水泵启停的多种功能，其在水泵运行或非运行时间内能自动、连续地向给水系统供水，具有与水塔和高位水箱同等的功能。其检查要点如下：

(1) 检查设备外观

① 实地查看气压罐及其组件外观是否存在锈蚀、缺损的情况；

② 系统标志是否清晰、完整，所配阀门是否处于正常状态；

③ 配套电气组件，如电接点压力表是否处于完好有效状态；

④ 泵组电气控制箱是否处于"自动"状态，配电是否实现两路电源末端自动切换且功能正常等。

(2) 检查补水功能

①将水泵电气控制柜设置于"自动"运行模式,手动打开自动喷水灭火系统的末端试验阀,或打开屋顶的试验消火栓,或配用安全阀、测试阀,模拟所属系统泄漏,观察电接点压力表指针下降到启泵位时,补水泵是否能自动启动;

②关闭打开的试验消火栓(或末端试验装置或安全阀或测试阀),观察电接点压力表指针上升到停泵位时,补水泵是否能自动停止。

(3) 主备泵组自动切换功能

①将水泵控制柜运行模式设置为"1主2备"的"自动"运行模式,稍微打开消防水泵测试管路控制阀,模拟系统管网漏水;

②待电接点压力表指针下降到启泵位时,1#泵自动投入运行;

③打开水泵控制柜柜门,找到并按下1#泵组热保护继电器,1#泵停止运行,运行灯熄灭、故障灯点亮,同时2#泵自动投入运行,运行灯点亮;

④松开热保护继电器,2#泵停止运行,1#泵投入运行;

⑤关闭测试阀,待电接点压力表指针升至停泵位时,1#泵自动停止运行,系统复位。

(4) 主备电源自动转换功能

①打开双电源自动转换控制柜,找到转换开关,按下转换"手动/自动"转换模式按钮,用手拉动"常用"手柄,使指针指向"R合",观察备用电源投入运行情况;

②用手拉动"常用"手柄,使指针指向"N合",观察常用电源投入运行情况;

③条件许可情况下,测试两路配电自动互换功能是否正常。

注意事项:启动增压泵前,先手动转动联轴器,判断是否锈蚀、卡死;增压泵启动后,电接点压力表指针已升至停泵值时仍运行,可通过切断电源强制停机;半开启末端试水装置后,电接点压力表压力持续下降,应注意增压泵是否反转、启泵、停泵周期与气压缺失的关系。

2. 增稳压设备

增压稳压给水设备是指利用增压、稳压泵来维持消防给水系统所需的工作压力,为防止增压、稳压泵频繁启、停,通常配置具有一定调节容量的小型气压罐。按照设置的位置不同,增压稳压给水设备分为上置式和下置式两类。上置式增压稳压给水设备设置在屋顶消防水箱处,下置式增压稳压给水设备一般设置在消防泵房内。按照服务消防给水系统的不同,分为自动喷水灭火系统增压稳压给水设备、室内消火栓系统增压稳压给水设备、自动喷水灭火系统与室内消火栓系统合用增压稳压给水设备。

3. 消防水泵

消防水泵是向固定或移动的灭火系统输送有一定压力和流量的水等液体灭火剂的专用泵。建筑内使用的消防泵及泵组按照动力装置的不同可分为柴油机泵、内燃机泵及电动机泵；按照安装方式可分为立式和卧式两类；按照水泵级数的不同可分为单级泵和多级泵。消防泵的规格按其额定压力的大小，可分为低压泵、中压泵、高压泵三个规格。低压泵的压力一般小于或等于1.3MPa，中压泵的压力为1.4~2.5MPa，高压泵的压力为大于或等于3.5MPa。其检查要点如下：

（1）检查消防水泵组电气控制装置工作状态

① 实地查看电气控制装置面板仪表、指示灯、所属系统标识等是否完好；

② 转换开关是否处于"自动"运行模式；

③ 面板手动操作部件是否灵活；

④ 消防联动控制模块是否处于完好有效状态；

⑤ 具有自动巡检功能的电气控制柜还应实地检查自动巡检功能。

（2）检查消防水泵运行情况

① 用手左右转动消防泵组联轴器，检查消防泵组是否存在锈蚀、卡死等现象。

② 将水泵电气控制柜的转换开关置于"手动"模式，分别按下主、备泵的"启动"按钮，待"启动"指示灯亮起即按下相应的"停止"按钮，观察联轴器的运转方向并与泵体上标注的运行方向进行对比，一致则表示电源相序正确。

③ 在"手动"模式下，打开水泵出水管上的测试阀、关闭连接系统管网的供水控制阀，车主、备消防泵组上分别按下"启动"按钮，查、听消防泵组运行情况。

④ 在供水控制阀关闭、测试阀开启的情况下，将水泵电气控制柜置于"1主2备"的"自动"运行模式，电话通知消防控制室值班人员，按下消防联动控制器上消防泵组"启动"按钮，观察1#泵组运行、信号反馈情况，待信号反馈后，值班人员复位"启动"按钮。待水泵停止运行后，将水泵电气控制柜置于"1备2主"的"自动"运行模式，按照前述步骤远距离启动2#泵。

⑤ 在2#泵组正常运行情况下，打开消防泵电气控制柜面板，用手将2#泵的空气开关拉脱，观察1#自动投入运行及相关信息显示情况是否正常。

在试验过程中，应有通信保障、设施维护人员陪同。消防水泵应有注明系统名称和编号的标志牌；进出口阀门应常开，标志牌应正确；压力表、试水阀及防超压装置等均应正常。

（3）检查消防水泵组供水能力

① 检查消防泵组运行功能前，可将便携式超声波流量计安装于测试管路上，在完成泵组各项功能检查的同时，也测量出泵组的流量；

②观察管网上压力表的稳定读数,记为泵组的扬程。

(4)检查消防水泵房管网布置

①检查消防泵组吸水管、出水管及出水管上的泄压阀、水锤消除设施、止回阀、信号阀等是否符合消防设计文件要求;

②检查泵组吸水管、出水管以及消防水池连通管上的控制阀是否锁定在常开位置,并有明显标记;

③检查泵组吸水管数量是否不少于两条。

(5)消防水泵房检查

应检查以下内容:

①泵房入口处挡水设施是否完好;

②泵房内排水设施的排水能力是否满足要求;

③进出泵房管孔、开口等部位的防火封堵措施是否完好;

④柴油机消防泵组的排气管道是否严密;

⑤湿度较大的消防泵房是否有除湿设备并良好运行;

⑥水泵各项操作规程、维护保养制度是否上墙并具有可操作性等;

⑦消防水泵房的防火条件是否具备;

⑧检查消防水泵组末端配电柜:按照本节气压给水设备的有关要求检查末端配电柜是否具有双电源自动切换功能。

4. 消防水泵接合器

消防水泵接合器是一种火场临时供水设施。其作用是当室内消防水泵因故停止运转时,利用消防车从室外消火栓或消防水池取水,通过水泵接合器向室内管网供水;或遇大火室内消防用水量不足时,利用消防车从室外消火栓或消防水池取水,通过水泵接合器向室内管网补充用水。

消防水泵接合器检查要点如下:

①查看标志牌,检查相关组件是否完好有效;

②检查水泵接合器周围消防水源、操作场地是否完好;

③用消防车等移动供水设施对每个水泵接合器进行供水试验;

④检查消防水泵接合器与室外消火栓或消防水池的距离是否在15~40m的范围内;

⑤是否设置永久性标志铭牌,标明供水系统、供水范围和额定压力。

（三）消防供水管网、阀门

1. 消防供水管网

① 检查供水管道的材质、公称直径、连接方式、管网形式是否符合消防技术标准；

② 检查水流方向固定标识是否正确；

③ 检查管网是否存在漏水现象。

2. 消防供水管网阀门

① 检查各种常开、常闭阀门的状态是否正确，是否处于全开启或全关闭状态；

② 检查阀门组件是否齐全；

③ 检查阀门是否易于开启、关闭，是否存在锈蚀、阻滞现象；

④ 检查阀门是否漏水；

⑤ 检查各种常开、常闭阀门的永久性固定标识是否正确。

四、消防供水设施的常见问题及原因分析

消防供水设施的常见问题及原因分析见表3-2。

表3-2 消防供水设施的常见问题及原因分析

设施名称	常见问题	原因分析
消防水源	市政管网供水流量、压力不能满足供水系统所需的工作压力和流量	① 供水管网上的常开阀门没有处于全开启状态。 ② 供水管网上有泄漏点。
	消防水池、高位消防水箱水位不足	消防水池、高位消防水箱的补水管网上的阀门处于全关闭状态或未处于全开启状态；消防水池、高位消防水箱的自动补水设施出现故障，不能实现自动补水功能。
消防供水设施设备	消防水泵不能实现自动启动或远程手动启动	① 设备故障，即消防水泵或控制柜故障导致水泵不能正常运行。 ② 供配电系统故障，导致消防水泵不能工作。 ③ 控制回路或控制按钮、控制模块故障。 ④ 稳压泵的设计压力、设计流量不足。即设计压力不能满足水灭火系统自动启动要求，设计流量小于消防给水系统管网的正常泄漏量和系统自动启动流量。 ⑤ 消防水泵控制柜运行方式设置错误。设置成手动运行方式，导致不能实现自动启动或远程手动启动。

第二节 建(构)筑物室外消火栓

一、室外消火栓系统的组成

室外消火栓是设置在建筑物外面消防给水管网上的供水设施,主要供消防车从市政给水管网或室外消防给水管网取水实施灭火,也可以直接连接水带、水枪出水灭火,是扑救火灾的重要消防设施之一。

室外消火栓由消防水源、供水设施、供水管网、室外消火栓等组成。

二、室外消火栓系统的工作原理

采用低压给水管网的市政消火栓,主要通过直接用吸水管吸水或连接水带向消防车水罐注水,经消防车水泵加压后向火场供水;采用高压或临时高压给水管网的市政消火栓,可直接由消火栓连接水带、水枪灭火。

三、室外消火栓的设计

(一)水管网设计

1. 按水压要求分类

(1)高压给水管网

高压给水管网是指管网内经常保持足够的压力,火场上不需要使用消防车或其他移动式水泵加压,而直接由消火栓接出水带、水枪灭火。当建筑物高度小于等于24m时,室外高压给水管道的压力应保证生产、生活、消防用水量达到最大,且水枪布置在保护范围内任何建筑物的最高处时,水枪的充实水柱不应小于10m。当建筑物高度大于24m时,应立足于室内消防设备扑救火灾。

(2)临时高压给水管网

在临时高压给水管道内,平时水压不高,通过高压消防水泵加压,使管网内的压力达到高压给水管道的压力要求。当城镇、居住区或企事业单位有高层建筑时,可以采用室外和室内均为高压或临时高压的消防给水系统,也可以采用室内为高压或临时高压,室外为低压的消防给水系统。气压给水装置只能算临时高压消防给水系统。一般石油化工厂或甲乙丙类液体、可燃气体储罐区多采用这种管网。

(3)低压给水管网

低压给水管网是指管网内平时水压较低,火场上水枪的压力是通过消防车或其他移动消防泵加压形成的。消防车从低压给水管网消火栓内取水,一是直接用吸水管从消火栓上吸水；二是用水带接上消火栓往消防车水罐内放水。为满足消防车吸水的需要，低压给水管网最不利点处消火栓的压力不应小于 0.1MPa。一般城镇和居住区多采用这种管网。

2. 按管网平面布置分类

(1) 环状消防给水管网

城镇市政给水管网、建筑物室外消防给水管网应布置成环状管网，管线形成若干闭合环，水流四通八达，安全可靠，其供水能力是枝状管网的 1.5～2.0 倍。但室外消防用水量不大于 15L/s 时，可布置成枝状管网。输水平管向环状管网输水的进水管不应小于 2 条，输水管之间要保持一定距离，并应设置连接管。室外消防给水管网的管径不应小于 100mm，有条件的其管径不应小于 150mm。

(2) 枝状消防给水管网

在建设初期，分期建设，或者较大工程，或是室外消防用水量不大的情况下，室外消防供水管网可以布置成枝状管道。即将管网有设成树枝状，分枝后干线彼此无联系，水流在管网内向单一方向流动，当管网检修或损坏时，其前方就会断水。所以，应限制枝状管网的使用范围。

(二) 室外消火栓布置的消防要求

1. 设置的基本要求

室外消火栓设置安装应明显容易发现，方便出水操作，地下消火栓还应当在地面附近设有明显固定的标志。地上式消火栓选用于气候温暖的地面安装，地下式选用气候寒冷的地面安装。

2. 市政或居住区室外消火设置

依据《建筑设计防火规范》(GB 50016-2014，2018 版)，室外消火栓应沿道路铺设，道路宽度超过 60m 时，宜两侧设置，并宜靠近十字路口。布置间隔不应大于 120m，距离道路边缘不应超过 2m，距离建筑外墙不宜小于 5m，距离高层建筑外墙不宜大于 40m，距离一般建筑外墙不宜大于 150m。

3. 建筑物室外消火栓数量

室外消火栓数量应按其保护半径，流量和室外消防用量综合计算确定，每只流量按 10～15L/S。对于高层建筑，40m 范围内的市政消火栓可计入建筑物室外消火栓数量之内；对多层建筑，市政消火栓保护半径 150m 范围内，如消防用水量不大于 15L/s，建筑物可不设室外消火栓。

4. 工业企业单位室外消火栓的设置要求

工艺区等采用高压或临时高压消防给水系统的场所，其周围应设置室外消火栓，数量应根据计算确认，且间距不得大于60米。当工艺装置区宽度大于120米时，宜在工艺区内的路边设置室外消火栓。当工艺区、储罐、堆场、可燃气体和液体码头等构筑物的面积较大或高度较高，室外消火栓的冲水实柱无法覆盖时，宜在合适的地方设置消防水炮。当工艺区、储罐区、堆场等构筑物财务高压或者临时高压系统给水时，其室外消火栓处宜配置消防水带和消防水枪。工艺装置区等需要设置室内消火栓的地方，应设置在工艺区休息平台处。

5. 甲、乙、丙类液体储罐和液化烃储罐区等构筑物的室外消火栓的设置要求

甲、乙、丙类液体储罐和液化烃储罐区等构筑物的室外消火栓，应设置在防火堤或防护墙外，数量应根据每个储罐的设计流量计算，但是距离罐壁15米范围内的消火栓，不应该计算在该储罐可使用的数量内，但可以使用降温。

四、室外消火栓系统的设置范围

① 民用建筑、厂房、仓库、储罐（区）和堆场周围应设置室外消火栓系统；
② 用于消防救援和消防车停靠的屋面上应设置室外消火栓系统。

应注意的是：耐火等级不低于二级且建筑体积不大于3000m^3的戊类厂房，居住区人数不超过500人且建筑层数不超过两层的居住区可不设置室外消火栓系统。

五、室外消火栓系统的检查方法

(一) 检查测试室外消火栓压力

利用消火栓测试接头测试室外消火栓平时运行压力，不应低于0.14MPa。

(二) 检查室外消火栓设置位置

① 石油天然气工程室外消火栓设置要求：

a. 消火栓应沿道路布置，油罐区的消火栓应设在防火堤与消防道路之间，距路边1~5m，应有明显标志。

b. 当油罐采用固定式冷却系统时，在罐区四周应设置备用消火栓，其数量不应少于4个，间距不应大于60m。当采用半固定冷却系统时，消火栓的使用数量应计算确定，但距罐壁15m以内的消火栓不应计算在该储罐可使用的数量内，2个消火栓的间距不宜小于10m。

② 石油化工企业室外消火栓设置要求：

a. 宜选用地上式消火栓，宜沿道路敷设，距路面边不宜大于5m，距建筑物外墙不宜小于5m。

b. 地上式消火栓距城市型道路路边不宜小于 1m，距公路型双车道路肩边不宜小于 1m。

c. 地上式消火栓的大口径出水口应面向道路。当其设置场所有可能受到车辆冲撞时，应在其周围设置防护设施。

d. 消火栓的保护半径不应超过 120m。

e. 罐区及工艺装置区的消火栓应在其四周道路边设置，消火栓的间距不宜超过 60m。当装置内设有消防道路时，应在道路边设置消火栓。距被保护对象 15m 以内的消火栓不应算在该保护对象可使用的数量之内。

③ 人防工程、地下工程等建筑室外消火栓设置要求：应在出入口附近设置室外消火栓，且距出入口的距离不宜小于 5m，不宜大于 40m。

④ 停车场室外消火栓设置要求：室外消火栓宜沿停车场周边设置，且与最近一排汽车的距离不宜小于 7m，距加油站或油库不宜小于 15m。

⑤ 甲、乙、丙类液体储罐区和液化烃罐罐区等建筑物的室外消火栓设置要求：应设在防火堤或防护墙外，数量应根据每个罐的设计流量经计算确定，但距罐壁 15m 范围内的消火栓，不应计算在该罐可使用的数量内。

⑥ 工艺装置区等采用高压或临时高压消防给水系统的场所室外消火栓设置要求：其周围应设置室外消火栓，数量应根据设计流量经计算确定，且间距不应大于 60m。当工艺装置区宽度大于 120m 时，宜在该装置区内的路边设置室外消火栓。

⑦ 其余工业和民用建筑室外消火栓设置要求：

a. 室外消火栓的保护半径不应超过 150m，间距不应大于 120m。

b. 室外消火栓应布置在消防车易于接近的人行道和绿地等地点，且不应妨碍交通，并应符合下列规定：室外消火栓距路边不宜小于 0.5m，不宜大于 2m；市政消火栓距建筑外墙或外墙边缘不宜小于 5m；室外消火栓应避免设置在机械易撞击的地点，确有困难时，应采取防撞措施。

(三) 检查室外消火栓供水管道及阀门工况

① 检查供水管网进水管数量、位置是否符合要求；

② 检查供水管水表型号与供水管直径是否一致；

③ 检查供水管网上各类阀门是否处于正常状态，阀门的启闭、密封性是否良好。

六、室外消火栓系统的常见问题及原因分析

室外消火栓系统常见问题及原因分析见表3-3。

表3-3 室外消火栓系统常见问题及原因分析

主要问题	原因分析
无水	① 消防供水管道上闸阀处于关闭状态; ② 室外消火栓系统未连接供水管网; ③ 供水管网无水。
开启时剧烈震动	室外消火栓及其管网安装不符合要求
压力不足	① 消防给水管道堵塞供水管网,常开阀门未处于完全开启状态; ② 供水管网有泄漏点; ③ 消防水源供水压力不足; ④ 防冻措施失效,导致管网内水体结冰堵塞。

第三节 室内消火栓系统

一、室内消火栓系统的组成

室内消火栓是消防水系统的重要一部分,它安装在室内消防箱内,一般公称通径(mm):DN50、DN65两种,公称工作压力1.6MPa,强度测验压力2.4MPa,适用介质:清质水,泡沫混合液。

通常室内消火栓可分为普通型、减压稳压型、旋转型等,它的灭火方式为人工用水带连接至栓口灭火,此外消火栓箱内还有消火栓按钮,按此按钮可以远程启动消防泵给消火栓进行补水。

室内消火栓系统主要由供水设施(消防供水水源、消防水泵、稳压泵、消防水泵接合器等)、管网(阀门)、室内消火栓等组成。

二、室内消火栓系统的工作原理及分类

室内消火栓系统是建(构)筑物内部重要的固定消防系统,其组成设备是建筑物内人员和消防队员开展灭火、救援活动的主要消防设施。

室内消火栓系统按使用类型分为湿式消火栓系统和干式消火栓系统,按供水压力分为高压和临时高压系统,按供水方式分为分区室内消火栓系统和不分区室内消火栓系统。

室内湿式消火栓系统是设置在室内环境温度不低于4℃,且不高于70℃的场所,在平时配水管网内充满水的消火栓系统。干式消火栓系统主要是设置在室内环境温

度低于4℃或高于70℃的场所，在平时配水管网内不充水，火灾时向配水管网充水的消火栓系统。室内消火栓系统的设计要求应符合《消防给水及消火栓系统技术规范》(GB 50974—2014)的有关规定。

三、室内消火栓系统的适用范围

① 必须设置室内消火栓系统的建筑或场所：

a. 建筑占地面积大于300m^2的厂房和仓库；

b. 高层公共建筑和建筑高度大于21m的住宅建筑（建筑高度不大于27m的住宅建筑，设置室内消火栓系统确有困难时，可只设置干式消防竖管和不带消火栓箱的DN65的室内消火栓）；

c. 体积大于5000m^3的车站、码头、机场的候车（船、机）建筑、展览建筑、商店建筑、旅馆建筑、医疗建筑和图书馆建筑等单、多层建筑；

d. 特等、甲等剧场，超过800个座位的其他等级的剧场和电影院等以及超过1200个座位的礼堂、体育馆等单、多层建筑；

e. 建筑高度大于15m或体积大于10000m^3的办公建筑、教学建筑和其他单、多层民用建筑。

② 国家级文物保护单位的重点砖木或木结构的古建筑，宜设置室内消火栓系统。

③ 可以不设置室内消火栓系统，但宜设置消防软管卷盘或轻便消防水龙的建筑或场所：

a. 未规定必须设置室内消火栓系统的建筑或场所；

b. 耐火等级为一、二级且可燃物较少的单、多层丁、戊类厂房（仓库）；

c. 耐火等级为三、四级且建筑体积不大于3000m^3的丁类厂房，耐火等级为三、四级且建筑体积不大于5000m^3的戊类厂房（仓库）；

d. 粮食仓库、金库、远离城镇且无人值班的独立建筑；

e. 室内无生产、生活给水管道，室外消防用水取自储水池且建筑体积不大于5000m^3的其他建筑。

④ 在人员密集的公共建筑、建筑高度大于100m的建筑和建筑面积大于200m^2的商业服务网点内，应设置消防软管卷盘或轻便消防水龙。高层住宅建筑的户内宜配置轻便消防水龙。

四、室内消火栓系统的检查

(一) 水源

水源包括天然水源、市政给水、消防水池和高位消防水池(箱)等。
① 天然水源：检查水质、水量、安全取水措施；
② 市政供水：检查供水管径、数量及供水能力；
③ 消防水池：检查设置位置、外观、容积、水位和液位显示装置外观及运行状态、消防用水不被他用设施、补水设施、寒冷地区防冻措施；
④ 消防水箱：检查出水管止回阀密封性，其余检查项目与消防水池检查内容相同。(注：消防水源的详细检查内容及方法应与本书湿式自动喷水灭火系统对水源的检查要求一致。)

(二) 消防水泵房、固定消防给水设备、消防水泵、稳压泵、水泵控制柜、水泵接合器

消防水泵房、固定消防给水设备、消防水泵、稳压泵、水泵控制柜及水泵接合器的设置应符合《消防给水及消火栓系统技术规范》(GB 50974—2014)第5章"供水设施"和《建筑设计防火规范》(GB 50016—2014，2018年版)第8.1节"一般规定"的要求，其详细检查内容及方法应与本书湿式自动喷水灭火系统对相关项目的检查要求一致。

(三) 给水管网

室内消火栓系统管网的设置应符合《消防给水及消火栓系统技术规范》(GB 50974—2014)第8章"管网"的相关要求。

(四) 室内消火栓

① 消火栓箱：检查外观、铭牌、标志；箱内组件应配置齐全；箱门开关灵活，开启角度不小于160°；检查设置位置不应有临时或永久影响栓箱开启使用的障碍。
② 室内消火栓：检查使用形式(直角出口型、45°出口型、单阀型、双阀型、旋转型、减压型、减压稳压型)是否符合要求；检查外观、标志；阀门应启闭灵活，手轮开启高度符合标准要求，手轮开关方向标识清晰、明确，检查栓口位置便于连接水带；借助检测专用工具检查阀座、阀杆材料；试验用消火栓应检查压力显示装置外观及工作状态显示。

③消防水带：检查水带及接口外观、标志；水带规格和长度应符合规范要求，检查水带长度不应小于标称长度1m（水带长度不包括接口），接口材料应为耐腐蚀性材料，使用铝合金材料应按规定进行阳极氧化或静电喷塑防腐处理。

④消防水枪：检查水枪外观、铭牌、标志；检查使用规格型号是否符合要求。

⑤消防软管卷盘：检查外观、铭牌、标志；软管类别、内径、长度和配套喷枪是否符合要求，配套喷枪应带开关，软管长度不应小于标称长度1m；卷盘应能绕水平转臂轴向外摆动，摆动角不小于90°，摆动时应无卡阻及松动现象；卷盘转动应灵活无卡阻现象；检查消防软管卷盘进水控制阀，阀门开关灵活并有指示标志，顺时针方向为关闭方向。

⑥消火栓按钮：检查外观、铭牌、标志；检查消火栓按钮功能，使其处于正常监视状态，按下消火栓按钮启动零件，发出启动信号，红色启动确认灯应点亮，并能保持至启动状态被复位，在水泵启动给出回答信号后，绿色回答确认灯应点亮保持至水泵停止工作；更换或复位启动零件，复位相关控制和指示设备，检查确认灯状态，消火栓按钮应处于正常监视状态。

⑦轻便消防水龙：由专用接口、水带及喷枪组成的一种小型简便的喷水灭火设备，可在自来水或消防供水管路上使用。在设置有轻便消防水龙的场所，应检查外观、铭牌、标志及使用说明；进行喷射性能试验，试验结果符合消防设计文件和《轻便消防水龙》（GA 180—2016）的相关要求。

（五）阀门

室内消火栓系统采用的阀门及设置应符合《消防给水及消火栓系统技术规范》（GB 50974—2014）第8.3节"阀门及其他"的相关要求。

在设置干式消火栓系统的建筑或场所，应检查系统充水时间不大于5min，供水干管上的快速启闭装置宜为干式报警阀、雨淋阀或电磁阀、电动阀；当采用雨淋阀、电磁阀和电动阀时，在消火栓箱处应设置直接开启阀门的手动按钮，电动阀的开启时间不应超过30s，采用电磁阀时，应使用弹簧非浸泡在水中的失电开启型阀门；检查系统管网上设置的自动快速排气阀。

（六）系统功能检查

选择系统最不利处消火栓，连接压力表及闷盖，开启消火栓，测量栓口静水压力；连接水带、水枪，触发消火栓按钮，查看消防水泵启动、压力和反馈信号显示，消防水泵应能在2min内到达正常运转状态，测量最不利点处应符合消防技术文件和《消防给水及消火栓系统技术规范》（GB 50974—2014）第7.4.12条室内消火栓栓口压力和消防水枪充实水柱的要求；测试完成应使系统恢复至正常工作状态。

五、室内消火栓系统常见故障及处理方法

室内消火栓系统常见故障及处理方法见表3-4。固定消防给水设备、消防水泵、稳压泵、水泵控制柜及水泵接合器的常见故障及处理方法请参考湿式自动喷水灭火系统的相关内容。

表3-4 室内消火栓系统常见故障及处理方法

常见故障	故障原因	处理方法
给水管网振动大、发出异响、噪声	① 消火栓泵出口未采用柔性连接； ② 管网支吊架松动； ③ 管网未设置自动排气阀； ④ 管网流速过快。	① 检查消火栓泵出口是否安装有柔性接头； ② 找出产生异响处，检查支吊架安装情况； ③ 检查管网最高点处是否设置自动排气阀； ④ 检查管径大小。
室内消火栓本体渗漏	① 阀盖、阀体、旋转部件有破损或密封件失效； ② 阀座与阀瓣部件密封失效； ③ 阀杆密封件失效。	① 检查阀盖、阀体、阀杆、旋转部件有无明显变形、破裂； ② 更换渗漏处密封件； ③ 检查阀密封处有无异物； ④ 联系维修。
水带、水枪、消防接口渗漏	① 水带、水枪、接口本体破损； ② 接口密封处渗漏。	① 检查水带、水枪、接口，更换破损件； ② 检查接口密封面和密封件。
软管卷盘渗漏	① 软管破损； ② 卷盘接头松动； ③ 卷盘转动部件密封件失效。	① 转动卷盘，拉出软管检查； ② 拧紧接头； ③ 联系维修。
消火栓按钮不动作	① 控制线路故障； ② 启动零件未复位； ② 触发机构失效。	① 检查联动控制线路； ② 复位启动零件； ③ 联系维修。
栓口出水压力不符合设计要求	① 消火栓泵的设置和性能不能满足系统需求； ② 系统管网堵塞； ③ 减压装置故障； ④ 管网有泄漏点。	① 检查消火栓泵设置，核对工况曲线是否符合设计要求； ② 检查系统管网有无异物堵塞或气阻现象； ③ 检查系统管网上的减压阀、减压孔板或节流管； ④ 检查具有减压功能的消火栓； ⑤ 检查管网是否有泄漏之处。

第四章 自动喷水灭火系统

第一节 湿式自动喷水灭火系统

一、湿式自动喷水灭火系统的组成

湿式自动喷水灭火系统是在准工作状态时，管道内充满用于启动系统的有压水的闭式系统。湿式系统是用于控制或扑灭建筑火灾的系统，由供水设施、湿式报警阀组、闭式喷头、水流指示器、末端试水装置、管网及必要的阀门等组成（如图4-1）。

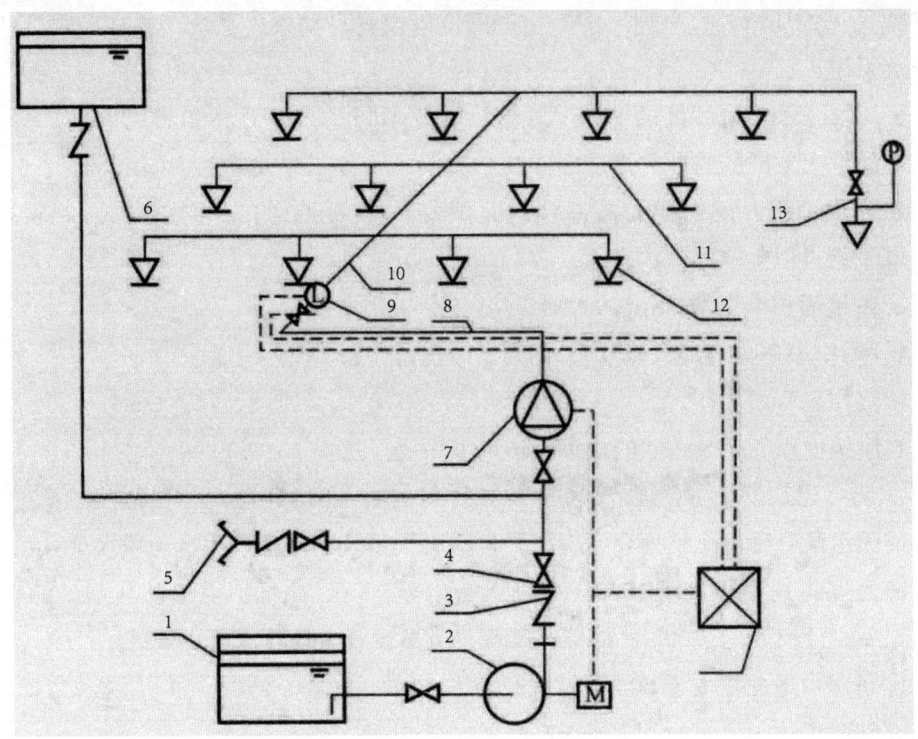

1-进水管；2-消防水泵；3-止回阀；4-闸阀；5-水泵接合器；6-消防水箱；7-湿式报警阀组；8-配水干管；9-水流指示器；10-配水管；11-配水支管；12-闭式喷头；13-末端试水装置；14-报警控制器；P-压力表；M-驱动电机

图4-1 湿式系统组成示意图

二、湿式自动喷水灭火系统的工作原理

湿式系统是闭式系统，其配水管网平时充满并维持着一定压力的水。由于配水管网平时充水，只能设置于环境温度不低于4℃且不高于70℃的场所。

平时湿式报警阀的上、下腔充满相同压力的水，发生火灾后，闭式喷头达到公称动作温度而开放喷水，导致湿式报警阀阀板的上、下水压失衡，阀板上侧压力降低，下侧仍为高压，阀板在压差的作用下开启，压力水进入配水管网，同时从阀的信号口流入报警管路，经延退器进入水力警铃而发出持续强劲的声响，水压使压力开关动作，信号传到控制盘，由控制盘发出启动消防主泵的指令，至此，系统进入灭火状态。

三、湿式自动喷水灭火系统的适用范围

①除《建筑设计防火规范》(GB 50016—2014, 2018年版)另有规定和不宜用水保护或灭火的场所外，下列厂房或生产部位应设置自动灭火系统，并宜采用自动喷水灭火系统：

a. 不小于50000纱锭的棉纺厂开包、清花车间，不小于5000锭的麻纺厂分级、梳麻车间，火柴厂的烤梗、筛选部位；

b. 占地面积大于1500m²或总建筑面积大于3000m²的单、多层制鞋、制衣、玩具及电子等类似生产的厂房；

c. 占地面积大于1500m²的木器厂房；

d. 泡沫塑料厂的预发、成型、切片、压花部位；

e. 高层乙、丙类厂房；

f. 建筑面积大于500m²的地下或半地下丙类厂房。

②除《建筑设计防火规范》(GB 50016—2014, 2018年版)另有规定和不宜用水保护或灭火的仓库外，下列仓库应设置自动灭火系统，并宜采用自动喷水灭火系统：

a. 每座占地面积大于1000m²的棉、毛、丝、麻、化纤、毛皮及其制品的仓库(单层占地面积不大于2000m²的棉花库房，可不设置自动喷水灭火系统)；

b. 每座占地面积大于600m²的火柴仓库；

c. 邮政建筑中建筑面积大于500m²的空邮袋库；

d. 可燃、难燃物品的高架仓库和高层仓库；

e. 设计温度高于0℃的高架冷库，设计温度高于0℃且每个防火分区建筑面积大于1500m²的非高架冷库；

f. 总建筑面积大于500m²的可燃物品地下仓库；

g. 每座占地面积大于 1500m² 或总建筑面积大于 3000m² 的其他单层或多层丙类物品库房。

③ 除《建筑设计防火规范》(GB 50016—2014,2018 年版) 另有规定和不宜用水保护或灭火的场所外，下列高层民用建筑或场所应设置自动灭火系统，并宜采用自动喷水灭火系统：

　　a. 一类高层公共建筑（除游泳池、溜冰场外）及其地下、半地下室；

　　b. 二类高层公共建筑及其地下、半地下室的公共活动用房、走道、办公室和旅馆的客房、可燃物品库房、自动扶梯底部；

　　c. 高层民用建筑内的歌舞娱乐放映游艺场所；

　　d. 建筑高度大于 100m 的住宅建筑。

④ 除《建筑设计防火规范》(GB 50016—2014，2018 年版) 另有规定和不宜用水保护或灭火的场所外，下列单、多层民用建筑或场所应设置自动灭火系统，并宜采用自动喷水灭火系统：

　　a. 特等、甲等剧场，超过 1500 个座位的其他等级的剧场，超过 2000 个座位的会堂或礼堂，超过 3000 个座位的体育馆，超过 5000 人的体育场的室内人员休息室与器材间等；

　　b. 任意一层建筑面积大于 1500m² 或总建筑面积大于 3000m² 的展览、商店、餐饮和旅馆建筑以及医院中同样建筑规模的病房楼、门诊楼和手术部；

　　c. 设置送回风道（管）的集中空气调节系统且总建筑面积大于 3000m² 的办公建筑等；

　　d. 藏书量超过 50 万册的图书馆；

　　e. 大、中型幼儿园，老年人照料设施；

　　f. 总建筑面积大于 5000m² 的地下或半地下商店；

　　g. 设置在地下、半地下或地上四层及以上楼层的歌舞娱乐放映游艺场所（除游泳场所外），设置在首层、二层和三层且任意一层建筑面积大于 300m² 的地上歌舞娱乐放映游艺场所（除游泳场所外）。

四、湿式自动喷水灭火系统的检查

（一）水源

① 检查室外给水管网的进水管管径、数量和供水能力。
② 检查高位消防水箱、消防水池的消防有效容积和水位测量与指示装置。
③ 检查消防气压给水装置的供水工作参数。

④采用地表天然水源作为消防水源时,检查其水位、水量、水质等,并根据有效水文资料检查天然水源枯水期的最低水位、常水位、洪水位。

⑤根据地下水井抽水试验资料,确定常水位、最低水位、出水量和水位测量装置等技术参数和装备。

(二)消防水池

①消防水池的补水时间不宜超过48h;缺水地区或独立的石油库区消防水池的补水时间,不应超过96h;高层消防水池的补水时间不宜超过48h;人防工程消防水池的补水时间不应超过48h。消防水池进水管管径应经计算确定,且不应小于DN100。

②容量大于500m³的消防水池,宜设两个能独立使用的消防水池。

③供消防车取水的消防水池应设置取水口或取水井,且吸水高度不应大于6m。取水口或取水井与建筑物(水泵房除外)的距离不宜小于15m;与被保护高层民用建筑的外墙距离不宜小于5m,并不宜大于100m;与甲、乙、丙类液体储罐的距离不宜小于40m;与液化石油气储罐的距离不宜小于60m,如采取防止辐射热的保护措施时,可减为40m。

④供消防车取水的消防水池,其保护半径不应大于150m。

⑤消防用水与生产、生活用水合并的水池,应采取确保消防用水不作他用的技术措施。

⑥严寒和寒冷地区的消防水池应采取防冻保护设施。

值得注意的是,消防水池有效容积的计算应保证在整个火灾延续时间内水池水位应满足自灌式充水的要求。

(三)消防水箱

高位消防水箱包括屋顶消防水箱、分区消防水箱(也叫中间消防水箱)等,其功能是储存消防用水,为室内消防给水系统提供扑灭初期火灾所需的水量和水压。凡采用临时高压消防给水系统时,均应设高位消防水箱。

①高位消防水箱的设置位置和容量应符合相应规范的要求:

a. 对于一类高层公共建筑,不应小于36m³,当建筑高度大于100m时,不应小于50m³,当建筑高度大于150m时,不应小于100m³。

b. 对于多层公共建筑、二类高层公共建筑和一类高层住宅,不应小于18m³,当一类高层住宅建筑高度超过100m时,不应小于36m³。

c. 对于二类高层住宅,不应小于12m³。

d. 对于建筑高度大于21m的多层住宅，不应小于6m³；对于工业建筑室内消防给水设计流量，当小于或等于25L/s时，不应小于12m³，大于25L/s时，不应小于18m³。

e. 对于总建筑面积大于10000m²且小于30000m²的商店建筑，不应小于36m³，总建筑面积大于30000m²的商店，不应小于50m³。

② 消防用水与其他用水合用的水箱，应采取消防用水不作他用的技术措施。

③ 重力自流的消防水箱应设置在建筑的最高部位，对于消火栓系统，出水管的公称管径不应小于DN100。

④ 除串联的消防给水系统外，火灾时由消防水泵供给的消防用水不应进入高位消防水箱。

⑤ 消防水箱可分区设置，并联给水方式的分区消防水箱容量应与高位消防水箱相同。

a. 对于高层民用建筑，高位消防水箱的设置高度应保证最不利点消火栓的静水压力：

第一，对于一类高层公共建筑，不应低于0.10MPa，但当建筑高度超过100m时，不应低于0.15MPa；

第二，对于高层住宅、二类高层公共建筑、多层公共建筑，不应低于0.07MPa，多层住宅不宜低于0.07MPa；

第三，对于工业建筑不应低于0.10MPa，当建筑体积小于20000m³时，不宜低于0.07MPa；

第四，自动喷水灭火系统等自动水灭火系统，应根据喷头灭火需求压力和喷水强度确定，但最小不应小于0.10MPa。当高位消防水箱不能满足上述静压要求时，应设增压设施。

b. 当建（构）筑物不设置高位水箱时，系统应设气压给水设备，其有效水容积应按系统最不利点处4只喷头在最低工作压力下的10min用水量确定。干式系统、预作用系统设置的气压给水设备，应同时满足配水管道的充水要求。消防水箱的出水管上应设止回阀，并应与报警阀入口前的管道连接。出水管的公称管径，对于中危险级场所的系统，不应小于DN80；对于严重危险级、仓库危险级，不应小于DN100。

（四）消防水泵房

① 独立设置的消防水泵房，其耐火等级不应低于二级。附设在建筑内的消防水泵房，应采用耐火极限不低于2.0h的隔墙和1.5h的楼板与其他部位隔开，并应设甲级防火门。

② 当消防水泵房设置在首层时,其出口应直通室外。当设在地下室或其他楼层时,其出口应直通室外或安全出口。

③ 消防水泵房应有不少于2条的出水管直接与环状消防给水管网连接,当其中1条出水管关闭时,其余的出水管应仍能通过全部用水量。

④ 泵房的应急照明、通信设施、消防排水、消防水泵控制柜的设置应符合规范的要求。

(五) 消防水泵

① 检查消防水泵主、备电源切换装置。

② 按《消防联动控制系统》(GB 16806—2016)的规定测试消防水泵控制柜的控制显示功能、防护等级。

③ 消防泵组及其消防管道上使用的控制阀应有明显启闭标志,并能锁定阀位于全开。

④ 消防泵的出水管上应设置DN65的试验放水阀,并能满足泵的性能检测要求。

⑤ 消防泵进、出水管及其控制阀、止回阀、泄压阀、压力表、水锤消除器、可挠曲接头等的设置应满足功能要求,其规格、型号、数量符合设计要求。

⑥ 消防水泵应采用自灌式引水,其自灌式引水方式应在整个火灾延续时间内都符合要求。

⑦ 关闭消防水泵出水管上的控制阀、打开试验放水阀进行下列试验,均应正常工作,并符合规范的要求:

a. 采用主电源启动消防水泵;

b. 关闭主电源,主、备电源应能正常切换;

c. 主泵和备用泵相互应能正常切换;

d. 消防水泵就地和消防中心启停控制功能应正常;

e. 消防水泵控制柜置于自动启动方式,系统处于准工作状态时进行联动试验应正常,联动试验包括室内消火栓系统和自动喷水灭火系统的联动。

⑧ 对于自动喷水灭火系统:

a. 当分别开启系统中每一个末端试水装置、试水阀时,消防水泵均应能正常启动;系统中的水流指示器、压力开关等信号装置应能正常动作,消防水泵均应能正常启动。

b. 设置消防气压给水装置的自动喷水灭火系统,使其气压给水装置的气压降至气压罐最高工作压力时,消防气压给水装置应能发出启动消防水泵的控制信号,消

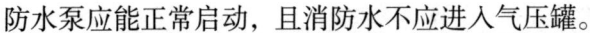

防水泵应能正常启动,且消防水不应进入气压罐。

c.对于不设末端试水装置、试水阀的系统,其报警阀动作,压力开关动作信号应能使消防水泵正常启动。

(六)稳压泵

①检查稳压泵的型号、规格,其进、出水管道和附件的设置应满足使用功能要求。

②稳压泵供电符合规范要求,主、备电源应能正常切换。

③稳压泵控制符合规范要求,并有防止频繁启动的技术措施。

(七)报警阀

①报警阀及其组件应符合产品标准要求,报警阀组的安装应符合规范要求。

②水力警铃的设置位置正确并固定在墙面上。

③打开试警铃阀时,在阀板不开启的条件下,压力开关、水力警铃应能正常动作,且距水力警铃3m远处其连续声强符合规定。

④系统的供气定压装置应能正常工作。

⑤当系统由火灾自动报警系统联动控制时,其联动控制功能应符合系统要求。

⑥报警阀进、出口控制阀应为信号阀,或有明显启闭标志,并能锁定阀位于全开。

(八)系统管网和附件、组件的检查

①消防给水系统形式和管网构成符合规范要求,环网阀门布置满足规范要求,环网应能实现双向流动。

②管道材质、管径、连接方式、防腐和防冻措施、标识、支吊架设置符合设计、规范的要求,配水主立管与水平配水管的连接没有使用机械三通(或四通),其他机械三通(或四通)的使用符合规范要求。

③管网上的控制阀应为具有明显启闭标志的阀门。

④管网上的减压阀、止回阀、控制阀、排水与排气设施、电磁阀、节流孔板、泄压阀、水锤消除装置、压力监测元件、水流报警装置等的规格、型号、设置部位和安装方式应符合规范要求。

⑤管网上的末端试水装置和试水阀的设置部位正确,部件齐全,方便使用。

⑥配水管网上喷头数量与其管径符合规范要求。

(九) 喷头的检查

① 喷头的设置场所、喷头规格、型号、公称动作温度、响应时间系数（RTI）符合规范要求。

② 喷头安装间距和一只喷头的最大保护面积符合规范要求。

③ 喷头溅水盘距顶板、吊顶、墙、梁、保护对象顶部等的距离符合规范要求，遇障碍物时，喷头的避让和增补符合规范要求。

④ 在有腐蚀性气体环境，有碰撞危险环境安装的喷头，针对环境危害采取了相应的保护措施。

⑤ 各种不同规格型号的喷头均按规定量留有备用。

⑥ 配水管道的支吊架、防晃支吊架设置符合要求。

(十) 自动喷水灭火系统的模拟功能试验

利用末端试水装置对湿式系统进行试验，开启末端试水装置后，系统报警阀应及时动作，延迟器应能在5~90s内使水流报警装置发出报警信号，消防泵应正常启动，并有信号反馈。

(十一) 系统、管网压力、强度检查

根据《自动喷水灭火系统设计规范》(GB 50084—2017)的规定，系统配水管道的工作压力不应大于1.2MPa，即报警阀入口处的水压应小于或等于1.2MPa，轻危险级、中危险级场所中各配水管入口的压力均不宜大于0.40MPa。系统的工作压力应满足最不利点喷头的工作压力和喷水强度的要求。系统中高位消防水箱及其稳压设施和喷淋泵，对系统最不利点喷头的工作压力和喷水强度的要求，不论在平时还是火灾时都是相同的。

五、湿式自动喷水灭火系统常见故障及处理方法

湿式自动喷水灭火系统常见故障及处理方法见表4-1。

表4-1 湿式自动喷水灭火系统常见故障及处理方法

常见故障	故障原因	处理方法
稳压装置频繁启动	① 湿式装置前端有泄漏； ② 水暖件、连接处、闭式喷头有泄漏； ③ 末端试水装置没有关好； ④ 设备损坏。	① 检查水暖件、连接处、喷头和末端试水装置，找出泄漏点进行处理； ② 联系维修。

续表

常见故障	故障原因	处理方法
水流指示器在水流动作后不报警	①电气线路损坏、端子接线故障；②水流指示器桨片不动、桨片损坏；③微动开关损坏、干簧管触点烧坏；④永久性磁铁失效。	①检查桨片是否损坏或塞死不动；②检查永久性磁铁、干簧管等器件；③联系维修。
喷头动作后或末端试水装置打开，湿式报警阀后管道前端无水	①湿式报警阀的蝶阀不动作；②湿式报警阀的其他部件损坏。	①翻转蝶阀；②联系维修。
联动信号发出，喷淋泵不动作	①水泵控制柜的万能转换开关未在自动状态，中间继电器损坏；②远程控制线有问题；③控制设备未设压力开关或损坏。	①检查控制柜万能转换开关、中间继电器；②检查远程控制线；③检查控制设备或联动程序。
启泵后水泵无出水	①消防水池无水或水位过低；②进水闸阀或出水闸阀关闭；③进水管的海底阀被堵；④水泵反转；⑤进水管的阀门被堵塞。	①检查消防水池水位；②检测进、出水闸阀；③海底阀被堵，使进水管内充满空气，排除管内的空气；④检查电机的相序；⑤检查进水管。
启泵后管网压力上升不够	①泵的叶轮里有杂物；②试水管的阀门关闭不严；③管网有漏水的现象；④屋顶水箱出水的单向阀关闭不严。	①检查水泵的叶轮；②检查试水管的阀门；③检查管网；④检查屋顶水箱处的单向阀。
水泵振动过大或异常声响	①水泵的基础不牢或螺栓松动；②水泵轴心偏心、轴承损坏；③水泵润滑油不足。	①检查基础和固定螺栓；②检查水泵泵体；③检查水泵润滑油。
漏水	①机械密封圈漏水；②盘根漏水。	①检查机械密封圈；②检查盘根。
湿式报警阀	①误报警；②间隙报警。	①阀内补气孔有杂物堵塞，平衡补差功能失效，检查阀内阀瓣；②喷淋管道中有大量空气，排除空气。
长报警（报警后不能复位）	①水中有杂物使阀瓣关闭不严；②末端试水阀门未关闭或关闭不严；③胶垫脱落或阀瓣损坏不能关闭。	①放水冲洗或拆卸清洗；②检查末端试水阀门；③检查胶垫和阀瓣。
不报警（警铃压力开关）	①末端试水流量小，阀瓣锈蚀严重，启闭不灵活；②淤泥杂物堵塞压力开关的管道至警铃	①检查末端试水装置和阀；②检查管道。

续表

常见故障	故障原因	处理方法
警铃不报警	① 警铃叶轮卡堵； ② 警铃损坏或打钟脱落。	① 检查叶轮； ② 检查警铃。
压力开关不报警	① 微动开关损坏； ② 线路及电气故障。	① 检查微动开关； ② 检查线路和电气。
水流指示器不能复位	① 管中杂物卡堵； ② 压力弹簧太紧。	① 检查管路； ② 检查弹簧。
水流指示器不报警	① 压力弹簧及胶板损坏脱落； ② 方向安装相反； ③ 微动开关损坏。	① 检查压力弹簧； ② 检查微动开关。
止回阀不止回	① 座圈与阀瓣间夹入杂物； ② 座圈或阀瓣（覆盖面）变形损坏，使密封面不严密； ③ 活动部分严重锈蚀，阀关闭不严。	① 检查座圈和阀瓣； ② 联系维修。
泄压阀	① 泄压阀到达泄压值不泄压； ② 泄压后关闭不严。	① 阀门弹簧过紧，检查阀门； ② 水中杂物堵塞密封面，密封圈损坏。
管网泄漏	一般都是阀门的问题，有些是水泵接合器埋地管网漏水	联系维修

第二节 干式自动喷水灭火系统

一、干式自动喷水灭火系统的组成

干式自动喷水灭火系统是在准工作状态时，管道内充满用于启动系统的低压气体的闭式系统。干式系统是用于控制或扑灭建筑火灾的系统，由干式报警阀组、干式下垂型喷头或直立式闭式喷头（向上安装）、快速排气阀、水流指示器、信号阀、末端试水装置、气源及稳压装置、消防水泵、高位水箱、水泵接合器、供水及配水管网以及必要的阀门组件等构成，见图 4-2。

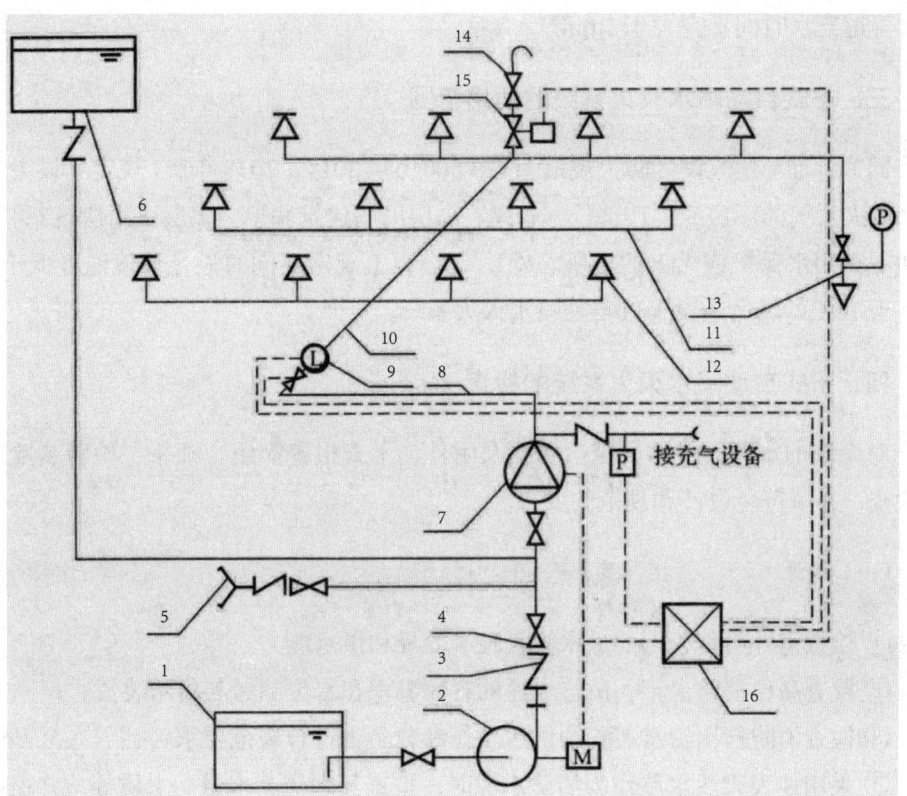

1-水池；2-消防水泵；3-止回阀；4-闸阀；5-水泵接合器；6-消防水箱；7-干式报警阀组；8-配水干管；9-水流指示器；10-配水管；11-配水支管；12-闭式喷头；13-末端试水装置；14-快速排气阀；15-电动阀；16-报警控制器

图4-2 干式系统组成示意图

二、干式自动喷水灭火系统的工作原理

干式系统在准工作状态时，由消防水箱或稳压泵、气压给水设备等稳压设施维持干式报警阀入口前管道内充水的压力，报警阀出口后的管道内充满有压气体（通常采用压缩空气），报警阀处于关闭状态。发生火灾时，在火灾温度的作用下，闭式喷头的热敏元件动作，闭式喷头开启，管道内的气体通过喷头喷出，使干式报警阀出口侧压力下降，加速器动作后促使干式报警阀迅速开启，管道开始排气充水，剩余压缩空气从系统最高处的排气阀和开启的喷头处喷出。此时通向水力警铃和压力开关的通道被打开，水力警铃发出声响警报，压力开关动作并输出启泵信号，启动系统供水泵。管道完成排气充水过程后，开启的喷头开始喷水。从闭式喷头开启至供水泵投入运行前，由消防水箱、气压给水设备或稳压泵等供水设施为系统的配水管道充水。现行《自动喷水灭火系统设计规范》（GB50084—2017）规定，干式系统的

配水管道充水时间不宜大于1min。

三、干式自动喷水灭火系统的适用范围

国家标准《建筑设计防火规范》(GB 50016—2014，2018年版) 规定了设置自动喷水灭火系统的厂房或生产部位、仓库、高层民用建筑和单、多层民用建筑(另有规定和不宜用水保护或灭火的场所除外)，符合以上规定且同时满足环境温度低于4℃或高于70℃的场所应设干式自动喷水灭火系统。

四、干式自动喷水灭火系统的检查

对系统的水源、供水设施、管网及附件、干式报警阀组、喷头、检验装置等进行检查，并应符合设计和规范的要求。

(一) 水源

① 检查室外给水管网的进水管管径、数量和供水能力。
② 检查高位消防水箱、消防水池的有效容积和水位测量与指示装置。
③ 检查消防气压给水装置的供水工作参数是否符合规范要求。
④ 采用地表天然水源作为消防水源时，检查其水位、水量、水质等，并根据有效水文资料检查天然水源枯水期的最低水位、常水位、洪水位。
⑤ 根据地下水井抽水试验资料，确定常水位、最低水位、出水量和水位测量装置等技术参数和装备。

(二) 消防水池

① 通过消防水池液位显示装置，检查核实消防水池储水量是否符合要求。
② 检查消防用水与生产、生活用水合并的水池，是否采取确保消防用水不做他用的技术措施。
③ 检查严寒和寒冷地区的消防水池是否采取防冻保护设施。
④ 检查消防水池的补水设施是否完好有效。

(三) 消防水箱

① 通过消防水箱液位显示装置，检查核实消防水池储水量是否符合要求。
② 检查消防用水与生产、生活用水合并的消防水箱，是否采取确保消防用水不作他用的技术措施。
③ 检查严寒和寒冷地区的消防水箱是否采取防冻保护设施。

④检查消防水箱的补水设施是否完好有效。

(四) 消防水泵房

① 独立设置的消防水泵房，其耐火等级不应低于二级。附设在建筑内的消防水泵房，不应设置在地下三层及以下，或室内地面与室外出入口地坪高差大于10m的地下楼层。应采用耐火极限不低于2.0h的隔墙和1.5h的楼板与其他部位隔开，并应设甲级防火门。

② 当消防水泵房设置在首层时，其出口应直通室外；当设在地下室或其他楼层时，其疏散门应直通安全出口。

③ 消防水泵房应有不少于2条的出水管直接与环状消防给水管网连接，当其中1条出水管关闭时，其余的出水管应仍能通过全部用水量。

④ 泵房应设排水设施，消防水泵和控制柜应采取安全保护措施。

⑤ 检查消防通信、消防应急照明等设施是否完好有效。

(五) 消防水泵

① 检查消防水泵主、备电源切换装置。

② 按《消防联动控制系统》(GB 16806—2006) 的规定测试消防水泵控制柜的控制显示功能、防护等级。

③ 消防泵组及其消防管道上使用的控制阀应有明显启闭标志，除用于测试的阀门外，其余阀门应能锁定阀位于全开。

④ 分别开启系统中每一个末端试水装置、试水阀时，消防水泵均应能正常启动；系统中的水流指示器、压力开关等信号装置应能正常动作，消防水泵均应能正常启动。

⑤ 设置消防气压给水装置的自动喷水灭火系统，其气压给水装置的气压降至气压罐最高工作压力时，消防气压给水装置应能发出启动消防水泵的控制信号。

⑥ 消防泵进、出水管及其控制阀、止回阀、泄压阀、压力表、水锤消除器、可挠曲接头等的设置应满足功能要求，其规格、型号、数量符合规范要求。

⑦ 消防水泵应采用自灌式引水，其自灌式引水方式应在整个火灾延续时间内都符合要求。

⑧ 关闭消防水泵出水管上的控制阀、打开试验放水阀进行下列试验，均应正常工作，并符合规范的要求：

a. 采用主电源启动消防水泵；

b. 关闭主电源，主、备电源应能正常切换；

c. 主泵和备用泵相互应能正常切换；

d. 消防水泵就地和消防中心启停控制功能应正常；

e. 消防水泵控制柜置于自动启动方式，系统处于准工作状态时进行联动试验应正常；

f. 消防水泵应能正常启动，且消防水不应进入气压罐。

（六）稳压泵

① 检查稳压泵的型号、规格，其进、出水管道和附件的设置应满足使用功能要求。

② 稳压泵供电符合要求，备用稳压泵的主、备电源应能正常切换。

③ 稳压泵控制符合要求，并有防止其频繁启动的技术措施。

（七）干式报警阀

① 报警阀及其组件应符合产品标准要求，报警阀组的安装应符合规范，应有注明系统名称和保护区域的标志牌。

② 打开试警铃阀时，在阀板不开启的条件下，压力开关、水力警铃应能正常动作，且距水力警铃3m远处其连续声强符合规定。

③ 空气压缩机和气压控制装置状态正常，压力表显示符合设定值。

④ 当系统由火灾自动报警系统联动控制时，其联动控制功能应符合系统要求。

⑤ 报警阀进、出口控制阀应为信号阀，或有明显启闭标志，并能锁定阀位于全开。

（八）系统管网和附件、组件的检查

① 消防给水系统形式和管网构成符合规范要求，环网阀门布置满足规范要求，环网应能实现双向流动。

② 管道材质、管径、连接方式、防腐和防冻措施、标识、支吊架设置符合规范要求，配水主立管与水平配水管的连接没有使用机械三通（或四通），其他机械三通（或四通）的使用符合规范要求。

③ 管网上的控制阀应为具有明显启闭标志的阀门。

④ 管网上的减压阀、止回阀、控制阀、排水与排气设施、电磁阀、节流孔板、泄压阀、水锤消除装置、压力监测元件、水流报警装置等的规格、型号、设置部位和安装方式符合规范要求。

⑤ 管网上的末端试水装置和试水阀的设置部位正确，部件齐全，方便使用。

⑥ 配水管网上喷头数量与其管径符合规范要求。

(九）喷头的检查

① 喷头的设置场所、喷头规格、型号、公称动作温度，响应时间系数（RTI）符合设计、规范要求。

② 喷头安装间距和一只喷头的最大保护面积符合规范要求。

③ 喷头溅水盘距顶板、吊顶、墙、梁、保护对象顶部等的距离符合规范要求，遇障碍物时，喷头的避让和增补符合规范要求。

④ 在有腐蚀性气体环境，有碰撞危险环境安装的喷头，针对环境危害采取了相应的保护措施。

⑤ 各种不同规格型号的喷头均按规定量留有备用。

⑥ 配水管道的支吊架、防晃支吊架设置符合要求。

（十）自动喷水灭火系统的模拟功能试验

利用末端试水装置对干式系统进行试验，开启末端试水装置后，系统报警阀、压力开关应及时动作，水流指示器发出报警信号，系统电动排气阀应正常启动，消防水泵应正常启动，并有信号反馈。

（十一）系统、管网压力、强度检查

根据《自动喷水灭火系统设计规范》（GB 50084—2017）的规定，系统配水管道的工作压力不应大于1.2MPa，即报警阀入口处的水压应小于等于1.2MPa，并要控制配水管入口处的水压不宜大于0.4MPa。系统的工作压力应满足最不利点喷头的工作压力和喷水强度的要求。系统中高位消防水箱及其稳压设施和喷淋泵，对系统最不利于喷头的工作压力和喷水强度的要求，不论在平时还是火灾时都是相同的。

五、干式自动喷水灭火系统常见故障及处理方法

干式自动喷水灭火系统常见故障及处理方法见表4-2。

表4-2 干式自动喷水灭火系统常见故障及处理方法

常见故障	故障原因	处理方法
稳压装置频繁启动	① 干式装置前端有泄漏； ② 水暖件、连接处、闭式喷头有泄漏； ③ 末端试水装置没有关好； ④ 设备损坏。	① 检查水暖件、连接处、喷头和末端试水装置，找出泄漏点进行处理； ② 联系维修。

续表

常见故障	故障原因	处理方法
水流指示器在水流动作后不报警	①电气线路损坏、端子接线故障；②水流指示器浆片不动、浆片损坏；③微动开关损坏、干簧管触点烧坏；④永久性磁铁失效。	①检查浆片是否损坏或塞死不动；②检查永久性磁铁、干簧管等器件；③联系维修。
喷头动作后或末端试水装置打开，干式报警阀后管道前端无水	①干式报警阀的蝶阀不动作；②干式报警阀的其他部件损坏。	①翻转蝶阀；②联系维修。
联动信号发出喷淋泵不动作	①控制装置损坏；②喷淋泵启动柜连线松动或器件失灵；③喷淋泵本身机械故障。	①检查控制装置；②检查控制柜线路、器件；③检查喷淋泵；④联系维修。
联动和远程控制不能启动	①水泵控制柜的万能转换开关未在自动状态、中间继电器损坏；②远程控制线有问题；③控制设备未设压力开关或损坏。	①检查控制柜万能转换开关、中间继电器；②检查远程控制线；③检查控制设备或联动程序。
启泵后水泵无出水	①消防水池无水或水位过低；②进水闸阀或出水闸阀关闭；③进水管的海底阀被堵；④水泵反转；⑤进水管的阀门被堵塞。	①检查消防水池水位；②检测进、出水闸阀；③海底阀被堵，使进水管内充满空气，排出管内的空气；④检查电机的相序；⑤检查进水管。
启泵后管网压力上升不够	①泵的叶轮里有杂物；②试水管的阀门关闭不严；③管网有漏水的现象；④屋顶水箱出水管的单向阀关闭不严。	①检查水泵的叶轮；②检查试水管的阀门；③检查管网；④检查屋顶水箱处的单向阀。
水泵振动过大或异常声响	①水泵的基础不牢或螺栓松动；②水泵轴心偏心、轴承损坏；③水泵润滑油不足。	①检查基础和固定螺栓；②检查水泵泵体；③检查水泵润滑油。
漏水	①机械密封圈漏水；②盘根漏水。	①检查机械密封圈；②检查盘根。
干式报警阀	①误报警；②间隙报警。	①阀内补气孔有杂物堵塞，平衡补差功能失效，检查内阀瓣；②喷淋管道中有大量空气，排出空气。
长报警(报警后不能复位)	①水中有杂物使阀关闭不严；②末端试水阀门未关闭或关闭不严；③胶垫脱落或阀瓣损坏不能关闭。	①放水冲洗或拆卸清洗；②检查末端试水阀门；③检查胶垫和阀瓣。

续表

常见故障	故障原因	处理方法
不报警（警铃压力开关）	① 末端试水流量小，阀瓣锈蚀严重，启闭不灵活； ② 淤泥杂物堵塞压力开关的管道至警铃。	① 检查末端和阀； ② 检查管道。
警铃不报警	① 警铃叶轮卡堵； ② 警铃损坏或打钟脱落。	① 检查叶轮； ② 检查警铃。
压力开关不报警	① 微动开关损坏； ② 线路及电气故障。	① 检查微动开关； ② 检查线路和电气。
水流指示器不能复位	① 管中杂物卡堵； ② 压力弹簧太紧。	① 检查管路； ② 检查弹簧。
水流指示器不报警	① 压力弹簧及胶板损坏脱落； ② 方向安装相反； ③ 微动开关损坏。	① 检查压力弹簧； ② 检查微动开关。
止回阀不止回	① 座圈与阀瓣间夹入杂物； ② 座圈或阀瓣（覆盖面）变形损坏，使密封面不严密； ③ 活动部分严重锈蚀，阀瓣关闭不严。	① 检查座圈和阀瓣； ② 联系维修。
泄压阀	1. 泄压阀到达泄压值不泄压； 2. 泄压后关闭不严。	① 阀门弹簧过紧，检查阀门； ② 水中杂物堵塞密封面，密封圈损坏。
管网泄漏	一般都是阀门的问题，有些是水泵接合器埋地管网漏水	联系维修

第三节　预作用自动喷水灭火系统

一、预作用自动喷水灭火系统的组成

预作用自动喷水灭火系统是在准工作状态时，配水管道内不充水，由火灾自动报警系统自动开启雨淋报警阀后，转换为湿式系统的闭式系统。预作用系统是用于控制或扑灭建筑火灾的系统，由预作用报警阀组、闭式喷头、末端试水装置、快速排气阀组、水流指示器、压力开关、信号阀、气源及稳压装置、消防水泵、高位水箱、水泵接合器、供水及配水管网以及必要的阀门组件等构成，见图4-3。

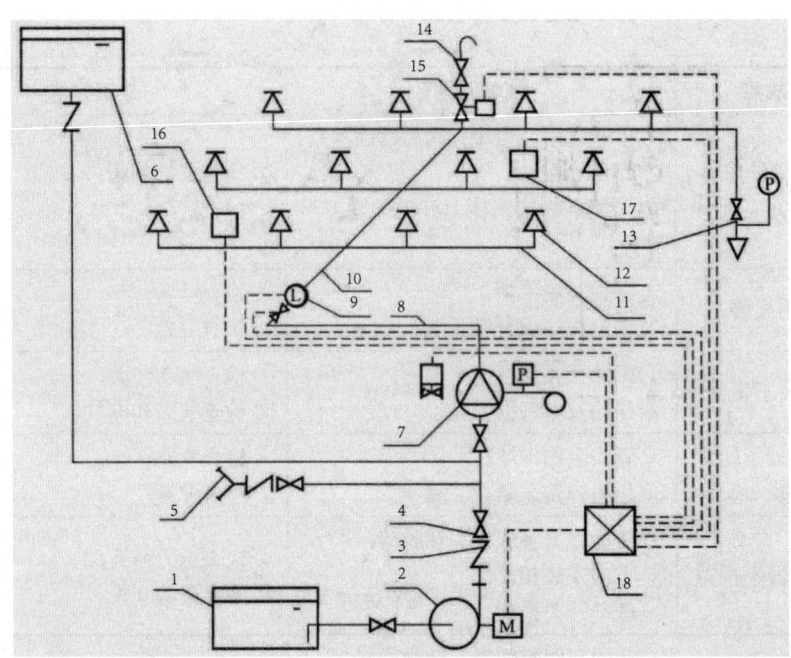

1-水池；2-消防水泵；3-止回阀；4-闸阀；5-水泵接合器；6-消防水箱；7-干式报警阀组；8-配水干管；9-水流指示器；10-配水管；11-配水支管；12-闭式喷头；13-末端试水装置；14-快速排气阀；15-电动阀；16-报警控制器

图4-3 预作用系统组成示意图

二、预作用自动喷水灭火系统的工作原理

平时，预作用系统的配水管网充满了低压气体。火灾时，火灾报警探测器动作，向火灾报警控制器发出火灾信号，消防联动控制器联动打开预作用报警阀组，联动启动消防水泵（采用消防水箱为系统管道稳压的，应由预作用报警阀组的压力开关信号连锁启动供水泵）向供水管网供水，系统经历一个排气充水过程后，干式系统转换为湿式系统，同时压力开关动作，等到火灾发展使喷头开放后，喷头立即喷水灭火。国家标准《自动喷水灭火系统设计规范》(GB 50084—2017)规定，预作用系统的配水管道充水时间不应大于2min。

三、预作用自动喷水灭火系统的适用范围

国家标准《建筑设计防火规范》(GB 50016—2014,2018年版)规定了设置自动喷水灭火系统的厂房或生产部位、仓库、高层民用建筑和单、多层民用建筑（另有规定和不宜用水保护或灭火的场所除外），符合以上规定且同时具有下列要求之一的场所应采用预作用系统：

① 系统处于准工作状态时，严禁管道漏水。
② 严禁系统误喷。
③ 替代干式系统。

四、预作用自动喷水灭火系统的检查

对系统的供水设施、管网及附件、报警阀组、喷头、检验装置等进行检查，并应符合规范要求。

（一）水源

① 检查室外给水管网的进水管管径、数量和供水能力。
② 检查高位消防水箱、消防水池的消防有效容积和水位测量与指示装置。
③ 检查消防气压给水装置的供水工作参数。
④ 采用地表天然水源作为消防水源时，检查其水位、水量、水质等，并根据有效水文资料检查天然水源枯水期的最低水位、常水位、洪水位。
⑤ 根据地下水井抽水试验资料，确定常水位、最低水位、出水量和水位测量装置等技术参数和装备。

（二）消防水池

① 通过消防水池液位显示装置，检查核实消防水池储水量是否符合要求。
② 检查消防用水与生产、生活用水合并的水池，是否采取确保消防用水不作他用的技术措施。
③ 检查严寒和寒冷地区的消防水池是否采取防冻保护设施。
④ 检查消防水池的补水设施是否完好有效。

（三）消防水箱

① 通过消防水箱液位显示装置，检查核实消防水池储水量是否符合要求。
② 检查消防用水与生产、生活用水合并的消防水箱，是否采取确保消防用水不作他用的技术措施。
③ 检查严寒和寒冷地区的消防水箱是否采取防冻保护设施。
④ 检查消防水箱的补水设施是否完好有效。

（四）消防水泵房

① 独立设置的消防水泵房，其耐火等级不应低于二级。附设在建筑内的消防水

泵房，不应设置在地下三层及以下或室内地面与室外出入口地坪高差大于10m的地下楼层。应采用耐火极限不低于2.0h的隔墙和不低于1.5h的楼板与其他部位隔开，并应设甲级防火门。

② 当消防水泵房设置在首层时，其出口应直通室外。当设在地下室或其他楼层时，其疏散门应直通安全出口。

③ 消防水泵房应有不少于2条的出水管直接与环状消防给水管网连接。当其中1条出水管关闭时，其余的出水管应仍能通过全部用水量。

④ 泵房应设排水设施，消防水泵和控制柜应采取安全保护措施。

⑤ 检查消防通信、消防应急照明等设施是否完好有效。

(五) 消防水泵

① 检查消防水泵主、备用电源切换装置。

② 按《消防联动控制系统》(GB 16806—2006) 的规定测试消防水泵控制柜的控制显示功能、防护等级。

③ 消防泵组及其消防管道上使用的控制阀应有明显启闭标志，并能锁定阀位于全开。

④ 分别开启系统中每一个末端试水装置、试水阀时，消防水泵均应能正常启动；系统中的水流指示器、压力开关等信号装置应能正常动作，消防水泵均应能正常启动。

⑤ 设置消防气压给水装置的自动喷水灭火系统，使其气压给水装置的气压降至气压罐最高工作压力时，消防气压给水装置应能发出启动消防水泵的控制信号。

⑥ 消防泵进、出水管及其控制阀、止回阀、泄压阀、压力表、水锤消除器、可挠曲接头等的设置应满足功能要求，其规格、型号、数量符合规范要求。

⑦ 消防水泵应采用自灌式引水，其自灌式引水方式应在整个火灾延续时间内都符合要求。

⑧ 关闭消防水泵出水管上的控制阀、打开试验放水阀进行下列试验，均应正常工作，并符合规范的要求：

a. 采用主电源启动消防水泵；

b. 关闭主电源，主、备电源应能正常切换；

c. 主泵和备用泵相互应能正常切换；

d. 消防水泵就地和消防中心启停控制功能应正常；

e. 消防水泵控制柜置于自动启动方式，系统处于准工作状态时进行联动试验应正常，联动试验包括室内消火栓系统和自动喷水灭火系统的联动；

f. 对于自动喷水灭火系统：消防水泵应能正常启动，且消防水不应进入气压罐；

g. 对于不设末端试水装置、试水阀的系统，应使其报警阀动作，压力开关动作信号应能使消防水泵正常启动。

（六）稳压泵

① 检查消防稳压泵的型号、规格，其进、出水管道和附件的设置应满足使用功能要求。

② 稳压泵供电符合规范要求，主、备电源应能正常切换。

③ 稳压泵控制符合规范要求，并有防止其频繁启动的技术措施。

（七）预作用报警阀

① 报警阀及其组件应符合产品标准要求，报警阀组的安装应符合规范要求，应有注明系统名称和保护区域的标志牌。

② 打开试警铃阀时，在阀板不开启的条件下，压力开关、水力警铃应能正常动作，且距水力警铃3m远处其连续声强应符合规定要求。

③ 空气压缩机和气压控制装置状态正常，压力表显示符合设定值。

④ 当系统由火灾自动报警系统联动控制时，其联动控制功能应符合规范要求。

⑤ 报警阀进、出口控制阀应为信号阀，或有明显启闭标志，并能锁定阀位于全开。

⑥ 电磁阀的启闭及反馈信号应灵敏可靠。

（八）系统管网和附件、组件的检查

① 消防给水系统形式和管网构成符合规范要求，环网阀门布置满足规范要求，环网应能实现双向流动。

② 管道材质、管径、连接方式、防腐和防冻措施、标识、支吊架设置符合规范要求，配水主立管与水平配水管的连接没有使用机械三通（或四通），其他机械三通（或四通）的使用符合规范要求。

③ 管网上的控制阀应为具有明显启闭标志的阀门。

④ 管网上的减压阀、止回阀、控制阀、排水与排气设施、电磁阀、节流孔板、泄压阀、水锤消除装置、压力监测元件、水流报警装置等的规格、型号、设置部位和安装方式符合规范要求。

⑤ 管网上的末端试水装置和试水阀的设置部位正确，部件齐全，方便使用。

⑥ 配水管网上喷头数量与其管径符合规范要求。

(九)喷头的检查

①喷头的设置场所、喷头规格、型号、公称动作温度,响应时间系数(RTI)符合规范要求。

②喷头安装间距和一只喷头的最大保护面积符合规范要求。

③喷头溅水盘距顶板、吊顶、墙、梁、保护对象顶部等的距离符合规范要求,遇障碍物时,喷头的避让和增补符合规范要求。

④在有腐蚀性气体环境,有碰撞危险环境安装的喷头,针对环境危害采取了相应的保护措施。

⑤各种不同规格型号的喷头均按规定量留有备用。

⑥配水管道的支吊架、防晃支吊架设置符合要求。

(十)自动喷水灭火系统的模拟功能试验

利用火灾报警控制器对预作用系统进行试验,火灾报警器确认火灾后,预作用报警阀、压力开关应及时动作,使水流指示器发出报警信号,消防泵应正常启动,并有信号反馈。

(十一)系统、管网压力、强度检查

根据《自动喷水灭火系统设计规范》(GB 50084—2017)的规定,系统配水管道的工作压力不应大于1.2MPa,即报警阀入口处的水压应小于或等于1.2MPa,并要控制配水管入口处的水压不宜大于0.4MPa。系统的工作压力应满足最不利点喷头的工作压力和喷水强度的要求。系统中高位消防水箱及其稳压设施和喷淋泵,对系统最不利点喷头的工作压力和喷水强度的要求,不论在平时还是在火灾时都是相同的。

五、预作用自动喷水灭火系统常见故障及处理方法

预作用自动喷水灭火系统常见故障及处理方法见表4-3。

表4-3 预作用自动喷水灭火系统常见故障及处理方法

常见故障	故障原因	处理方法
稳压装置频繁启动	①预作用装置前端有泄漏; ②水暖件、连接处、闭式喷头有泄露; ③末端试水装置没有关好; ④设备损坏。	①检查水暖件、连接处、喷头和末端试水装置,找出泄漏点进行处理; ②联系维修。

续表

常见故障	故障原因	处理方法
水流指示器在水流动作后不报警	①电气线路损坏、端子接线故障； ②水流指示器桨片不动、桨片损坏； ③微动开关损坏、干簧管触点烧坏； ④永久性磁铁失效。	①检查桨片是否损坏或塞死不动； ②检查永久性磁铁、干簧管等器件； ③联系维修。
喷头动作后或末端试水装置打开，预作用报警阀后管道前端无水	①预作用报警阀的蝶阀不动作； ②预作用报警阀的其他部件损坏。	①翻转蝶阀； ②联系维修。
联动信号发出，喷淋泵不动作	①控制装置损坏； ②喷淋泵启动柜连线松动或器件失灵； ③喷淋泵本身机械故障。	①检查控制装置； ②检查控制柜线路、器件； ③检查喷淋泵； ④联系维修。
联动和远程控制不能启动	①水泵控制柜的万能转换开关未在自动状态、中间继电器损坏； ②远程控制线有问题； ③控制设备未设压力开关或损坏。	①检查控制柜万能转换开关、中间继电器； ②检查远程控制线； ③检查控制设备或联动程序。
启泵后水泵无出水	①消防水池无水或水位过低； ②进水闸阀或出水闸阀关闭； ③进水管的海底阀被堵； ④水泵反转； ⑤进水管的阀门被堵塞。	①检查消防水池水位； ②检测进、出水闸阀； ③海底阀被堵，使进水管内充满空气，排除管内的空气； ④检查电机的相序； ⑤检查进水管。
启泵后管网压力上升不够	①泵的叶轮里有杂物； ②试水管的阀门关闭不严； ③管网有漏水的现象； ④屋顶水箱下水的单向阀关闭不严。	①检查水泵的叶轮； ②检查试水管的阀门； ③检查管网； ④检查屋顶水箱处的单向阀。
水泵振动过大或异常声响	①水泵的基础不牢或螺栓松动； ②水泵轴心偏心、轴承损坏； ③水泵润滑油不足。	①检查基础和固定螺栓； ②检查水泵泵体； ③检查水泵润滑油。
漏水	①机械密封圈漏水； ②盘根漏水。	①检查机械密封圈； ②检查盘根。
预作用报警阀	①误报警； ②间隙报警。	①阀内补气孔有杂物堵塞，平衡补差功能失效，检查内阀瓣； ②喷淋管道中有大量空气，排除空气。
长报警（报警后不能复位）	①水中有杂物使阀瓣关闭不严； ②末端试水阀门未关闭或关闭不严； ③胶垫脱落或阀瓣损坏不能关闭。	①放水冲洗或拆卸清洗； ②检查末端试水阀门； ③检查胶垫和阀瓣。

续表

常见故障	故障原因	处理方法
不报警(警铃压力开关)	①末端发水流量小,阀瓣锈蚀严重,启闭不灵活; ②淤泥杂物堵塞压力开关的管道至警铃。	①检查末端和阀瓣; ②检查管道。
警铃不报警	①警铃叶轮卡堵; ②警铃损坏或打钟脱落。	①检查叶轮; ②检查警铃。
压力开关不报警	①微动开关损坏; ②线路及电气故障。	①检查微动开关; ②检查线路和电气。
水流指示器不能复位	①管中杂物卡堵; ②压力弹簧太紧。	①检查管路; ②检查弹簧。
水流指示器不报警	①压力弹簧及胶板损坏脱落; ②方向安装相反; ③微动开关损坏。	①检查压力弹簧; ②检查微动开关。
止回阀不止回	①座圈与阀瓣间夹入杂物; ②座圈或阀瓣(覆盖面)变形损坏,使密封面不严密; ③活动部分严重锈蚀,阀瓣关闭不严。	①检查座圈和阀瓣; ②联系维修。
泄压阀	①泄压阀到达泄压值不泄压; ②泄压后关闭不严。	①阀门弹簧过紧,检查阀门; ②水中杂物堵塞密封面,密封圈损坏。
管网泄漏	一般都是阀门的问题,有些是水泵接合器埋地管网漏水	联系维修

第四节 雨淋与水幕系统

一、雨淋系统

(一)雨淋系统的组成

雨淋系统是由火灾自动报警系统或传动管装置、易熔合金拉锁控制装置控制的,自动开启雨淋报警阀和启动供水泵后,向开式洒水喷头供水的自动喷水灭火系统,是开式自动喷水灭火系统的一种,主要由供水设施、给水管网及阀门、压力开关、雨淋报警阀、开式洒水喷头和火灾自动报警系统(或传动管装置、易熔合金拉锁控制装置)等组成。

雨淋系统按启动控制方式主要分为电动启动雨淋系统、充液(气)传动管启动雨淋系统和易熔合金拉锁控制启动雨淋系统,实际使用中采用易熔合金拉锁控制方式的系统较少。

(二)雨淋系统的工作原理

雨淋系统是在准工作状态时(雨淋阀处于伺应状态),系统侧管网不充水,在火灾发生时,通过火灾自动报警系统的联动或传动管装置、易熔合金拉锁控制开启雨淋阀,阀前供水侧随即向阀后系统侧管网输水,消防联动控制器同时启动雨淋消防水泵(采用消防水箱为系统管道稳压的,应由雨淋报警阀组的压力开关信号连锁启动消防水泵)供水,经开式洒水喷头喷水灭火。

(三)雨淋系统的适用范围

雨淋系统具有动作速度快、覆盖范围广、喷水强度大的显著特点,特别适用于净空高、火灾燃烧猛烈及水平蔓延速度快的场所。具有下列条件之一的场所应采用雨淋系统:

① 火灾的水平蔓延速度快、闭式喷头的开放不能及时使喷水有效覆盖着火区域。

② 室内净空高度超过《自动喷水灭火系统设计规范》(GB 50084—2017)中第6.1.1条的规定(见表4-4),且必须迅速扑救初期火灾的场所。

表4-4 采用闭式系统场所的最大净空高度(m)

设置场所	采用闭式系统场所的最大净空高度
民用建筑和工业厂房	8
仓库	9
采用早期抑制快速响应喷头的仓库	13.5
非仓库类高大净空场所	12

③ 属于《自动喷水灭火系统设计规范》(GB 50084—2017)中第3.0.1条定义为严重危险级Ⅱ级的下列场所:

a. 易燃液体喷雾操作区域;

b. 固体易燃物品;

c. 可燃气体溶胶制品;

d. 溶剂清洗、喷涂、油漆、沥青制品等工厂的备料及生产车间；

e. 摄影棚、舞台葡萄架下部。

④ 根根据《建筑设计防火规范》(GB 50016—2014,2018年版) 第8.3.7条要求，下列建筑或部位应设置雨淋自动喷水灭火系统：

a. 火柴厂的氯酸钾压碾厂房，建筑面积大于100m²且生产和使用硝化棉、喷漆棉、火胶棉、赛璐珞胶片、硝化纤维的厂房；

b. 乒乓球厂的轧坯、切片、磨球、分球检验部位；

c. 建筑面积大于60m²或储存量大于2t的硝化棉、喷漆棉、火胶棉、赛璐珞胶片、硝化纤维的仓库；

d. 装瓶数量大于3000瓶的液化石油气储配站的灌瓶间、实瓶库；

e. 特等、甲等剧场、超过1500个座位的其他等级剧场和超过2000个座位的会堂或礼堂的舞台葡萄架下部；

f. 建筑面积不小于400m的演播室，建筑面积不小于500m²的电影摄影棚。

(四) 雨淋系统的检查

1. 供水设施

① 消防水源的详细检查内容及方法应与本书湿式自动喷水灭火系统对水源的检查要求一致。

② 消防水泵房、固定消防给水设备、消防水泵、稳压泵、水泵控制柜、水泵接合器的设置应符合相关规范要求。

2. 给水管网及阀门

① 检查管道、管件的材质、管径、连接方式和防腐、防冻措施；

② 检查末端试水装置、排气阀、供水侧及系统侧控制阀门的设置，雨淋报警阀出、入口处设置的控制阀门应为信号阀；

③ 检查系统供水干管上是否设置有用于系统流量、压力检测的装置；

④ 检查管网排水坡度及设施；

⑤ 检查支吊架、防晃支架的设置。

3. 雨淋报警阀

① 检查雨淋报警阀设置位置及安装高度，雨淋报警阀上设置的各类操作阀门、压力显示装置等需操作和观测的部件应处于便于观察、检查和操作的位置；检查雨淋报警阀的安装部位是否设置有足够排水能力的排水设施。

② 检查雨淋报警阀外观、铭牌、标志、水流方向指示；检查是否设置有注明系统名称和保护区域的标志牌，压力显示装置的显示是否符合设定值。

③检查阀体上设置的放水口，其公称直径不应小于20mm。

④检查雨淋报警阀处于伺应状态时，是否具有防止水从供水侧渗漏到系统侧的功能，或设置有使渗漏水自动排出的设施，并检查自动排出设施的动作性能。

⑤检查雨淋报警阀在不开启阀瓣组件时具有测试报警装置的功能。

⑥检查雨淋报警阀压力控制腔上设置的阀门，采用消防联动控制的，在电磁阀入口处应设置过滤器，电磁阀在接收到启动信号后应能可靠动作并启动阀门；采用传动管控制的，其传动机构在设计供水压力下应可靠动作并启动阀门，传动管设置高度、距离及维持压力应符合规范要求；紧急手动控制阀应能正常动作开启阀门，并有紧急操作指示标识；采用并联设置雨淋报警阀的雨淋系统，其雨淋阀控制腔的入口应设止回阀。

⑦检查压力开关和水力警铃外观、标志，水力警铃连接管径应为20mm。

⑧检查每个雨淋阀控制的喷水面积，其作用面积是否符合相关规范要求。

4. 开式洒水喷头

①检查喷头外观、标志，喷头应无变形、损伤，喷头溅水盘上无任何悬挂或遮蔽物。

②检查防护区内设置的喷头，应为同一规格型号。

③检查喷头布置间距及安装高度应符合规范要求。

④检查雨淋系统备用喷头数量，其数量不应少于总数的1%，且每种型号均不得少于10只。

5. 系统功能检查

雨淋系统的启动方式有自动、手动和机械紧急启动三种。

自动启动方式通过火灾自动报警系统联动控制或充液（气压）传动管实现；手动启动方式为电气手动启动，通过设置在消防联动控制器上的手动启动按钮实现；机械紧急启动通过手动开启设置在雨淋阀上的紧急手动控制阀实现。当采用任意一个方式启动时，雨淋阀均应在15s内开启（雨淋报警阀公称直径超过200mm时，应在60s内开启）。雨淋阀动作后，控制腔泄压，阀瓣开启，压力开关应正常动作并直接连锁启动雨淋消防泵，同时向消防联动控制器反馈信号，水力警铃正常报警，距离水力警铃3m处的报警铃声响度不应小于70dB。在保护区不允许进行冷喷试验时，可通过关闭系统侧供水阀，开启调试阀或雨淋阀排水阀进行功能试验。雨淋阀启动后不能自动复位，恢复系统至伺应状态时应通过手动复位实现。

雨淋消防泵的启动也可通过设置在稳压系统上的低压压力开关连锁启动，检查雨淋消防泵控制柜和消防联动控制器手动盘上应具有手动启泵和停泵的功能。

检查消防联动控制器上应有水流指示器、压力开关、雨淋阀、雨淋消防泵的启动和停止的反馈信号显示。并联设置多台雨淋报警阀的系统应检查其控制逻辑关系符合规范要求。

(五) 雨淋系统常见故障及处理方法

固定消防给水设备、消防水泵、稳压泵、水泵控制柜及水泵接合器的常见故障及处理方法请参考湿式自动喷水灭火系统的相关内容。其他常见故障见表4-5。

表 4-5　雨淋系统常见故障及处理方法

常见故障	故障原因	处理方法
雨淋阀阀瓣渗漏	① 阀座与阀瓣处密封失效； ② 阀座或阀损坏。	① 检查阀座与阀密封面处有无异物； ② 检查阀座有无破裂或松动现象，检查阀有无破损；必要时联系维修。
电磁阀不动作	① 启动信号线路故障； ② 电磁阀输入功率不足； ③ 电磁阀损坏。	① 检查联动控制启动信号线路； ② 检查电磁阀实际输入功率是否达到额定功率要求，并联设置的雨淋阀应每台进行检测； ③ 联系维修。
系统侧压力及流量不符合规范要求	① 管网堵塞； ② 雨淋阀公称通径较小； ③ 雨淋阀控制腔未完全泄压。	① 检查系统管网有无异物堵塞； ② 检查雨淋阀型号、规格是否与消防设计文件一致； ③ 检查雨淋阀控制腔压力显示装置显示压力，排查未完全泄压原因，检查电磁阀或紧急手动控制阀是否正常开启。
传动管泄压雨淋阀不启动	传动管设置的高度、距离及压力与系统供水压力不匹配	检查传动管的设置是否符合消防设计文件要求

二、水幕系统

(一) 水幕系统的组成

水幕系统是用于挡烟阻火和冷却分隔物的开式自动喷水系统，主要由供水设施、给水管网及阀门、水流报警装置、雨淋报警阀、开式洒水喷头或水幕喷头和火灾自动报警系统等组成。

(二) 水幕系统的工作原理

水幕系统的工作原理与雨淋系统基本一致，但两个系统的设计目的和用途却完全不同，水幕系统不参与直接灭火，是用于控制火灾和烟气向其他区域蔓延或冷却防火卷帘等分隔物,而雨淋系统是完全的灭火系统。

需要说明的是,用于防火分隔和冷却防火卷帘等分隔物的联动启动方式不同:当自动控制的水幕系统用于防火卷帘的保护时,应以防火卷帘下落到楼板面的动作信号与本报警区域内任意一个火灾探测器或手动火灾报警按钮的报警信号作为雨淋阀组启动的联动触发信号,并应由消防联动控制器联动控制水幕系统相关控制阀组的启动;仅用水幕系统作为防火分隔时,应由该报警区域内两只独立的感温火灾探测器的火灾报警信号作为水幕阀组启动的联动触发信号,并应由消防联动控制器联动控制水幕系统相关控制阀组的启动。

水幕系统的启动方式主要分为电动启动水幕系统和使用温感雨淋阀的湿式探测管水幕系统。

(三) 水幕系统的适用范围

根据水幕系统的工作特性,该系统可以用于防止火灾通过建筑开口部位蔓延,或辅助其他防火分隔物实施有效分隔。水幕系统主要用于因生产工艺需要或使用功能需要而无法设置防火墙等的开口部位,也用于辅助防火卷帘和防火幕作防火分隔。

《建筑设计防火规范》(GB 50016—2014,2018年版) 第 8.3.6 条规定,下列部位宜设置水幕系统:

① 特等、甲等剧场、超过1500个座位的其他等级剧场、超过2000个座位的会堂或礼堂和高层民用建筑内超过800个座位的剧场或礼堂的舞台口及上述场所内与舞台相连的侧台、后台的洞口 (舞台口也可采用防火幕进行分隔,侧台、后台的较小洞口宜设置乙级防火门、窗);

② 应设置防火墙等防火分隔物而无法设置的局部开口部位;

③ 需要防护冷却的防火卷帘或防火幕的上部。

(四) 水幕系统的检查

水幕系统及组件的设置、安装和检查内容与本书雨淋系统的相关要求一致。

检查水幕系统的应用形式及对应使用的喷头种类,起防火分隔作用的水幕系统使用的喷头可为开式洒水喷头或水幕喷头,其保护的开口尺寸 (不包括舞台口) 不宜超过15m (宽) ×8m (高),实际喷洒的水幕宽度不应小于6m,当采用水幕喷头时,喷头不应少于3排,如采用开式洒水喷头,喷头不应少于2排;起防护冷却作用的水幕系统应使用水幕喷头,且喷头的布置应能将水直接喷向被保护对象,且水幕喷头的出水口角度及方向应保持一致。

检查水幕系统用于保护防火卷帘时的自动控制功能,系统启动的联动触发信号应由防火卷帘下落到楼板面的动作信号与本报警区域内任意火灾探测器或手动火灾报警按钮的报警信号组成，并通过消防联动控制器控制雨淋阀的启动。

(五) 水幕系统常见故障及处理方法

水幕系统常见故障及处理方法见表 4-6。

表 4-6 水幕系统常见故障及处理方法

常见故障	故障原因	处理方法
雨淋阀阀瓣渗漏	① 阀座与阀瓣处密封失效； ② 阀座或阀瓣损坏。	① 检查阀座与阀瓣密封面处有无异物； ② 检查阀座有无破裂或松动现象，检查阀瓣有无破损；必要时联系维修。
电磁阀不动作	① 启动信号线路故障； ② 电磁阀输入功率不足； ③ 电磁阀损坏。	① 检查联动控制启动信号线路； ② 检查电磁阀实际输入功率是否达到额定功率要求，并联设置的雨淋阀应每台进行检测； ③ 联系维修。
系统侧压力及流量不符合规范要求	① 管网堵塞； ② 雨淋阀公称通径较小； ③ 雨淋阀控制腔未完全泄压。	① 检查系统管网有无异物堵塞； ② 检查雨淋阀型号规格是否与消防设计文件一致； ③ 检查雨淋阀控制腔压力显示装置显示压力，排查未完全泄压原因，检查电磁阀或紧急手动控制阀是否正常开启。
传动管泄压，雨淋阀不启动	传动管设置的高度、距离及压力与系统供水压力不匹配	检查传动管的设置是否符合消防设计文要求

第五节　水喷雾灭火系统

一、水喷雾灭火系统的组成

水喷雾灭火系统是一种局部灭火系统，是利用水雾喷头在较高的水压力作用下，将水流分离成 0.2~2mm 甚至更小的细小水雾喷向保护对象，能够在被保护物体表面形成水雾进行灭火或防护冷却的固定灭火装置。水喷雾灭火系统由水源、供水设备、过滤器、雨淋阀组、管道及水雾喷头等组成，并配套设置火灾探测报警及联动控制系统或传动管系统。

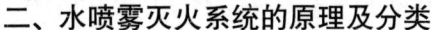

二、水喷雾灭火系统的原理及分类

火灾时，火灾报警探测器动作，向火灾报警控制器发出火灾信号，消防联动控制器联动打开雨淋报警阀组，联动启动消防水泵（采用消防水箱为系统管道稳压的，应由雨淋阀组的压力开关信号连锁启动供水泵）向供水管网供水，水雾喷头喷水灭火。

水喷雾灭火系统按启动方式可分为电动启动水喷雾灭火系统和传动管启动水喷雾灭火系统。

（一）电动启动水喷雾灭火系统

电动启动水喷雾灭火系统是以普通的火灾报警系统作为火灾探测系统，通过传统的点式感温、感烟探头或缆式火灾探测器探测火灾，当有火情发生时，探测器将火警信号传到火灾报警控制器上，火灾报警控制器打开雨淋阀，同时启动水泵，喷水灭火。为了减少系统的响应时间，雨淋阀前的管道上应是充满水的状态。

（二）传动管启动水喷雾灭火系统

传动管水喷雾灭火系统是以传动管作为火灾探测系统，传动管内充满压缩空气或压力水，当传动管上的闭式喷头受火灾高温影响后，传动管内的压力迅速下降，从而打开了封闭的雨淋阀，为了尽量缩短管网充水的时间，雨淋阀前的管道上应是充满水的状态，传动管的火灾报警信号通过压力开关传到火灾报警控制器上，报警控制器启动水泵，通过雨淋阀、管网将水送到水雾喷头，水雾喷头开始喷水灭火。传动管启动水喷雾灭火系统一般比较适合于防爆场所，或者不适合安装普通火灾探测系统的场所。

传动管启动水喷雾灭火系统按传动管内的充压介质可分为充液传动管和充气传动管两种。充液传动管内的介质一般为压力水，这种方式适用于不结冰的场所，充液传动管的末端或最高点应安装自动排气阀。充气传动管内的介质一般是压缩空气，平时由空气压缩机或其他气源保持传动管内的气压。

这种方式适用于所有的场所，但在北方寒冷地区，应在传动管的最低点设置冷凝器和汽水分离器，以保证传动管不被冷凝水结冰堵塞。

三、水喷雾灭火系统的适用范围

① 国家标准《建筑设计防火规范》（GB 50016—2014,2018年版）规定了下列场所应设置水喷雾灭火系统：

a. 单台容量在40MV.A及以上的厂矿企业油浸变压器，单台容量在90MV.A及以上的电厂油浸变压器，单台容量在125MV.A及以上的独立变电站油浸变压器；

b. 飞机发动机试验台的试车部分；

c. 充可燃油并设置在高层民用建筑内的高压电容器和多油开关室；

② 同时，水喷雾灭火系统还可以扑救下列场所的火灾：

a. 固体火灾，闪点高于60℃的液体火灾和电气火灾；

b. 可燃气体和甲、乙、丙类液体的生产、储存装置或装卸设备的防护冷却；

c. 在民用建筑物内的燃油燃气锅炉房、柴油发电机房和柴油泵房等场所。

四、水喷雾灭火系统的检查

对系统的供水设施、管网及附件、雨淋报警阀组、喷头检验装置等进行检查，并应符合设计和规范要求。

(一) 水源

① 检查室外给水管网的进水管管径、数量和供水能力。

② 检查消防气压给水装置(特殊情况使用)的供水工作参数。

③ 采用地表天然水源作为消防水源时，检查其水位、水量、水质等，并根据有效水文资料检查天然水源枯水期的最低水位、常水位、洪水位。

④ 根据地下水井抽水试验资料，确定常水位、最低水位、出水量和水位测量装置等技术参数和装备。

⑤ 消防水池。

a. 通过消防水池液位显示装置，检查核实消防水池储水量是否符合要求；

b. 检查消防用水与生产、生活用水合并的水池，是否采取确保消防用水不作他用的技术措施；

c. 检查严寒和寒冷地区的消防水池是否采取防冻保护设施；

d. 检查消防水池的补水设施是否完好有效。

(二) 消防水泵房

① 独立设置的消防水泵房，其耐火等级不应低于二级。附设在建筑内的消防水泵房，不应设置在地下三层及以下，或室内地面与室外出入口地坪高差大于10m的地下楼层。应采用耐火极限不低于2.0h的隔墙和1.5h的楼板与其他部位隔开，并应设甲级防火门。

② 当消防水泵房设置在首层时，其出口应直通室外。当设在地下室或其他楼层

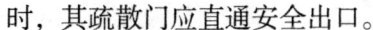

时，其疏散门应直通安全出口。

③消防水泵房应有不少于2条的出水管直接与环状消防给水管网连接。当其中1条出水管关闭时，其余的出水管应仍能通过全部用水量。

④泵房应设排水设施，消防水泵和控制柜应采取安全保护措施。

(三) 消防水泵

①检查消防水泵主、备用电源切换装置。

②按《消防联动控制系统》(GB 16806—2006)的规定测试消防水泵控制柜的控制显示功能、防护等级。

③消防泵组及其消防管道上使用的控制阀应有明显启闭标志，并能锁定阀位于全开状态。

④消防泵的出水管上应设置LW65的试验放水阀，并能满足泵的性能检测要求。

⑤消防泵进、出水管及其控制阀、止回阀、泄压阀、压力表、水锤消除器、可挠曲接头等的设置应满足功能要求，其规格、型号、数量符合设计要求。

⑥消防水泵应采用自灌式引水，其自灌式引水方式应在整个火灾延续时间内都符合要求。

⑦关闭消防水泵出水管上的控制阀、打开试验放水阀进行下列试验，均应正常工作，并符合设计、规范要求：

a. 采用主电源启动消防水泵；

b. 关闭主电源，主、备电源应能正常切换；

c. 主泵和备用泵相互应能正常切换；

d. 消防水泵就地和消防中心启停控制功能应正常；

e. 消防水泵控制柜置于自动启动方式，系统处于准工作状态时进行联动试验应正常，联动试验包括室内消火栓系统和自动喷水灭火系统的联动。

⑧对于自动喷水灭火系统：

a. 分别开启系统中每一个末端试水装置、试水阀时，消防水泵均应能正常启动，系统中的水流指示器、压力开关等信号装置应能正常动作，消防水泵应能正常启动；

b. 设置消防气压给水装置的自动喷水灭火系统，使其气压给水装置的气压降至气压罐最高工作压力时，消防气压给水装置应能发出启动消防水泵的控制信号，消防水泵应能正常启动，且消防水不应进入气压罐；

c. 对于不设末端试水装置、试水阀的系统，应使其报警阀动作，压力开关动作信号应能使消防水泵正常启动。

(四)稳压泵

① 检查消防稳压泵的型号、规格,其进、出水管道和附件的设置应满足使用功能要求。

② 稳压泵供电符合规范要求,备用稳压泵的主、备电源应能正常切换。

③ 稳压泵控制符合规范要求,并有防止其频繁启动的技术措施。

(五)雨淋报警阀

① 报警阀及其组件应符合产品标准要求,报警阀组的安装应符合规范,应有注明系统名称和保护区域的标志牌。

② 应能自动和手动启动消防水泵和雨淋阀,压力开关、水力警铃应能正常动作,且距水力警铃3m远处其连续声强符合规定。

③ 当采用传动管控制的系统时,传动管泄压后,应联动消防水泵和雨淋阀。

④ 报警阀进、出口控制阀应为信号阀或有明显启闭标志,并能锁定阀位于全开状态。

⑤ 电磁阀的启闭及反馈信号应灵敏可靠。

⑥ 并联设置多台雨淋阀组的系统,逻辑控制关系应符合设计要求。

(六)系统管网和附件、组件的检查

① 消防给水系统形式和管网构成符合规范要求,环网阀门布置满足规范要求,环网应能实现双向流动。

② 管道材质、管径、连接方式、防腐和防冻措施、标识、支吊架设置符合规范要求,配水主立管与水平配水管的连接没有使用机械三通(或四通),其他机械三通(或四通)的使用符合规范要求。

③ 管网上的控制阀应为具有明显启闭标志的阀门。

④ 管网上的减压阀、止回阀、控制阀、排水与排气设施、电磁阀、节流孔板、泄压阀、水锤消除装置、压力监测元件、水流报警装置等的规格、型号、安装方式符合规范要求。

⑤ 配水管网上喷头数量与其管径符合规范要求。

(七)喷头的检查

① 喷头的设置场所、喷头规格、型号、公称动作温度,响应时间系数(RTI)符合设计、规范要求。

② 喷头安装间距和一只喷头的最大保护面积符合规范要求。

③ 喷头溅水盘距顶板、吊顶、墙、梁、保护对象顶部等的距离符合规范要求，遇障碍物时，喷头的避让和增补符合规范。

④ 在有腐蚀性气体环境，有碰撞危险环境安装的喷头，针对环境危害采取了相应的保护措施。

⑤ 各种不同规格型号的喷头均按规定量留有备用。

⑥ 配水管道的支吊架、防晃支吊架设置符合要求。

（八）水喷雾灭火系统的模拟功能试验

利用火灾报警控制器对水喷雾系统进行试验，先后触发防护区内两个火灾探测器或为传动管泄压，查看电磁阀、消防水泵及压力开关的动作情况及反馈信号。压力开关应及时动作，消防泵应正常启动，并有信号反馈。

（九）系统、管网压力、强度、响应时间检查

根据《水喷雾灭火系统技术规范》(GB 50219—2014)的规定，系统给水管道的工作压力不应大于 1.6MPa，即报警阀入口处的水压应小于或等于 1.2MPa。

系统的工作压力应满足最不利点喷头的工作压力和喷雾强度的要求。根据《水喷雾灭火系统技术规范》(GB 50219—2014)的规定，水雾喷头的工作压力，当用于灭火时不应小于 0.35MPa，用于防护冷却时不应小于 0.2MPa，但对于甲、乙、丙类液体储罐不应小于 0.15MPa。系统的响应时间应满足设计规范的要求。

五、水喷雾灭火系统常见故障及处理方法

水喷雾灭火系统常见故障及处理方法见表4-7。

表4-7　水喷雾灭火系统常见故障及处理方法

常见故障	故障原因	处理方法
稳压装置频繁启动	① 湿式装置前端有泄漏； ② 水暖件、连接处闭式喷头有泄漏； ③ 末端试水装置没有关好； ④ 设备损坏。	① 检查水暖件、连接处、喷头和末端试水装置，找出泄漏点进行处理； ② 联系维修。
水流指示器在水流动作后不报警	① 电气线路损坏、端子接线故障； ② 水流指示器桨片不动、桨片损坏； ③ 微动开关损坏、干簧管触点烧坏； ④ 永久性磁铁失效。	① 检查桨片是否损坏或塞死不动； ② 检查永久性磁铁、干簧管等器件； ③ 联系维修。

续表

常见故障	故障原因	处理方法
喷头动作后或末端试水装置打开，湿式报警阀后管道前端无水	① 湿式报警阀的蝶阀不动作； ② 湿式报警阀的其他部件损坏。	① 翻转蝶阀； ② 联系维修。
联动信号发出，喷淋泵不动作	① 控制装置损坏； ② 喷淋泵启动柜连线松动或器件失灵； ③ 喷淋泵本身机械故障。	① 检查控制装置； ② 检查控制柜线路、器件； ③ 检查喷淋泵； ④ 联系维修。
联动和远程控制不能启动	① 水泵控制柜的万能转换开关未在自动状态、中间继电器损坏； ② 远程控制线有问题； ③ 控制设备未设压力开关或损坏。	① 检查控制柜万能转换开关、中间继电器； ② 检查远程控制线； ③ 检查控制设备或联动程序。
启泵后水泵无出水	① 消防水池无水或水位过低； ② 进水闸阀或出水闸阀关闭； ③ 进水管的海底阀被堵； ④ 水泵反转； ⑤ 进水管的阀门被堵塞。	① 检查消防水池水位； ② 检测进、出水闸阀； ③ 海底阀被堵，使进水管内充满空气，排除管内的空气； ④ 检查电机的相序； ⑤ 检查进水管。
启泵后管网压力上升不够	① 泵的叶轮里有杂物； ② 试水管的阀门关闭不严； ③ 管网有漏水的现象； ④ 屋顶水箱下水的单向阀关闭不严。	① 检查水泵的叶轮； ② 检查试水管的阀门； ③ 检查管网； ④ 检查屋顶水箱处的单向阀。
水泵振动过大或异常声响	① 水泵的基础不牢或螺栓松动； ② 水泵轴心偏心、轴承损坏； ③ 水泵润滑不足。	① 检查基础和固定螺栓； ② 检查水泵泵体； ③ 检查水泵润滑油。
漏水	① 机械密封圈漏水； ② 盘根漏水。	① 检查机械密封圈； ② 检查盘根。
湿式报警阀	① 误报警； ② 间隙报警。	① 阀内补气孔有杂物堵塞，平衡补差功能失效，检查内阀瓣； ② 管道中有大量空气，排除空气。
水流指示器不报警	① 压力弹簧及胶板损坏脱落； ② 方向安装反了； ③ 微动开关坏。	① 检查压力弹簧； ② 检查微动开关。
止回阀不止回	① 座圈与阀瓣间夹入杂物； ② 座圈或阀瓣（覆盖面）变形损坏，使密封面不严密； ③ 活动部分严重锈蚀，阀瓣关闭不严。	① 检查座圈和阀瓣； ② 联系维修。

续表

常见故障	故障原因	处理方法
泄压阀	①泄压阀到达泄压值不泄压; ②泄压后关闭不严。	①阀门弹簧过紧,检查阀门; ②水中杂物堵塞密封面,密封圈损坏。
管网泄漏	一般都是阀门的问题,有些是水泵接合器埋地管网漏水	联系维修

第六节 细水雾灭火系统

一、细水雾灭火系统的组成

细水雾灭火系统由供水装置、过滤装置、控制阀、细水雾喷头等组件和供水管道组成,是能自动和人工启动并喷放细水雾进行灭火或控火的固定灭火系统。

细水雾灭火系统有多种组合形式:按照供水方式分为泵组系统和瓶组系统,按照选用的喷头类型分为开式系统和闭式系统。开式系统按照应用方式又分为全淹没应用方式和局部淹没应用方式。不同组合形式的细水雾灭火系统其工作原理有所不同。

二、细水雾灭火系统的工作原理

不同类型的细水雾灭火系统,其组成及工作原理有所不同。

(一) 泵组式细水雾灭火系统

泵组式系统由细水雾喷头、泵组、储水箱、控制阀组、安全泄放阀、过滤器、信号反馈装置、火灾报警控制装置、系统附件、管道等部件组成。泵组式系统以储存在储水箱内的水为水源,利用泵组产生的压力,使压力水流通过管道输送到喷头产生细水雾。该系统分为开式和闭式两种。开式系统的自动控制方式是由烟感和温感探测器感知火灾温度和烟雾信号,自动报警,消防联动控制器接收到两个独立的火灾报警信号后启动泵组,加压喷水灭火。闭式系统的自动控制应能在喷头动作后,由动作信号反馈装置直接连锁启动泵组,加压喷水灭火。

(二)瓶组式细水雾灭火系统

瓶组式系统由细水雾喷头、储水瓶组、储气瓶组、释放阀、过滤器、驱动装置、分配阀、安全泄放装置、气体单向阀、减压装置、信号反馈装置、火灾报警控制装置、检漏装置、连接管、管道管件等组成。瓶组式系统以储存在高压储气瓶中的高压氮气为动力,将储存在储水瓶组中的水压出或将一部分气体混入水流中,通过管道输送至细水雾喷头产生细水雾。瓶组式细水雾灭火系统是开式系统,火灾时,烟感和温感探测器感知火灾温度和烟雾信号,自动报警,消防联动控制器在接到两个独立的报警信号后联动打开相应防护区域分区控制阀,启动高压细水雾瓶组,喷放细水雾灭火。

三、细水雾灭火系统的适用范围

① 国家标准《细水雾灭火系统技术规范》(GB 50898—2013)规定:细水雾灭火系统适用于扑救相对封闭空间内的可燃固体表面的火灾、可燃液体火灾和带电设备的火灾。可用于扑救下列场所的火灾:

a. 液压站、配电室、电缆隧道、电缆夹层、电子信息系统机房、文物库,以及密集柜存储的图书馆、资料库和档案库,并宜选择全淹没应用方式的开式系统;

b. 油浸变压器室、涡轮机房、柴油发电机房、润滑油站和燃油锅炉房、厨房内烹饪设备及其排烟罩和排烟管道部位,并宜采用局部应用方式的开人系统;

c. 采用非密集柜储存的图书馆、资料库和档案库,可选择闭式系统;

d. 可燃气体生产、使用或贮存场所。

② 国家标准《建筑设计防火规范》(GB 50016—2014,2018年版)规定的可设置细水雾灭火系统的场所:

a. 设置在室内的油浸变压器、充可燃油的高压电容器和多油开关室;

b. 国家、省级或人口超过100万的城市广播电视发射塔内的微波机房、分米波机房、米波机房、变配电室和不间断电源(UPS)室;

c. 中央及省级公安、防灾和网局级及以上的电力等调度指挥中心内的通信机房和控制室;

d. A、B级电子信息系统机房内的主机房和基本工作间的已记录磁(纸)介质库。

四、细水雾灭火系统的检查

对系统的供水设施、管网及附件、细水雾喷头、检验装置等进行检查,应符合设计和规范要求。

(一) 水源

① 检查室外给水管网的进水管管径、数量和供水能力。
② 检查消防气压给水装置 (特殊情况使用) 的供水工作参数。
③ 采用地表天然水源作为消防水源时，检查其水位、水量、水质等，并根据有效水文资料检查天然水源枯水期的最低水位、常水位、洪水位。
④ 根据地下水井抽水试验资料，确定常水位、最低水位、出水量和水位测量装置等技术参数和装备。
⑤ 消防水池 (储水箱)：
　a. 消防水池 (储水箱) 的补水时间应满足规范要求；
　b. 瓶组式细水雾灭火系统储水容器的储水量应满足设计要求；
　c. 泵组式细水雾灭火系统储水箱的储水量应满足设计要求；
　d. 泵组式细水雾灭火系统的储水箱应采用密闭结构，并应采用不锈钢或其他能保证水质的材料制作；
　e. 泵组式系统的储水箱应具有防尘、避光的技术措施；
　f. 泵组式系统的储水箱应具有保证自动补水的装置，并应设置液位显示、高低液位报警装置和溢流、透气及放空装置；
　g. 泵组式系统应至少有一路可靠的自动补水水源，补水水源的水量、水压应满足系统的设计要求；
　h. 泵组式系统的储水箱进水口处应设置过滤器，出水口或控制阀前应设置过滤器，过滤器的设置位置应便于维护、更换和清洗等。过滤器的材料应为不锈钢、铜合金或者其他耐腐蚀性能不低于不锈钢、铜合金的材料。过滤器的网孔孔径不应大于喷头最小喷孔孔径的80%。

(二) 消防水泵房

① 独立设置的消防水泵房，其耐火等级不应低于二级。附设在建筑内的消防水泵房，不应设置在地下三层及以下或室内地面与室外出入口地坪高差大于10m的地下楼层，应采用耐火极限不能低于2.0h的隔墙和1.5h的楼板与其他部位隔开，并应设甲级防火门。
② 当消防水泵房设置在首层时，其出口应直通室外；当设在地下室或其他楼层时，其疏散门应直通安全出口。
③ 消防水泵房应有不少于2条的出水管直接与环状消防给水管网连接。当其中1条出水管关闭时，其余的出水管应仍能通过全部用水量。

④泵房应设排水设施，消防水泵和控制柜应采取安全保护措施。

(三) 系统管网和附件、组件的检查

1. 泵组式系统检查

①查看工作泵、备用泵、吸水管、出水管、出水管上的安全阀、止回阀、信号阀等的规格、型号、数量；吸水管、出水管上的检修阀应锁定在常开位置，并应有明显的标记。

②水泵的压力和流量检查：自动开启水泵出水管上的泄放试验阀，查看压力表和流量计。

③泵组的主电源应能在规定时间内启动：打开水泵出水管上的泄放试验阀。利用主电源向泵组供电；关掉主电源检查主、备电源的切换情况。当系统管网中的水压下降到设计的最低压力时，稳压泵应能自动启动。

④泵组应能自动启动和手动启动：自动启动检查，对于开式系统，采用模拟火灾信号启动泵组。对于闭式系统，开启末端试水阀启动泵组。手动启动检查，按下水泵控制柜的按钮，查看启动情况。

2. 瓶组式系统检查

①查看储水瓶组的数量、标志牌、安装位置、固定方式。

②查看储水容器内水的充装量和储气容器内氮气或压缩空气的储存压力。

③查看瓶组的机械应急操作处的标志及是否有铅封的安全销或保护罩。

3. 控制阀的检查

①查看控制阀的标志牌、安装位置、固定方式和启闭标识。

②查看开式系统分区控制阀组：手动和电动启动分区控制阀，检查阀门启闭反馈情况。

③闭式系统分区控制阀组应能采用手动方式可靠动作。

④分区控制阀前后的阀门均应处于常开位置。

(四) 喷头的检查:

①喷头的设置场所、喷头规格、型号、公称动作温度、数量符合设计、规范要求。

②喷头的安装间距、喷头的安装高度应符合规范要求。

③喷头溅水盘距顶板、吊顶、墙、梁、保护对象顶部等的距离符合规范要求，遇障碍物时，喷头的避让和增补符合规范。

④在有腐蚀性气体环境，有碰撞危险环境安装的喷头，针对环境危害采取了相应的保护措施。

⑤各种不同规格型号的喷头均按规定量留有备用。
⑥配水管道的支吊架、防晃支吊架设置符合要求。

(五) 细水雾灭火系统的模拟功能试验

①开式系统的自动控制应能在接收到两个独立的火灾报警信号后自动启动；闭式系统的自动控制应能在喷头动作后，由动作信号反馈装置直接连锁自动启动。对泵组式细水雾系统进行试验，先后触发防护区内两个火灾探测器或闭式喷头，查看电磁阀、消防水泵及压力开关的动作情况及反馈信号。压力开关应及时动作，消防泵应正常启动，并有信号反馈。

②利用模拟信号进行试验，检查动作信号反馈装置是否能正常动作，并能在动作后启动泵组或开启瓶组及与其联动的相关设备，并正确发出反馈信号。

(六) 系统、管网压力、喷雾强度、响应时间检查

根据《细水雾灭火系统技术规范》(GB 50898—2013) 的规定，喷头的最低设计工作压力不应小于1.2MPa。在不同的应用场所，喷头的工作压力不同，均应满足设计和规范的要求。

系统工作压力应满足最不利点喷头的工作压力和喷雾强度的要求。在不同应用场所，系统的喷雾强度不同，均应满足设计和规范的要求。系统的响应时间应满足设计规范的要求：开式系统的设计响应时间不应大于30s。

五、细水雾灭火系统常见故障及处理方法

细水雾灭火系统常见故障及处理方法见表4-8。

表4-8 细水雾灭火系统常见故障及处理方法

常见故障	故障原因	处理方法
稳压装置频繁启动	①配水管网有泄漏； ②水暖件连接处、闭式喷头有泄漏； ③末端水装置没有关好； ④设备损坏。	①检查水暖件、连接处、喷头和末端试水装置，找出泄漏点进行处理； ②联系维修。
联动信号发出，喷雾泵不动作	①控制装置损坏； ②喷雾泵启动柜连线松动或器件失灵； ③喷雾泵本身机械故障。	①检查控制装置； ②检查控制柜线路、器件； ③检查喷淋泵； ④联系维修。

续表

常见故障	故障原因	处理方法
联动和远程控制不能启动	① 水泵控制柜的万能转换开关未在自动状态、中间继电器损坏； ② 远程控制线有问题； ③ 控制设备未设压力开关或损坏。	① 检查控制柜万能转换开关、中间继电器； ② 检查远程控制线； ③ 检查控制设备或联动程序。
启泵后水泵无出水	① 消防水池无水或水位过低； ② 进水闸阀或出水闸阀关闭； ③ 进水管的海底阀被堵； ④ 水泵反转； ⑤ 进水管的阀门被堵塞。	① 检查消防水池水位； ② 检测进、出水闸阀； ③ 海底阀被堵，使进水管内充满空气，排除管内的空气； ④ 检查电机的相序； ⑤ 检查进水管。
启泵后管网压力上升不够	① 泵的叶轮里有杂物； ② 试水的阀门关闭不严； ③ 管网有漏水现象； ④ 屋顶水箱下水的单向阀关闭不严。	① 检查水泵的叶轮； ② 检查试水管的阀门； ③ 检查管网； ④ 检查屋顶水箱处的单向阀。
水泵振动过大或异常声响	① 水泵的基础不牢或螺栓松动； ② 水泵轴心偏心、轴承损坏； ③ 水泵润滑油不足。	① 检查基础和固定螺栓； ② 检查水泵泵体； ③ 检查水泵润滑油。
漏水	① 机械密封圈漏水； ② 盘根漏水。	① 检查机械密封圈； ② 检查盘根。
长报警（报警后不能复位）	① 水中有杂物，使阀瓣关闭不严； ② 胶垫脱落或阀瓣损坏不能关闭。	① 放水冲洗或拆卸清洗； ② 检查胶垫和阀瓣。
不报警（警铃压力开关）	① 阀瓣锈蚀严重，启闭不灵活； ② 淤泥杂物堵塞压力开关的管道至警铃。	① 检查阀瓣； ② 检查管道。
警铃不报警	① 警铃叶轮卡堵； ② 警铃损坏或打钟脱落。	① 检查叶轮； ② 检查警铃。
压力开关不报警	① 微动开关损坏； ② 线路及电气故障。	① 检查微动开关； ② 检查线路和电气。
止回阀不止回	① 座圈与褐瓣间夹入杂物； ② 座圈或阀瓣（覆盖面）变形损坏，使密封面不严密； ③ 活动部分严重锈蚀，阀瓣关闭不严。	① 检查阀瓣； ② 更换座圈或阀瓣； ③ 更换锈蚀部件。
泄压阀	① 泄压阀到达泄压值不泄压； ② 泄压后关闭不严。	① 阀门弹簧过紧，检查阀门； ② 水中杂物堵塞密封面，密封圈损坏。
管网泄漏	一般都是阀门的问题，有些是水泵接合器埋地管网漏水	① 检查管网上各阀门； ② 联系维修。

第五章　气体与泡沫灭火系统

第一节　气体灭火系统

一、气体灭火系统的组成

气体灭火系统是指平时灭火剂以液体、液化气体或气体状态存贮于压力容器内，灭火时以气体（包括蒸汽、气雾）状态喷射作为灭火介质的灭火系统。气体灭火系统一般由灭火剂瓶组、启动气体瓶组、单向阀、选择阀、减压装置、驱动装置、集流管、连接管、喷嘴、信号反馈装置、安全泄放装置、控制盘、检漏装置、低泄高封阀、管路管件等部件构成。

为满足各种保护对象的需要，最大限度地降低火灾损失，气体灭火系统具有多种应用形式。

（一）按使用的灭火剂分类

1. 卤代烷气体灭火系统

以哈龙1211（二氟一氯一溴甲烷）或哈龙1301（三氟一溴甲烷）作为灭火介质的气体灭火系统，灭火效率高，对现场设施设备无污染，但由于其对大气臭氧层有较大的破坏作用，使用受到严格限制。

2. 二氧化碳灭火系统

以二氧化碳作为灭火介质的气体灭火系统。二氧化碳是一种惰性气体，对燃烧具有良好的窒息作用，喷射出的液态和固态二氧化碳在气化过程中吸热，具有一定的冷却作用。

二氧化碳灭火系统有高压系统（指灭火剂在常温下储存的系统）和低压系统（指将灭火剂在-18~-20℃低温下储存的系统）两种应用形式。

3. 惰性气体灭火系统

惰性气体灭火系统，包括IG01（氩气）灭火系统、IG100（氮气）灭火系统、IG55（氩气、氮气）灭火系统、IG541（氩气、氮气、二氧化碳）灭火系统。由于惰性气体纯粹来自自然，是一种无毒、无色、无味、惰性及不导电的纯"绿色"压缩气体，故又称为洁净气体灭火系统。

4. 七氟丙烷灭火系统

以七氟丙烷作为灭火介质的气体灭火系统。七氟丙烷灭火剂属于卤代烷灭火剂系列，具有灭火能力强、灭火剂性能稳定的特点，但与卤代烷1301和卤代烷1211灭火剂相比，臭氧层损耗能力（ODP）为0，全球温室效应潜能值（GWP）很小，不会破坏大气环境。但七氟丙烷灭火剂及其分解产物对人体有毒性危害，使用时应引起重视。

5. 热气溶胶灭火系统

以热气溶胶作为介质的气体灭火系统。由于该介质的喷射动力是气溶胶燃烧时产生的气体压力，而且以烟雾的形式喷射出来，故也称烟雾灭火系统。它的灭火机理是以全淹没、稀释可燃气体浓度或窒息的方式实现灭火。这种系统的优点是装置简单，投资较少；缺点是点燃灭火剂的电爆管控制对电源的稳定性要求较高，控制不好易造成误喷，同时，气溶胶烟雾也有一定的污染，限制了它在洁净度要求较高场所的使用，适用于对污染要求不高的配电室、自备柴油发电机房等场所。

(二) 按灭火方式分类

1. 全淹没气体灭火系统

全淹没气体灭火系统是指喷头均匀布置在保护房间的顶部，喷射的灭火剂能在封闭空间内迅速形成浓度均匀的灭火剂气体与空气的混合气体，并在灭火必需的"浸渍"时间内维持灭火浓度，即通过灭火剂气体将封闭空间淹没实施灭火的系统形式。

2. 局部应用气体灭火系统

局部应用气体灭火系统指喷头均匀布置在保护对象的四周，将灭火剂直接而集中地喷射到燃烧着的物体上，使其笼罩在整个保护物外表面，在燃烧物周围局部范围内达到较高的灭火剂气体浓度的系统形式。

(三) 按管网的布置分类

1. 组合分配灭火系统

用一套灭火剂储存装置同时保护多个防护区的气体灭火系统称为组合分配系统。组合分配系统是通过选择阀的控制，实现灭火剂释放到着火的保护区的系统。组合分配系统具有同时保护但不能同时灭火的特点。对于几个不会同时着火的相邻防护区或保护对象，可采用组合分配灭火系统。

2. 单元独立灭火系统

在每个防护区各自设置气体灭火系统保护的系统称为单元独立灭火系统。若几个防护区都非常重要或有同时着火的可能性，为了确保安全，宜采用单元独立灭火系统。

3. 无管网灭火装置

将灭火剂储存容器、控制和释放部件等组合装配在一起，系统没有管网或仅有一段短管的系统称为无管网灭火装置。该装置一般由工厂系列生产，使用时可根据防护区的大小直接选用，亦称预制灭火系统。其适应于较小的、无特殊要求的防护区。无管网灭火装置又分为柜式气体灭火装置和悬挂式气体灭火装置两种。

(四) 按加压方式分类

1. 自压式气体灭火系统

自压式气体灭火系统是指灭火剂无须加压，依靠自身饱和蒸气压力进行输送的灭火系统，如二氧化碳系统。

2. 内储压式气体灭火系统

内储压式气体灭火系统是指灭火剂在瓶组内用惰性气体进行加压储存，系统动作时灭火剂靠瓶组内的充压气体进行输送的系统，如 IG541 系统。

3. 外储压式气体灭火系统

外储压式气体灭火系统是指系统动作时灭火剂由专设的充压气体瓶组按设计压力对其进行充压输送的系统，如七氟丙烷系统。

二、气体灭火系统的工作原理

气体灭火系统主要有自动、手动、机械应急手动和紧急启动或停止四种控制方式，但其工作原理却因其灭火剂种类、灭火方式、结构特点、加压方式和控制方式的不同而各不相同，下面列举部分气体灭火系统进行介绍。

(一) 内储压式灭火系统

这类系统由灭火剂瓶组、驱动气体瓶组(可选)、单向阀、选择阀、驱动装置、集流管、连接管、喷头、信号反馈装置、安全泄放装置、控制盘、检漏装置、管道管件及吊钩支架等部件构成。

内储压式气体灭火系统的工作原理：平时系统处于准工作状态。当防护区发生火灾，产生的烟雾、高温和光辐射使感烟、感温、感光等探测器探测到火灾信号时，探测器将火灾信号转变成电信号传送到报警灭火控制器，控制器自动发出声光报警，并经逻辑判断后,启动联动装置(关闭开口,停止通风、空调系统运行等),经一定的时间延时(视情况确定),发出系统启动信号,启动驱动气体瓶组上的容器阀释放驱动气体,打开通向发生火灾的防护区的选择阀,之后(或同时)打开灭火剂瓶组的容器阀,各瓶组的灭火剂经连接管汇集到集流管,通过选择阀到达安装在防护区内的喷头进行喷放灭火,同时安装在管道上的信号反馈装置动作,信号传送到控制器,由控制器启动防护区外释放警示灯和警铃。

另外,通过压力开关监测系统是否正常工作,若启动指令发出,而压力开关的信号迟迟不返回,说明系统故障,值班人员听到事故报警,应尽快到储瓶间,手动开启储存容器上的容器阀,实施人工启动灭火。

这类气体灭火系统常见于内储压式七氟丙烷灭火系统、卤代烷1211、1301灭火系统与高压二氧化碳灭火系统。

(二)外储压式七氟丙烷灭火系统和IG541混合气体灭火系统

该类系统由灭火剂瓶组、加压气体瓶组、驱动气体瓶组(可选)、单向阀、选择阀、减压装置、驱动装置、集流管、连接管、喷头、信号反馈装置、安全泄放装置、控制盘、检漏装置、管道管件及吊钩支架等部件构成。

工作原理:控制器发出系统启动信号,启动驱动气体瓶组上的容器阀释放驱动气体,打开通向发生火灾的防护区的选择阀,之后(或同时)打开顶压单元气体瓶组的容器阀,加压气体经减压进入灭火剂瓶组,加压后的灭火剂经连接管汇集到集流管,通过选择阀到达安装在防护区内的喷头进行喷放灭火。

这类装置相较内储压气体灭火装置多了一套驱动气体瓶组,用来给灭火剂钢瓶提供驱动喷放压力,而内储压式钢瓶内的灭火剂或靠灭火剂自身的蒸汽压,或靠预储压力能自行喷出,故内储压式气体灭火系统不需气体瓶组,其他基本相同。IG541系统也属于这种类型。

(三)低压二氧化碳灭火系统

低压二氧化碳灭火系统一般由灭火剂储存装置、总控阀、驱动器、喷头、管道超压泄放装置、信号反馈装置、控制器等部件构成。

工作原理:低压二氧化碳灭火系统灭火剂的释放靠自身蒸汽压完成,相较其他气体灭火系统,该系统没有驱动装置。另外,为了维持其喷射压力在适度范围,在其储存灭火剂的容器外设有保温层,使温度保持在-18℃~20℃,以避免环境温度对它的蒸汽压的影响,其他装置和工作原理与内储压式灭火系统基本相同。

(四) 热气溶胶灭火系统

热气溶胶灭火系统由信号控制装置、灭火剂储筒、点燃装置、箱体和气体喷射管组成。

工作原理：在气溶胶灭火装置收到外部启动信号后，药筒内的固体药剂会被激活，迅速产生灭火气体。药剂启动方式有以下三种：

① 电启动。启动信号由系统中的灭火控制器或手动紧急启动按钮提供，即向点燃装置（电爆管）输入一个 24V、1A 的脉冲电流，电流经电点火头点燃固体药粒，产生灭火气体，压力达到定值气体释放灭火。

② 导火索点燃。当外部火焰引燃连接在固体药剂上的导火索后，导火索点燃固体药剂而启动。

③ 热启动。当外部温度达到 170℃时，利用热敏线自发启动灭火系统内部药剂，点燃释放出灭火气体。

为了控制药剂的燃烧反应速度，不致使药筒发生爆炸，常在药剂中加些金属散热片或吸热物品（碱式碳酸镁），达到降温、控制燃烧速度的目的。

热气溶胶灭火系统大多用于无管网灭火装置，有柜式、手持式和壁挂式三种，根据不同的场所和用途，有不同的结构设计。

(五) 无管网灭火装置

无管网灭火装置是指各个场所之间的灭火系统无管网连接，独立设置。这种系统装置简单，常用于面积、空间较小，且防护区分散而应当设置气体灭火系统的场所，以替代有管网气体灭火系统。常见的装置形式如下：

① 柜式气体灭火装置。柜式气体灭火装置一般由灭火剂瓶组、驱动气体瓶组（可选）、容器阀、减压装置（针对惰性气体灭火装置）、驱动装置、集流管（只限多瓶组）、连接管、喷嘴、信号反馈装置、安全泄放装置、控制盘、检漏装置、管道管件等部件组成。其基本组件与有管网装置相同，只是少了保护场所的选择阀和之间的连接管道。另外，因保护面积小，所需的灭火剂钢瓶少，故可将整个装置集成在一个柜子里。

② 悬挂式气体灭火装置。悬挂式气体灭火装置由灭火剂储存容器、启动释放组件、悬挂支架等组成。

三、气体灭火系统的适用范围

①《建筑设计防火规范》(GB 50016—2014,2018 年版) 中规定，下列场所应设置

自动气体灭火系统：

a. 国家、省级或人口超过 100 万的城市广播电视发射塔内的微波机房、分米波房、米波机房、变配电室和不间断电源（UPS）室；

b. 国际电信局、大区中心、省中心和一万路以上的地区中心内的长途程控交换房、控制室和信令转接点室；

c. 两万线以上的市话汇接局和六万门以上的市话端局内的程控交换机房、控制和信令转接点室；

d. 中央及省级公安、防灾和网局级及以上的电力等调度指挥中心内的通信机房控制室；

e. 主机房建筑面积不小于 140m² 的电子信息系统机房内的主机房和基本工作间已记录磁（纸）介质库；

f. 中央和省级广播电视中心内建筑面积不小于 120m² 的音像制品库房。

② 《气体灭火系统设计规范》（GB 50370—2005）中规定：

a. 气体灭火系统适用于扑救下列火灾：电气火灾、固体表面火灾、液体火灾、灭火前能切断气源的气体火灾。

注：除电缆隧道（夹层、井）及自备发电机房外，K 型和其他型热气溶胶预制灭火系统不得用于其他电气火灾。

b. 气体灭火系统不适用扑救下列火灾：硝化纤维、硝酸钠等氧化剂或含氧化剂的化学制品火灾；钾、镁、钠、钛、锆、铀等活泼金属火灾；氢化钾、氢化钠等金属氢化物火灾；过氧化氢、联胺等能自行分解的化学物质火灾；可燃固体物质的深位火灾。

四、气体灭火系统的检查

对系统的防护区和保护对象、储存装置间、阀启动装置、选择阀及压力信号器、单向阀、泄压装置、喷嘴、预制灭火装置、操作与控制、系统防误喷、误报等进行检查，并应符合设计和规范要求。

（一）系统防护区和保护对象

① 防护区和保护对象的位置、用途及保护区内可燃物的种类应与设计要求一致。

② 防护区的划分、几何尺寸、开口、通风、环境温度、防护区围护结构的耐压、耐火极限及门、窗可自行关闭装置是否符合设计要求。

③ 防护区下列安全设施的设置应符合设计要求：

a. 防护区的疏散通道、疏散指示标志和应急照明装置；

b. 防护区内和入口处的声光报警装置、气体喷放指示灯和入口处的安全标志；

c. 无窗或固定窗扇的地上防护区和地下防护区的排气装置；

d. 门窗设有密封条的防护区泄压装置；

f. 专用的空气呼吸器；

e. 泄压口设置在外墙上，距地面 2/3 以上。

(二) 储存装置间

① 储存装置间的位置、通道、耐火等级、应急照明装置、火灾报警控制装置及地下储存装置间机械排风装置应符合设计要求。

② 储存装置间门外侧中央贴有"气体灭火储瓶间"的标牌。

③ 管网灭火系统的储存装置宜设在专用储瓶间内，其位置应符合设计文件要求。如设计无要求，储瓶间宜靠近防护区。

④ 储存装置间内设应急照明，其照度应达到正常工作照度。

a. 灭火剂贮存容器：

第一，外观质量：无变形、缺陷；手动操作装置有铅封；

第二，同一系统规格要一致，高度差小于或等于 10mm；

第三，贮存容器上的压力表符合图纸设计要求；

第四，管道颜色：外表面涂红色油漆；

第五，设备编号：标明设计规定的灭火剂名称和编号；

第六，贮存容器的记录：永久，包括编号、充装量、充装压力、充装日期；

第七，贮存容器必须固定在支架上，并做防腐处理，操作面距墙或操作面之间的距离不宜小于 1.0m，且不小于贮存容器外径的 1.5 倍；

第八，充装压力：不小于相应温度下的贮存压力，不大于该贮存压力 5%。

b. 贮瓶间温度：-10～50℃。

c. 贮瓶间相对湿度：≤85%RH。

d. 贮瓶间照明灯光照度：≥150 lx。

(三) 阀驱动装置

① 阀驱动装置的数量、型号、规格和标志、安装位置、气动驱动装置中驱动气瓶的介质名称和充装压力，以及气动驱动装置管道的规格、布置和连接方式符合设计要求。

② 电磁驱动装置驱动器的电气连接线应沿支、框架或墙面固定。

③除必要外露部分外,拉索采用经内外防腐处理的钢管防护;转弯处采用专用导向滑轮;拉索末端拉手设在专用的保护盒内;拉索套管和保护盒要固定牢靠。

④气体驱动装置应无碰撞变形及机械性损伤,手启有完整铅封,标明驱动介质名称和对应防护区名称的编号。

⑤驱动气瓶的瓶头阀上应设有带安全销(加有铅封)的紧急手动启动装置;驱动气瓶的支、框架或箱体应固定牢靠,并做防腐处理;压力表的正面朝向操作面,多个驱动装置集中安装时其压力表高度相差不宜超过10mm。

(四)选择阀及压力信号器

①选择阀的安装位置靠近储存容器,安装高度宜为1.5~1.7m。选择阀操作手柄应安装在便于操作的一面,当安装高度超过1.7m时,应采取便于操作的措施。

②选择阀上应设置标明防护区或保护对象名称或编号的永久性标志牌,并应便于观察。

③选择阀上应标有灭火剂流动方向的指示箭头,箭头方向应与介质流动方向一致。

④压力信号器接线可靠,功能正常。

(五)单向阀

①单向阀的安装方向应与介质流动方向一致;铭牌清晰、牢固,方向正确。

②七氟丙烷、三氟甲烷、高压二氧化碳灭火系统在容器阀和集流管之间的管道上应设液流单向阀,方向与灭火剂输送方向一致。

③气流单向阀在气动管路中的位置、方向必须完全符合设计文件的要求。

(六)泄压装置

①在储存容器的容器阀和组合分配系统的集流管上,应设安全泄压装置;且泄压方向不应朝向操作面。

②低压二氧化碳灭火系统储存容器上应至少设置2套安全泄压装置,低压二氧化碳灭火系统的安全阀应通过专用泄压管接到室外,其泄压动作压力应为2.38 ± 0.12MPa。

③泄压口设置在外墙上,距地面2/3以上。

(七)喷嘴

①安装在吊顶下的不带装饰罩的喷嘴,其连接管端螺纹不应露出吊顶,安装在

吊顶下的带装罩喷嘴，其装饰罩应紧贴吊顶。设置在有粉尘、油雾等防护区的喷头，应有防护装置。

② 喷头的安装间距应符合设计文件要求，喷头的布置应满足喷放后气体灭火剂在防护区内均匀分布的要求。当保护对象属可燃液体时，喷头射流方向不应朝向液体表面。

③ 喷头的最大保护高度不宜大于6.5m，最小保护高度不应小于0.3mm。

（八）预制灭火装置

① 现场选用产品的数量、规格、型号符合设计文件要求。防护区的面积不宜大于500m²，容积不宜大于1600m³，且一个防护区设置的预制灭火系统，其装置数量不宜超过10台。

② 同一防护区设置多台装置时，其相互间的距离不得大于10m。

③ 防护区内设置的预制灭火系统的充压压力不应大于2.5MPa。

④ 同一防护区内的预制灭火系统装置多于1台时，必须能同时启动，其动作响应时差不得大于2s。

⑤ 预制灭火系统、柜式气体灭火装置喷口前2.0m内不得有阻碍气体释放的障碍物。

（九）操作与控制

① 管网灭火系统应设自动控制、手动控制和机械应急操作三种启动方式。预制灭火系统应设自动控制和手动控制两种启动方式。

② 灭火设计浓度或实际使用浓度大于无毒性反应浓度的防护区，应设手动与自动控制的转换装置。

③ 手动启动、停止按钮应安装在防护区入口便于操作的部位，安装高度为中心点距地（楼）面1.5m，手动启动、停止按钮处应有防止误操作的警示显示与措施。

④ 机械应急操作装置应设在储瓶间内或防护区疏散出口门外便于操作的地方，并应设置防止误操作的警示显示与措施。

（十）系统防误喷、误报

当气体灭火系统进行局部或全面检测时，为避免测试过程中设备误操作造成人身伤亡及经济损失，现场必须做好防止误喷或误报发生的各项措施：

① 在测试前，操作员需将报警系统的启动命令信号线与气体灭火系统之间进行断开处理，避免误报造成人员恐慌和影响办公区域工作人员正常办公。

② 以气体作为驱动的气体灭火系统，在测试前，操作员需完成以下工作：

a. 将驱动气体管道拆掉，使驱动气体释放的驱动管道处于断开状态；

b. 将驱动气体释放电磁阀电源回路拆除，使其处于断开状态；

c. 检查线路绝缘情况，严禁线路接地或短路；

d. 检查所有驱动气体释放的驱动管道。

(十一) 系统管道压力、气密性检查

《气体灭火系统施工及验收规范》(GB 50263—2007) 第5.5.4条规定，灭火剂输送管道安装完毕后，应进行强度试验和气压严密性试验，并合格。

① 进行水压强度试验时，应按工作压力的1.5倍进行水压或气压强度试验。试验时，先将压力慢慢升至规定压力值，保压5min，检查管道各连接处应无明显滴漏，目测管道应无变形。

② 当水压强度试验条件不具备时，可采用气压强度试验代替，当压力升至试验压力的50%时，如未发现异状或泄漏，继续按试验压力的10%逐级升压，每级稳压3 min，直至试验压力。保压检查管道各处无变形、无泄漏为合格。

③ 灭火剂输送管道经水压强度试验合格后还应进行气密性试验，经气压强度试验合格且在试验后未拆卸过的管道可不进行气密性试验。将压力升至试验压力，关断气源后，3min内压力下降不超过试验压力的10%。

④ 灭火剂输送管道在水压强度试验合格后，或气密性试验前，应进行吹扫。吹扫管道可采用压缩空气或氮气。吹扫时，管道末端的气体流速不应小于20 m/s，采用白布检查，直至无铁锈、尘土、水渍及其他异物出现。

五、气体灭火系统常见故障及处理方法

气体灭火系统常见故障及处理方法见表5-1。

表5-1 气体灭火系统常见故障及处理方法

故障现象	故障分析	故障处理
控制柜故障指示闪烁	通信接口断路	检查通信线路连接
控制主机死机	计算机系统故障	联系维修
超压报警(超压报警指示灯亮)	① 电源未接通； ② 制冷机组故障。	① 接通电源或开启平衡阀缓慢泄压； ② 联系维修。
低液位报警(低液位报警指示灯亮)	① 连接球阀泄漏； ② 控制器输入线路端子脱落； ③ 液位计故障。	① 连接好控制线路； ② 联系维修； ③ 接通电源。

续表

故障现象	故障分析	故障处理
制冷机组通电不工作	① 压缩机过载保护器断路； ② 压缩机烧坏。	① 检查过载原因并更换； ② 联系维修。
制冷系统不制冷	① 制冷剂泄漏； ② 系统管路堵塞或冰堵脏堵； ③ 电源断路。	① 漏点检修，补充制冷剂； ② 检修处理； ③ 接通电源。
控制面板无显示或显示字符不全	① 排线接触不良； ② 控制器故障； ③ 蓄电池容量不足。	① 检查接线端子； ② 联系维修； ③ 检查更换蓄电池。
灭火剂瓶组压力下降	① 压力表接头泄漏； ② 灭火剂容器阀泄漏； ③ 安全泄放装置膜片损坏； ④ 压力表失效。	① 肥皂水检查漏点； ② 联系更换相应零部件。
驱动气体瓶组压力下降	① 压力低于绿区，压力表接头泄漏； ② 驱动气体容器阀泄漏； ③ 压力表失效。	① 肥皂水检查漏点； ② 联系更换相应零部件。
电磁启动器动作不正常	① 电磁启动器阀针阻力过大； ② 启动电流低于额定工作电流； ③ 启动器线圈损坏。	① 更换阀针或重新装配； ② 检查控制器输出电流； ③ 联系维修。

第二节　低、中、高倍数泡沫灭火系统

一、泡沫灭火系统的组成

泡沫灭火系统主要由供水设施、供泡沫液设施（泡沫液泵、泡沫液储存装置、比例混合装置等）、泡沫产生装置、泡沫喷射装置、泡沫消火栓、供水和供泡沫液管网及阀门、火灾探测及联动控制装置等组成。

泡沫灭火系统按泡沫混合液的发泡倍数不同，可分为低倍数泡沫灭火系统（发泡倍数为1～20）、中倍数泡沫灭火系统（发泡倍数为21～200）、高倍数泡沫灭火系统（发泡倍数高于200）；按系统固定方式及组成形式不同，可分为固定式系统、半

固定式系统和移动式系统；按泡沫覆盖应用方式不同，可分为全淹没系统和局部应用系统。

二、泡沫灭火系统的工作原理

泡沫灭火系统采用空气泡沫作为灭火介质扑灭火灾，空气泡沫是通过比例混合器将泡沫液与水按预设比例混合形成泡沫混合液，再经泡沫产生装置与空气作用发泡而产生的，空气泡沫通过适宜的喷射装置，以覆盖或包裹的方式作用在燃烧物表面或充满整个防护区域，形成灭火所需的泡沫层，空气泡沫层具有冷却、窒息和阻隔燃烧挥发物的作用。

三、泡沫灭火系统的类型

（一）按安装方式分类

1. 固定式泡沫灭火系统

固定式泡沫灭火系统是指由固定的消防水源、消防泵、泡沫比例混合器、泡沫产生装置和管道组成的，永久安装在使用场所，当被保护场所发生火灾需要使用时，不需其他临时设备配合的泡沫灭火系统。这种系统的保护对象也是固定的。

2. 半固定式泡沫灭火系统

半固定式泡沫灭火系统是指由固定的泡沫产生装置，局部泡沫混合液管道和固定接口，以及移动式的泡沫混合液供给设备组成的灭火系统。当被保护场所发生火灾时，用消防水带将泡沫消防车或其他泡沫混合液供给设备与固定接口连接起来，通过泡沫消防车或其他泡沫供给设备向保护场所内供给泡沫混合液实施灭火。这种系统的保护对象不是单一的，它可以用消防水带将泡沫产生装置与不同的保护对象连接起来，组成一个个独立的系统。这种系统灵活多变、节省投资，但要在灭火时连接水带，不能用于联动控制。

3. 移动式泡沫灭火系统

移动式泡沫灭火系统是指用水带将消防车或机动消防泵、泡沫比例混合装置、移动式泡沫产生装置等临时连接组成的灭火系统。当被保护对象发生火灾时，靠移动式泡沫产生装置向着火对象供给泡沫灭火。需要指出的是，移动式泡沫灭火系统的各组成部分都是针对所保护对象设计的，其泡沫混合液供给量、机动设施到场时间等方面都有要求，不是随意组合的。

(二) 按发泡倍数分类

① 低倍数泡沫灭火系统是指发泡倍数小于20的泡沫灭火系统；
② 中倍数泡沫灭火系统是指发泡倍数为21～200的泡沫灭火系统；
③ 高倍数泡沫灭火系统是指发泡倍数为201～1000的泡沫灭火系统；

高倍数泡沫灭火系统分为全淹没式、局部应用式和移动式三种类型：① 全淹没式，指用管道输送高倍数泡沫液和水，发泡后连续地将高倍数泡沫施放并按规定的高度充满被保护区域，将泡沫保持到所需的时间，进行控火或灭火的固定系统；② 局部应用式，指向局部空间喷放高倍数泡沫，进行控火或灭火的固定、半固定系统；③ 移动式，指车载式或便携式系统。

(三) 按泡沫喷射形式分类

低倍泡沫灭火系统按泡沫喷射形式不同分为以下五种类型：

1. 液上喷射泡沫灭火系统

液上喷射泡沫灭火系统指将泡沫产生装置或泡沫管道的喷射口安装在罐体的上方，使泡沫从液面上部喷入罐内，并顺罐壁流下覆盖燃烧油品液面的灭火系统。这种灭火系统的泡沫喷射口应高于液面，常用于扑救固定顶罐的液面火灾。

2. 液下喷射泡沫灭火系统

液下喷射泡沫灭火系统是将泡沫从液面下喷入罐内，泡沫在初始动能和浮力的推动下上浮到达燃烧液面，在液面与火焰之间形成泡沫隔离层，以实施灭火的系统。这种灭火系统既能用于固定顶罐液面火灾，也适用于浮顶罐的液面火灾。

3. 半液下喷射泡沫灭火系统

将一轻质软带卷存于液下喷射管内，使用时，在泡沫压力和浮力的作用下软带漂浮到燃烧液表面，使泡沫从燃烧液表面上施放出来实现灭火。这种灭火系统的优点是泡沫由软带直接送达液面或接近液面，省了泡沫漂浮的距离，泡沫到达液面的时间短、覆盖速度快，灭火效率自然高。这种灭火系统由于喷射管内的软带长度有限，液面高度也会不同，有时软带达不到液面，泡沫仍会有一段漂浮上升距离，故称为半液下喷射泡沫灭火系统。

4. 泡沫喷淋灭火系统

泡沫喷淋灭火系统是在自动喷水灭火系统的基础上发展起来的一种灭火系统，主要由火灾自动报警及联动控制设施、消防供水设施、泡沫比例混合器、雨淋阀组、泡沫喷头等组成。其工作原理与雨淋系统类似，利用设置在防护区上方的泡沫喷头，通过喷淋或喷雾的形式释放泡沫或释放水成膜泡沫混合液，覆盖和阻隔整个火区，用来扑救室内外甲、乙、丙类液体初期的地面流淌火灾。

5. 泡沫炮灭火系统

泡沫炮系统是指喷射泡沫灭火剂的固定消防炮系统。泡沫炮系统主要由水源、泡沫液罐、消防泵组、泡沫比例混合装置、管道、阀门、泡沫炮、动力源和控制装置等组成。泡沫炮系统适用于甲、乙、丙类液体火灾，固体可燃物火灾场所。但不得用于扑救遇水发生化学反应引起燃烧、爆炸等物质的火灾。

四、泡沫灭火系统的适用范围

泡沫灭火系统的设置是根据保护对象的火灾类型、火灾危险性、火灾危险等级及其生产、加工、储存、转运等过程的工艺需求而确定的。

第一，设置的场所应符合下列国家或行业相关标准、规范的要求：

① 《建筑设计防火规范》(GB 50016—2014,2018年版) 第8.3.10条甲、乙、丙类液体储罐的灭火系统设置；

② 《泡沫灭火系统设计规范》(GB 50151—2010) 第4章低倍数泡沫灭火系统、第5章中倍数泡沫灭火系统、第6章高倍数泡沫灭火系统、第7章泡沫—水喷淋系统与泡沫喷雾系统；

③ 《石油天然气工程设计防火规范》(GB 50183—2004) 第8.4节油罐区消防设施；

④ 《石油化工企业设计防火规范》(GB 50160—2008) 第8.7节低倍数泡沫灭火系统；

⑤ 《石油储备库设计规范》(GB 50737—2011) 第8章消防设施；

⑥ 《石油库设计规范》(GB 50074—2014) 第12章消防设施；

⑦ 《火力发电厂与变电站设计防火规范》(GB 50229—2019)》(GB 50229—2019) 第7.8节泡沫灭火系统；

⑧ 《钢铁冶金企业设计防火规范》(GB 50414—2007) 第8.3节自动灭火系统的设置场所；

⑨ 《飞机库设计防火规范》(GB 50284—2008) 第9章消防给水和灭火设施；

⑩ 《汽车库、修车库、停车场设计防火规范》(GB 50067—2014) 第7.3节其他灭火设施；

⑪ 《酒厂设计防火规范》(GB 50694—2011) 第7.2节灭火系统和消防冷却水系统；

⑫ 交通隧道、水利水电工程等泡沫灭火系统的设置场所应符合现行国家标准规范要求。

第二，含有下列物质的场所，不应选用泡沫灭火系统：

① 硝化纤维、炸药等在无空气环境中仍能迅速氧化的化学物质和强氧化剂；

② 钾、钠、烷基铝、五氧化二磷等遇水发生危险化学反应的活泼金属和化学物质。

第三，下列场所不宜选用闭式泡沫—水喷淋系统：

① 流淌面积较大，作用面积超过 465m² 的甲、乙、丙类液体场所；

② 靠泡沫混合液或水稀释不能有效灭火的水溶性液体场所；

③ 净空高度大于 9m 的场所；

④ 火灾水平方向蔓延较快的场所不宜选用泡沫—水干式系统；

⑤ 初始火灾为液体流淌火灾的甲、乙、丙类液体桶装库、泵房不宜选用泡沫—水湿式系统；

⑥ 含有甲、乙、丙类液体敞口容器的场所。

五、泡沫灭火系统的检查

凡列入国家 3C 强制性认证产品目录的消防产品，若在泡沫灭火系统中使用时，应查看其是否具有 3C 证书，检查铭牌、标志，查看规格型号是否与证书一致。

(一) 泡沫液及系统组件

1. 组件选用

泡沫液、泡沫消防水泵、泡沫混合液泵、泡沫液泵、泡沫比例混合器（装置）、压力容器、泡沫产生装置、火灾探测与启动控制装置、控制阀门及管道等系统组件，必须符合设计要求及用途。

2. 系统主要组件的外观、涂色要求检查

① 泡沫混合液泵、泡沫液泵、泡沫液储罐、泡沫液管道、泡沫混合液管道、泡沫管道、泡沫产生器、管道过滤器，宜涂红色。

② 泡沫消防水泵、给水管道，宜涂绿色。

③ 当管道较多，泡沫系统管理与工艺管道涂色有矛盾时，可涂相应的色带或色环。

④ 隐蔽管道可不涂色。

⑤ 检查系统中设置的手动机构、转动部件等，应无卡阻现象。

3. 用于保护甲、乙、丙类可燃液体的泡沫液选择与储存

① 用于防护非水溶性可燃液体储罐的低倍数泡沫液。

a. 当采用液上喷射系统时，应选用蛋白、氟蛋白、成膜氟蛋白或水成膜泡沫液；

b. 当采用液下喷射系统时，应选用氟蛋白、成膜氟蛋白或水成膜泡沫液；

c. 当选用水成膜泡沫液时，其抗烧水平不应低于国家标准《泡沫灭火剂》(GB 15308—2006) 规定的 C 级。

② 用于防护非水溶性可燃液体的泡沫—水喷淋系统、泡沫枪系统、泡沫系统泡沫液的泡沫液。

a. 当采用吸气型泡沫产生装置时，可选用蛋白、氟蛋白、水成膜或成膜氟蛋白泡沫液；

b. 当采用非吸气型喷射装置时，应选用水成膜或成膜氟蛋白泡沫液。

③ 用于防护水溶性可燃液体和其他对普通泡沫有破坏作用的可燃液体时，泡沫液必须选用抗溶泡沫液。

4. 泡沫液

泡沫液是泡沫灭火系统发挥灭火效能的关键材料，泡沫液的正确选择和质量控制是系统检查的重点。泡沫液进场，通常应取样留存，如果泡沫液的使用及储存量较大，应根据《泡沫灭火系统施工及验收规范》(GB 50281—2006) 第 4.2.2 条的要求 进行取样检验。

5. 泡沫消防泵的选择与布置

① 泡沫消防水泵、泡沫混合液泵应选择特性曲线平缓的离心泵，且工作压力和流量应满足系统设计要求。当采用水力驱动式、平衡式比例混合装置时，应将其消耗的水流量计入泡沫消防水泵的额定流量内。当采用环泵式比例混合器时，泡沫混合液泵的额定流量应为系统设计流量的 1.1 倍。泵出口管道上，应设置压力表、单向阀和带控制阀的回流管。

② 泡沫液泵的工作压力和流量应满足系统最大设计要求，并应与所选比例混合装置的工作压力范围和流量范围相匹配，同时应保证在设计流量范围内泡沫液供给压力大于最大水压力；泡沫液泵的结构形式、密封或填充类型应适宜输送所选的泡沫液，其材料应耐泡沫液腐蚀且不影响泡沫液的性能；泡沫液泵应能耐受时长不低于 10min 的空载运行；除水力驱动型泵外，泡沫液泵应按国家标准《泡沫灭火系统设计规范》(GB 50151—2010) 对泡沫消防泵的相关规定设置动力源与备用泵，备用泵的规格型号应与工作泵相同；在工作泵故障时，应能自动或手动切换到备用泵，动力源宜与系统泡沫消防泵的动力源一致。

6. 泡沫比例混合器 (装置)

① 泡沫比例混合器 (装置) 的选择。

a. 泡沫比例混合器 (装置) 的进口工作压力与流量，应在标定的工作压力与流量范围内；

b. 对于单罐容量不小于20000m³的非水溶性液体、单罐容量不小于5000m³水溶性液体固定顶储罐及按固定顶储罐对待的内浮顶储罐、单罐容量不小于50000m³的浮顶储罐和外浮顶储罐，宜选择计量注入式比例混合装置或平衡式比例混合装置；

c. 当所用泡沫液的密度低于1.12g/mL时，不应选择无囊的压力式比例混合装置。

② 与泡沫液或泡沫混合液接触的部件，应采用耐腐蚀材料制作。

③ 当采用环泵式比例混合器时，其出口背压宜为零或负压；当进口压力为0.7~0.9MPa时，其出口背压可为0.02~0.03MPa；吸液口不应高于泡沫液储罐最低液面1m；当比例混合器的出口背压大于零时，吸液管上应设有防止水倒流入泡沫液储罐的措施；环泵式比例混合器应设置不少于一个的备用量。

④ 当采用压力比例混合装置时，其单罐容积不应大于10m³；对于无囊式压力比例混合装置，当单罐容积大于5m³且储罐内无分隔设施时，宜设置一台小容积压力比例混合装置，其容积应大于0.5m³，并能保证系统按最大设计流量连续提供3min的泡沫混合液。

⑤ 当采用平衡式比例混合装置时，平衡阀的泡沫液进口压力应大于水进口压力，且其压差应满足产品使用要求；比例混合器的泡沫液进口管道上应设单向阀；泡沫液管道上应设冲洗及放空设施。

⑥ 当采用计量注入式比例混合装置时，泡沫液注入点的泡沫液流压力应大于水流压力，且其压差应满足产品使用要求；流量计的进口前和出口后直管段的长度应不小于管径的10倍；泡沫液进口管道上应设单向阀；泡沫液管道上应设冲洗及放空设施。

⑦ 全淹没高倍数泡沫灭火系统或局部应用高倍数、中倍数泡沫灭火系统的比例混合装置选择：

a. 采用集中控制方式保护多个防护区时，应选用平衡式比例混合装置；

b. 当只保护一个防护区时，宜选用平衡式比例混合装置或囊式压力比例混合装置。

7. 泡沫液储罐

① 泡沫液储罐宜采用耐腐蚀材料制作，且与泡沫液直接接触的内壁或衬里不应对泡沫液的性能产生不利影响。

② 常压泡沫液储罐。

a. 储罐内应留有泡沫液热膨胀空间和泡沫液沉降损失部分所占空间；

b. 储罐出液口的设置应保障泡沫液泵进口为正压，且应设置在沉降层以上；

c. 储罐上应设置出液口、液位计、进料孔、排渣孔、入口、取样口、呼吸阀或通气管。

③泡沫液储罐上应有标明泡沫液种类、型号、出厂与灌装日期及储量的标志。不同种类、不同牌号的泡沫液不得混存。

8. 泡沫产生装置

(1) 低倍数泡沫产生器

①固定顶储罐、按固定顶储罐防护的内浮顶罐，宜选用立式泡沫产生器。

②泡沫产生器进口的工作压力，应为其额定值 ±0.1MPa。

③泡沫产生器的空气吸入口及露天的泡沫喷射口，应设置防止异物进入的金属网。

④横式泡沫产生器的出口前应有设置长度不小于1m的泡沫管。

⑤外浮顶储罐上的泡沫产生器不应设置密封玻璃。

(2) 高背压泡沫产生器

①进口工作压力应在标定的工作压力范围内；

②出口工作压力应大于泡沫管道的阻力和罐内液体静压力之和；

③泡沫的发泡倍数不应小于2倍，且不应大于4倍。

(3) 泡沫喷头

泡沫喷头的工作压力应在标定的工作压力范围内，且不应小于其额定压力的0.8倍；非吸气型喷头应符合相应标准的规定，其产生的泡沫倍数不应低于2倍。

(4) 高倍数泡沫产生器

①设置在防护区内并利用热烟气发泡时，应选用水力驱动式泡沫产生器；

②固定设置在防护区内的泡沫产生器，必须采用不锈钢材料制作的发泡网；

③与泡沫液或泡沫混合液接触的部件，应采用耐腐蚀材料。

9. 控制阀门和管道

①系统中所用的控制阀门应有明显的启闭标志。

②当泡沫消防泵出口管道口径大于300mm时，宜采用电动、气动或液动阀门。

③高倍数泡沫产生器与其管道过滤器的连接管、每台高倍数泡沫产生器连接的泡沫液管道应采用不锈钢管，其他固定泡沫管道与泡沫混合液管道应采用钢管。

④采用钢管的管道外壁应进行防腐处理，其法兰连接处应采用石棉橡胶垫片。防火堤或防护区内的法兰垫片应采用不燃材料或难燃材料。

⑤泡沫—水喷淋系统的报警阀组、水流指示器、压力开关、末端试水装置的设置，应符合国家标准《自动喷水灭火系统设计规范》(GB 50084—2017) 的规定。

⑥在寒冷季节有冰冻的地区，应检查管道的防冻措施。

⑦检查管道的防雷击和防静电措施。

⑧检查系统管道、阀门的强度试验、严密性试验记录。

(二) 泡沫消防泵站及供水

1. 泡沫消防泵站与泡沫站
(1) 泡沫消防泵站的设置
① 泡沫消防泵站宜与消防水泵房合建，并应符合相关国家标准对消防水泵房或消防泵房的规范要求。
② 采用环泵比例混合流程及含有泡沫储存设施的泡沫消防泵站，不应与生活水泵房合建，且不应合用供水、储水设施；当与生产水泵合用供水、储水设施时，应进行泡沫污染后果的评估。
③ 泡沫消防泵站与被保护甲、乙、丙类液体储罐或装置的距离不宜小于30m，且固定式泡沫灭火系统的设计应满足在泡沫消防水泵或泡沫混合液泵启动后，将泡沫混合液或泡沫输送到最远保护对象的时间不大于5min。
④ 当泡沫消防泵站与被保护甲、乙、丙类液体储罐或装置的距离在30~50m时，泡沫消防泵站的门、窗不宜朝向保护对象。
⑤ 泡沫消防泵站内应设置水池（罐）水位指示装置。泡沫消防泵站应设置与本单位消防站或消防保卫部门直接联络的通信设备。
(2) 泡沫消防水泵、泡沫混合液泵
① 应采用自灌引水启动。
② 一组泡沫消防泵的吸水管不应少于两条；当其中一条损坏时，其余的吸水管应能通过全部用水量。
(3) 备用泡沫消防水泵或泡沫混合液泵
① 系统应设置工作能力不小于最大一台工作泵的备用泡沫消防水泵或泡沫混合液泵。
② 用于防护符合下列条件之一的储罐的系统，可不设置备用泵：
a. 非水溶性液体总储量小于5000m^3，且单罐容量小于1000m^3；
b. 水溶性液体总储量小于1000m^3，且单罐容量小于500m^3。
(4) 泡沫消防泵站的动力源，可采用下述之一的动力源：
① 一级电力负荷的电源；
② 二级电力负荷的电源，同时设置作备用动力的柴油机；
③ 全部采用柴油机；
④ 不设置备用泵的泡沫站，可不设置备用动力。
(5) 泡沫站
当泡沫比例混合装置设置在泡沫消防泵站内，且固定式泡沫灭火系统的泡沫消

防泵启动后,泡沫混合液或泡沫到达最远保护对象的时间大于5min时,应设置泡沫站,且泡沫站的设置应符合下列要求:

① 严禁将独立泡沫站设置在防火堤内、围堰内、泡沫灭火系统保护区或其他火灾及爆炸危险区域内;

② 当泡沫站靠近防火堤设置时,与各可燃液体储罐罐壁的间距应大于20m,且应具备远程控制功能;

③ 当泡沫站设置在室内时,该建筑的耐火等级不应低于二级。

2. 系统供水

① 泡沫灭火系统水源的水质应与泡沫液的要求相适宜;水源的温度宜为4℃~35℃;当水中含有堵塞比例混合装置、泡沫产生装置或泡沫喷射装置的固体颗粒时,应设置相应的管道过滤器。

② 配置泡沫混合液用水不得含有影响泡沫性能的物质。

③ 泡沫灭火系统水源的水量应满足系统最大设计流量和供给时间的要求。

④ 泡沫灭火系统供水压力应满足在相应设计流量范围内系统各组件的工作压力要求,且应有防止系统超压的措施。

⑤ 建(构)筑物内设置的泡沫——水喷淋系统,宜设水泵接合器,且宜设在比例混合器的进口侧。水泵接合器的数量应按系统的设计流量确定,每个水泵接合器的流量宜按10~15L/s计算。

(三) 低倍数泡沫灭火系统

1. 系统选型符合性检查

用于保护可燃液体储罐的固定式、半固定式或移动式泡沫灭火系统,其选择应符合国家和行业现行标准的规定。

2. 储罐区低倍数泡沫灭火系统的选择

① 对于非水溶性可燃液体固定顶储罐,应选用液上喷射、液下喷射或半液下喷射系统;

② 对于水溶性可燃液体和其他对普通泡沫有破坏作用的可燃液体固定顶储罐,应选用液上喷射系统或半液下喷射系统;

③ 对于外浮顶和内浮顶储罐,应选用液上喷射系统;

④ 非水溶性液体的外浮顶储罐、内浮顶储罐和直径大于18m的固定顶储罐,水溶性液体的立式储罐,不得选用泡沫炮作为主要灭火设施;

⑤ 高度大于7m或直径大于9m的固定顶储罐,不得选用泡沫枪作为主要灭火设施。

3. 泡沫液用量检查

储罐区的泡沫灭火系统扑救一次火灾的泡沫混合液用量设计,应按罐内用量、该罐辅助泡沫枪用量、管道剩余量三者之和最大的储罐确定。

4. 辅助泡沫枪的设置

设置固定式泡沫灭火系统的储罐区,应在其防火堤外设置用于扑救液体流散火灾的辅助泡沫枪,其数量及泡沫混合液连续供给的时间不应小于表5-2的规定。每支辅助泡沫枪的泡沫混合液流量不应小于240L/min。

表5-2 泡沫枪数量及泡沫混合液连续供给时间

储罐直径(m)	配备泡沫枪数(支)	连续供给时间(min)
≤10	1	10
>10,且≤20	1	20
>20,且≤30	2	20
>30,且≤40	2	30
>40	3	30

5. 其他组件

① 当储罐区固定式泡沫灭火系统的泡沫混合液流量大于或等于100L/s时,系统的泵、比例混合装置及其管道上的控制阀、干管控制阀宜具备遥控操纵功能。

② 在固定式泡沫灭火系统的泡沫混合液主管道上,应留出泡沫混合液流量检测仪器的安装位置;在泡沫混合液管道上,应设置试验检测口;在防火堤外侧最不利和最有利水力条件处的管道上,宜设置供检测泡沫产生器工作压力的压力表接口。

③ 储罐区的固定式泡沫灭火系统与消防冷却水系统合用一组消防给水泵时,应有保障泡沫混合液供给强度满足设计要求的措施,且不得以火灾时临时调整的方式来保障。

6. 固定泡沫灭火系统的设计

① 采用固定式泡沫灭火系统的储罐区,宜沿防火堤外侧均匀布置泡沫消火栓,泡沫消火栓的间距不应大于60m;储罐区固定式泡沫灭火系统宜具备半固定系统功能。

② 固定式泡沫灭火系统的设计应满足在泡沫消防水泵或泡沫混合液泵启动后,将泡沫混合液或泡沫输送到最远保护对象的时间不大于5min。

7. 保护固定顶储罐的系统设计检查

① 固定顶储罐的保护面积,应按其横截面积计算确定。

② 泡沫混合液供给强度及连续供给时间应符合下列规定:

a. 非水溶性液体储罐液上喷射泡沫灭火系统，其泡沫混合液供给强度及连续供给时间不应小于表5-3的规定。

表5-3　泡沫混合液供给强度及连续供给时间

系统形式	泡沫种类	供给强度 [L/(min·m²)]	连续供给时间（min）	
			甲、乙类液体	丙类液体
固定、半固定系统	蛋白	6.0	40	30
	氟蛋白、水成膜、成膜氟蛋白	5.0	45	30
移动式系统	蛋白、氟蛋白	8.0	60	45
	水成膜、成膜氟蛋白	6.5	60	45

注：如果采用大于本表规定的混合液供给强度，混合液连续供给时间可按相应的比例缩短，但不得小于本表规定时间的80%。沸点低于45℃的非水溶性类液体，设置泡沫灭火系统的适用性及泡沫混合液供给强度，应由试验确定。

b. 非水溶性液体储罐液下或半液下喷射泡沫灭火系统，其泡沫混合液供给强度不应小于5.0 L/(min·m²)，连续供给时间不应小于40min。

需要注意的是：沸点低于45℃的非水溶性液体、储存温度超过50℃或黏度大于40mm²/s的非水溶性液体，液下喷射系统的适用性及泡沫混合液供给强度，应由试验确定。

c. 水溶性液体和其他对普通泡沫有破坏作用的甲、乙、丙类液体储罐液上或半液下喷射泡沫灭火系统，其泡沫混合液供给强度及连续供给时间不应小于表5-4的规定。

表5-4　泡沫混合液供给强度及连续供给时间

液体类型	供给强度 [L/(min·m²)]	连续供给时间（min）
丙酮、异丙醇、甲基异丁醇	12	30
甲醇、乙醇、正丁醇、丁酮、丙烯腈、醋酸乙酯、醋酸丁酯	12	25
含氧添加剂含量体积比大于10%的汽油	6	40

注：本表未列出的水溶性液体，其泡沫混合液供给强度及连续供给时间根据《泡沫灭火系统设计规范》(GB 50151-2010) 附录A水溶性液体泡沫混合液供给强度试验方法试验确定。

③ 液上喷射泡沫灭火系统泡沫产生器的型号及数量，应根据有关固定顶储罐的上述要求计算所需的泡沫混合液流量确定，且设置数量不应小于表5-5的规定。

表5–5 泡沫产生器设置数量

储罐直径（m）	泡沫产生器设置数量（个）
≤10	1
>10，且≤25	2
>25，且≤30	3
>30，且≤35	4

注：对于直径大于35m且小于50m的储罐，其横截面积每增加300m²，应至少增加1个泡沫产生器。当一个储罐所需的泡沫产生器数量超过1个时，宜选用同规格的泡沫产生器，且应沿罐周均匀布置。对于水溶性液体储罐，应设置泡沫缓冲装置。

④ 液下喷射高背压泡沫产生器应设置在防火堤外，设置数量和型号应根据有关固定顶储罐的上述要求计算所需的泡沫混合液流量确定。当一个储罐所需的高背压产生器数量大于1个时，宜并联使用。在高背压泡沫产生器的进口侧应设置检测压力表接口，出口侧应设置压力表、背压调节阀和泡沫取样口。

⑤ 液下喷射泡沫喷射口的设置，应保证泡沫进入甲、乙类液体的速度不大于3m/s；泡沫进入丙类液体的速度不大于6m/s。泡沫喷射口宜采用向上斜的口型，其斜口角度宜为45°，泡沫喷射管的长度不得小于喷射管直径的20倍。当设有一个喷射口时，喷射口宜设在储罐中心；当设有一个以上喷射口时，应沿罐周均匀设置，且各喷射口的流量宜相等。泡沫喷射口应安装在高于储罐积水层0.3m的位置，泡沫喷射口的设置数量不应小于表5-6的要求。

表5–6 泡沫喷射口设置数量

储罐直径（m）	喷射口数量（个）
≤23	1
>23，且≤33	2
>33，且≤40	3

注：对于直径大于40m的储罐，其横截面积每增加400m²应至少增加一个泡沫喷射口。

⑥ 储罐液上喷射泡沫灭火系统的泡沫混合液管道设置应符合下列要求：

a. 每个泡沫产生器应用独立的混合液管道引至防火堤外；

b. 除立管外，其他泡沫混合液管道不得设置在罐壁上；

c. 连接泡沫产生器的泡沫混合液立管应用管卡固定在罐壁上，其间距不宜大于3m；

d. 泡沫混合液的立管下端应设锈渣清扫口。

⑦ 防火堤内泡沫混合液或泡沫管道的设置应符合下列要求：

a. 地上泡沫混合液或泡沫水平管道应敷设在管墩或管架上，与罐壁上的泡沫混合液立管之间宜用金属软管连接；

b. 埋地泡沫混合液管道或泡沫管道距离地面的深度应大于0.3m，与罐壁上的泡沫混合液立管之间应用金属软管或金属转向接头连接；

c. 泡沫混合液或泡沫管道应有3‰放空坡度；

d. 在液下喷射泡沫灭火系统靠近储罐的泡沫管线上，应设置供系统试验的带可拆卸盲板的支管；

e. 液下喷射系统的泡沫管道上应设钢质控制阀和逆止阀，并应设置不影响泡沫灭火系统正常运行的防油品渗漏设施。

⑧防火堤外泡沫混合液或泡沫管道的设置应符合下列要求：

a. 固定式液上喷射系统中的每个泡沫产生器，应在防火堤外设置独立的控制阀；

b. 半固定式液上喷射系统中的每个泡沫产生器，应在防火堤外距地面0.7m处设置带闷盖的管牙接口，半固定式液下喷射系统的泡沫管道应引至防火堤外，并应设置相应的高背压泡沫产生器快装接口；

c. 泡沫混合液管道或泡沫管道上应设置放空阀，且其管道应有2‰的坡度坡向放空阀。

8. 保护外浮顶储罐的系统检查

① 钢制单盘式与双盘式外浮顶储罐的保护面积，可按罐壁与泡沫堰板间的环形面积确定；

② 非水溶性液体的泡沫混合液供给强度不应小于12.5L/（min·m²），连续供给时间不应小于30min，单个泡沫产生器的最大保护周长应符合表5-7的规定。

表5-7 单个泡沫产生器的最大保护周长

泡沫喷射口设置部位	堰板高度（m）		保护周长（m）
罐壁顶部、密封或挡雨板上方	软密封		24
	机械密封	<0.6	12
		≥0.6	24
金属挡雨板下部	<0.6		18
	≥0.6		24

注：当采用从金属挡雨板下部喷射泡沫的方式时，挡雨板必须采用不含任何可燃材料的金属板。

③ 外浮顶储罐泡沫堰板的设计应符合下列要求：

a. 当泡沫喷射口设置在罐壁顶部、密封或挡雨板上方时，泡沫堰板应高出密封0.2m；

b. 当泡沫喷射口设置在金属挡雨板下部时，泡沫堰板高度不应小于0.3m；

c. 当泡沫喷射口设置在罐壁顶部时,泡沫堰板与罐壁的间距不应小于0.6m;

d. 当泡沫喷射口设置在浮顶上时,泡沫堰板与罐壁的间距不宜小于0.6m;

e. 在泡沫堰板的最低部位应设置排水孔,其开孔面积宜按每$1m^2$环形面积 $280mm^2$确定,排水孔高度不宜大于9mm。

④ 泡沫产生器与泡沫喷射口的设置应符合下列要求:

a. 泡沫产生器的型号和数量应按外浮顶储罐有关非水溶性液体的泡沫混合液的计算方法确定;

b. 泡沫喷射口设置在储罐的罐壁顶部时,应配置泡沫导流罩;

c. 当泡沫喷射口设置在浮顶上时,其喷射口应采用两个出口直管段的长度均不小于其直径5倍的水平T型管,且设置在密封或挡雨板上方的泡沫喷射口在伸入泡沫堰板后应向下倾斜30°~60°。

⑤ 当泡沫产生器与泡沫喷射口设置罐壁顶部时,储罐上泡沫混合液管道的设置应符合下列要求:

a. 可每两个泡沫产生器合用一根泡沫混合液立道;

b. 当三个或三个以上泡沫产生器一组在泡沫混合液立管下端合用一根管道时,宜在每个泡沫混合液立管上设常开控制阀;

c. 每根泡沫混合液管道应引至防火堤外,且半固定式泡沫灭火系统的每根泡沫混合液管道所需的混合液流量不应大于1辆消防车的供给量;

d. 连接泡沫产生器的泡沫混合液立管应用管卡固定在罐壁上,其间距不宜大于3m,泡沫混合液的立管下端应设锈渣清扫口。

⑥ 当泡沫产生器与泡沫喷射口设置在浮顶上,且泡沫混合液管道从储罐内通过时,应符合下列要求:

a. 连接储罐底部水平管道与浮顶泡沫混合液分配的管道,应采用具有重复扭转运动轨迹的耐压、耐候性不锈钢复合软管;

b. 管道不得与浮顶支承相碰撞,且应避开搅拌器;

c. 软管与储罐底部的伴热管距离应大于0.5m。

⑦ 防火堤内的泡沫混合液管道设置应符合固定顶储罐的防火堤内有关泡沫混合液或泡沫管道的设置要求。

⑧ 防火堤外泡沫混合液管道的设置应符合下列要求:

a. 固定式泡沫灭火系统的每组泡沫产生器应在防火堤外设置独立的控制阀;

b. 半固定式泡沫灭火系统的每组泡沫产生器应在防火堤外距地面0.7m处设置带闷盖的管牙接口;

c. 泡沫混合液管道上应设置放空阀,且其管道应有2‰。的坡度坡向放空阀。

⑨储罐梯子平台上管牙接口或二分水器的设置应符合下列要求:

a. 对于直径不大于45m的储罐,储罐梯子平台上应设置带闷盖的管牙接口,对于直径大于45m的储罐,储罐梯子平台上应设置二分水器;

b. 管牙接口或二分水器应由管道接至防火堤外,且管道的管径应满足所配泡沫枪的压力、流量要求;

c. 在防火堤外的连接管道上应设置管牙接口,管牙接口距地面高度宜为0.7m;

d. 当与固定式泡沫灭火系统连通时,应在防火堤外设置控制阀。

9. 保护内浮顶储罐的系统检查

① 钢制单盘式、双盘式与敞口隔舱式内浮顶储罐的保护面积,应按罐壁与泡沫堰板间的环形面积确定;其他内浮顶储罐应按固定顶储罐对待。

② 钢制单盘式、双盘式与敞口隔舱式内浮顶储罐的泡沫堰板设置、单个泡沫产生器保护周长及泡沫混合液供给强度与连续供给时间,应符合下列要求:

a. 泡沫堰板距离罐壁不应小于0.55m,其高度不应小于0.5m;

b. 单个泡沫产生器保护周长不应大于24m;

c. 非水溶性液体的泡沫混合液供给强度不应小于12.5 L/(min·m^2);

d. 水溶性液体的泡沫混合液供给强度不应小于表5-4要求的1.5倍;

f. 泡沫混合液的连续供给时间不应小于30min。

③ 按固定顶储罐对待的内浮顶储罐,其泡沫混合液供给强度和连续供给时间及泡沫产生器的设置应符合下列要求:

a. 对于非水溶性液体,其泡沫混合液供给强度及连续供给时间不应小于表5-3的要求;

b. 水溶性液体,当设有泡沫缓冲装置时,其泡沫混合液供给强度及连续供给时间不应小于表5-4的要求;

c. 水溶性液体,当未设泡沫缓冲装置时,泡沫混合液供给强度不应小于表5-4的要求,但泡沫混合液连续供给时间不应小于表5-4要求的1.5倍;

d. 泡沫产生器的型号及数量,应根据固定顶储罐所需泡沫混合液的流量确定,设置数量不应小于表5-5的要求,且不应小于两个。当一个储罐所需的泡沫产生器数量超过1个时,宜选用同规格的泡沫产生器,且应沿罐周均匀布置;

e. 按固定顶储罐对待的内浮顶储罐,其泡沫混合液管道的设置,在罐上时,应符合有关固定顶储罐上液上喷射泡沫灭火系统泡沫混合液管道的设置要求;在防火堤内、外时,泡沫混合液或泡沫管道的设置应符合有关固定顶储罐防护堤内、外的相关要求。钢制单盘式、双盘式与敞口隔舱内浮顶储罐,其泡沫混合液管道应符合固定顶储罐防火堤内泡沫混合液或泡沫管道的设置要求,外浮顶储罐有关泡沫产生器与泡沫喷射口的设置在罐壁顶部时的泡沫混合液管道的设置要求和防火堤外泡沫混合液管道的设置要求。

10. 其他场所

① 甲、乙、丙类液体槽车装卸栈台设置的泡沫枪、泡沫炮系统检查：

a. 应能保护泵、计量仪器、车辆及与装卸产品有关的各种设备；

b. 火车装卸栈台的泡沫混合液量不应小于 30L/s；

c. 汽车装卸栈台泡沫混合液量不应小于 8L/s；

d. 泡沫混合液连续供给时间不应小于 30min。

② 设有围堰的非水溶性液体流淌火灾场所的泡沫枪、泡沫炮系统检查：

a. 保护面积应按围堰包围的地面面积与其中不燃结构占据的面积之差计算；

b. 泡沫混合液供给强度与连续供给时间不应小于表 5-8 的要求。

表 5-8　泡沫混合液供给强度与连续供给时间

泡沫液种类	供给强度 [L/(min·m²)]	连续供给时间 (min)	
		甲、乙类液体	丙类液体
蛋白、氟蛋白	6.5	40	30
水成膜、成膜氟蛋白	6.5	30	20

③ 甲、乙、丙类液体泄漏导致室外流淌火灾场所设置的泡沫枪、泡沫炮系统检查：

a. 应根据保护场所的具体情况确定最大流淌面积；

b. 泡沫混合液供给强度和连续供给时间不应小于表 5-9 要求。

表 5-9　泡沫混合液供给强度和连续供给时间

泡沫液种类	供给强度 [L/(min·m²)]	连续供给时间 (min)	液体种类
蛋白、氟蛋白	65	15	非水溶性液体
水成膜、成膜氟蛋白	5.0	15	
抗溶泡沫	12	15	水溶性液体

④ 公路隧道内泡沫消火栓箱的设置检查：

a. 设置间距不应大于 50m；

b. 应配置带开关的吸气型泡沫枪，其泡沫混合液流量不应小于 30L/min，射程不应小于 6m；

c. 泡沫混合液连续供给时间不应小于 20mm，且宜配备水成膜泡沫液；

d. 软管长度不应小于 25m。

(四) 中倍数泡沫灭火系统

1. 全淹没系统

① 可用于小型封闭空间场所与设有阻止泡沫流失的固定围墙或其他围挡设施的小场所。

② 全淹没中倍数泡沫灭火系统的设计参数宜由试验确定，也可采用高倍数泡沫灭火系统的设计参数。

2. 局部应用系统

① 可用于四周不完全封闭的 A 类火灾场所、限定位置的流散 B 类火灾场所和固定位置面积不大于 100m² 的流淌 B 类火灾场所。

② 对于 A 类火灾场所，系统覆盖保护对象的时间不应大于 2min；覆盖保护对象最高点的厚度宜由试验确定，也可按高倍数泡沫灭火系统中局部应用系统的要求（覆盖保护对象最高点的厚度不应小于 0.6m）确定。泡沫混合液连续供给时间不应小于 12min。

3. 移动式系统

可用于发生火灾的部位难以确定或人员难以接近的较小火灾场所、流淌的 B 类火灾场所和不大于 100m² 的流淌 B 类火灾场所。

(五) 高倍数泡沫灭火系统

高倍数泡沫灭火系统包括全淹没式、局部应用式和移动式三种。其中，全淹没式高倍数泡沫灭火系统要求在规定的时间内达到规定的淹没深度，并将淹没体积保持到规定的时间。

1. 系统的基本要求的检查

系统的选型应根据防护区的总体布局、火灾的危害程度、火灾的种类和扑救条件等因素，经综合技术经济比较后确定。

① 全淹没系统或固定式局部应用系统应设置火灾自动报警系统，并应符合下列要求：

a. 全淹没系统应同时具备自动、手动、应急机械手动启动功能；

b. 自动控制的固定式局部应用系统应同时具备手动和应急机械手动启动功能，手动控制的固定式局部应用系统尚应具备应急机械手动启动功能；

c. 消防控制中心（室）和防护区应设置声光报警装置；

d. 消防自动控制设备宜与防护区内的门窗关闭装置、排气口的开启装置以及生产、照明电源的切断装置等联动。

② 当系统以集中控制方式保护两个或两个以上的防护区时，其中一个防护区发生火灾不应危及其他防护区；泡沫液和水的储备量应按最大一个防护区的用量确定，手动与应急机械控制装置应有标明其所控制区域的标记。

③ 高倍数泡沫产生器的设置应符合下列要求：

a. 高度应在泡沫淹没深度以上；

b. 宜接近保护对象，但其位置应免受爆炸或火焰损坏；

c. 应使防护区形成比较均匀的泡沫覆盖层；

d. 应便于检查、测试及维修；

e. 当泡沫产生器在室外或坑道应用时，应采取防止风对泡沫产生器发泡和泡沫分布影响的措施。

④ 固定安装的高倍数泡沫产生器前应设置管道过滤器、压力表和手动阀门。

⑤ 固定安装的泡沫液桶（罐）和比例混合器不应设置在防护区内。

⑥ 系统干式水平管道最低点应设排液阀，且坡向排液阀的管道坡度不宜小于3‰。

⑦ 系统管道上的控制阀门应设置在防护区以外，自动控制阀门应具有手动启闭功能。

2. 全淹没系统

① 全淹没系统可用于封闭空间场所和设有阻止泡沫流失的固定围墙或其他围挡设施的场所。

② 全淹没系统的防护区应为封闭或设置灭火所需的固定围挡的区域，且应符合下列要求：

a. 泡沫的围挡应为不燃结构，且应在系统设计灭火时间内具备围挡泡沫的能力；

b. 在保证人员撤离的前提下，门、窗等位于设计淹没深度以下的开口，应在泡沫喷放前或泡沫喷放的同时关闭，对于不能自动关闭的开口，全淹没系统应对其泡沫损失进行相应补偿；

c. 利用防护区外部空气发泡的封闭空间，设置排气口，其位置应避免燃烧产物或其他有害气物回流到高倍数泡沫产生器进气口；

d. 在泡沫淹没深度以下的墙上设置窗口时，宜在窗口部位设置网孔，基本尺寸不大于 3.15mm 的钢丝网或钢丝纱窗；

e. 排气口在灭火系统工作时应自动、手动开启，其排气速度不宜超过 5m/s；

f. 防护区内应设置排水设施。

③ 泡沫淹没深度的确定应符合下列要求：

a. 当用于扑救 A 类火灾时，泡沫淹没深度不应小于最高保护对象高度的 1.1 倍，

且应高于最高保护对象最高点以上 0.6m;

b. 当用于扑救 B 类火灾时,汽油、煤油、柴油或苯类火灾的泡沫淹没深度应高于起火部位 2m;其他 B 类火灾的泡沫淹没深度应由试验确定。

④ 淹没体积应按下式计算:

$$V = S \times H - V_g \tag{5-1}$$

式中:V——淹没体积(m^3);

S——防护区地面面积(m^2);

H——泡沫淹没深度(m);

V_g——固定的机器设备等不燃物体所占的体积(m^3)。

⑤ 高倍数泡沫的淹没时间不应大于表 5-10 的要求,系统自接到火灾信号至开始喷放泡沫的延时不宜大于 1min。

表 5-10 泡沫的淹没时间(min)

可燃物	高倍数泡沫灭火系统单独使用	高倍数泡沫灭火系统与自动喷水灭火系统联合使用
闪点不超过 40℃的非水溶性液体	2	3
闪点超过 40℃的非水溶性液体	3	4
发泡橡胶、发泡塑料、成卷的织物或皱纹纸等低密度可燃物	3	4
成卷的纸、压制牛皮纸、涂料纸、纸板箱、纤维圆筒、橡胶轮胎等高密度可燃物	5	7

注:水溶性液体的淹没时间应由试验确定。

⑥ 泡沫液和水的连续供给时间:当用于扑救 A 类火灾时,不应小于 25min;当用于扑救 B 类火灾时,不应小于 15min。

⑦ 对于 A 类火灾,其泡沫淹没体积的保持时间:单独使用高倍数泡沫灭火系统时,应小于 60min;与自动喷水灭火系统联合使用时,应小于 30min。

3. 局部应用系统

① 局部应用系统可用于下列四周不完全封闭的 A 类火灾与 B 类火灾场所和天然气液化站与接收站的集液池或储罐围堰区。

② 系统的保护范围应包括火灾蔓延的所有区域。

③ 当用于扑救 A 类火灾或 B 类火灾时,泡沫供给速率应符合下列要求:

a. 覆盖 A 类火灾保护对象最高点的厚度不应小于 0.6m;

b. 对于汽油、煤油、柴油或苯,覆盖起火部位的厚度不应小于 2m,其他 B 类火灾的泡沫覆盖厚度应由试验确定；

c. 达到规定覆盖厚度的时间不应大于 2min。

④ 当用于扑救 A 类和 B 类火灾时，其泡沫液和水连续供给时间不应小于 12min。

⑤ 当设置在液化天然气集液池或储罐围堰区时，应符合下列要求：

a. 应选择固定式系统，并应设置导泡筒；

b. 宜采用发泡倍数为 300~500 倍的高倍数泡沫产生器；

c. 泡沫混合液供给强度应根据阻止形成蒸汽云和降低热辐射强度的试验确定，并应取两项试验的较大值，在缺乏实验数据时，泡沫混合液供给强度不宜小于 $7.2L/(min \cdot m^2)$；

d. 泡沫连续供给时间应根据所需的控制时间确定，且不宜小于 40min，当同时设置了移动式系统时，固定系统中的泡沫供给时间可按达到稳定控火时间确定；

e. 保护场所应有适合设置导泡筒的位置；

f. 系统设计上应符合国家标准《石油天然气工程设计防火规范》(GB 50183—2015) 的规定。

(六) 泡沫—水喷淋灭火系统

1. 系统的基本要求检查

① 泡沫—水喷淋系统可用于具有非水溶性液体泄漏火灾危险的室内场所，存放量不超过 $25L/m^2$ 或超过 $25L/m^2$ 但有缓冲物的水溶性液体室内场所。

② 泡沫—水喷淋系统的泡沫混合液连续供给时间不应小于 10min，泡沫混合液和水的连续供给时间之和不应小于 60min。

③ 泡沫—水喷淋系统应设系统试验接口，其口径应满足系统最大流量和最小流量的要求，闭式泡沫—水喷淋系统的最小流量不应小于 8L/s。

④ 泡沫—水雨淋系统和泡沫—水预作用系统的控制应同时具备自动、手动和应急机械手动启动功能，系统启动后泡沫液供给装置应同时启动。

⑤ 泡沫液管线超过 15m 时，泡沫液应充满管线。

2. 闭式泡沫—水喷淋系统的选型检查

① 下列场所不宜选用闭式泡沫—水喷淋系统：

a. 流淌面积大于 $465m^2$ 的甲、乙、丙类液体场所；

b. 泄漏面积较大的水溶性液体场所；

c. 净空高度大于 9m 的场所。

② 糖沫—水干式系统不宜用于火灾水平方向蔓延较快的场所。

③ 管道平时充水的泡沫—水湿式系统不宜用于下列场所：

a. 初始火灾为液体流淌的甲、乙、丙类液体桶装库、泵房等场所；

b. 含有甲、乙、丙类液体敞口容器的场所。

3. 系统设置要求检查

① 泡沫—水雨淋系统：

a. 系统保护面积应按保护场所内的水平面面积或水平面投影面积确定；

b. 保护水溶性液体的系统，其泡沫混合液供给强度和连续供给时间由试验确定；

c. 保护非水溶性液体的系统，其泡沫混合液供给强度和连续供给时间不应小于表 5-11 的规定；

表 5-11 泡沫液供给强度和连续供给时间

泡沫液种类	喷头设置高度（m）	泡沫混合液供给强度 [L/（min·m^2）]
蛋白、氟蛋白	≤ 10	8
	> 10	10
水成膜、成膜氟蛋白	≤ 10	6.5
	> 10	8

d. 系统应选用气型泡沫—水喷头；

e. 自雨淋阀开启至系统各喷头达到设计喷洒流量的时间不得超过 60s；

f. 喷头布置应根据系统设计的供给强度、保护面积、喷头特性计算确定，但任意四个相邻喷头组成的四边形保护面积内的平均供给强度不应小于规范的要求。

② 闭式泡沫—水喷淋系统：

a. 系统的供给强度不应小于 6.5 L/（min·m^2）；

b. 系统输送的泡沫混合液在 8L/s 至最大设计流量范围内均应达到额定混合比；

c. 应选用闭式喷头。设在顶板下的喷头公称动作温度应为 121℃ ~ 149℃，设在中间层面的喷头公称动作温度应为 57℃ ~ 79℃，保护场所环境温度，其公称动作温度应比环境最高温度高出 30℃。

d. 每只喷头的保护面积不大于 12m^2，相邻喷头的最大间距不大于 3.6 m，任意四个相邻喷头组成的四边形保护面积内的平均供给强度不应小于规范规定，且不宜大于规定供给强度的 1.2 倍；

e. 泡沫—水湿式系统：系统平时充水时，在 8L/s 的流量下，自系统启动至喷泡沫的时间不应大于 2min；系统平时充泡沫预混液时，其环境温度宜为 5 ~ 40℃，且管道、管件、附件应耐泡沫预混液的腐蚀，不影响泡沫预混液的性能；

f. 泡沫—水预作用系统和泡沫—水干式系统，管道的充水时间不应大于 1min。泡沫—水预作用系统中每个报警阀控制的喷头数不应多于 800 只，泡沫—水干式系统中每个报警阀控制的喷头数不应多于 500 只；

g. 用于扑救 A 类火灾的要求以及国家标准《泡沫灭火系统设计规范》(GB 50151—2010) 未作规定的，应符合国家标准《自动喷水灭火系统设计规范》(GB 50084—2017) 的规定；

h. 系统作用面积按 465m² 计，当防护区面积小于 465m² 时，可按实际面积计算；当有试验值时，可按试验值计算。

（七）泡沫喷射装置

泡沫喷射装置要根据应用场所和使用条件按消防设计文件和相关标准规范检查。

（八）泡沫消火栓、栓箱

检查泡沫消火栓、栓箱的规格、型号、使用场所、设置要求、标志铭牌、安装及设置位置应符合消防设计文件及标准规范要求。

（九）泡沫灭火系统功能验收

1. 低、中倍数泡沫灭火系统喷泡沫试验

① 泡沫灭火系统设计为自动灭火系统时，应以自动控制方式进行试验。

② 试验喷射泡沫的时间不应小于 4min。

③ 喷射泡沫后，采用专用检测工具检测空气泡沫的混合比和发泡倍数。

④ 系统测试时的响应时间应符合消防设计文件和标准规范的要求。

2. 高倍数泡沫灭火系统喷泡沫试验

① 以手动或自动控制方式对保护对象进行喷泡沫试验。

② 试验喷射泡沫时间不小于 30s。

③ 喷射泡沫后，采用专用检测工具检测混合比。

④ 测试泡沫供给速度是否符合消防设计文件和标准规范要求。

⑤ 系统测试时的响应时间应符合消防设计文件和标准规范要求。

六、泡沫灭火系统常见故障及处理方法

泡沫灭火系统常见故障及处理方法见表 5-12 系统供水设施、供水和供泡沫液管网及阀门、火灾探测及联动控制装置请参考本书的相关内容。

表 5-12　泡沫灭火系统常见故障及处理方法

常见故障	故障原因	处理方法
囊式压力式比例混合装置不出泡沫液	① 胶囊破裂； ② 无泡沫液。	① 更换胶囊； ② 检查连接胶囊的相关阀门是否存在泄漏。
平衡阀无法正常工作	① 阀内隔膜破损； ② 阀瓣处卡阻。	① 检查隔膜有无明显变形、破裂； ② 检查阀瓣处有无异物。
混合比不符合要求	① 比例混合器选用不当； ② 比例混合器故障。	① 检查混合器设定比例值是否与要求一致； ② 检查比例混合器有无异物。
泡沫产生装置无法正常发泡	① 泡沫液选用不当； ② 装置内机构故障； ③ 泡沫液过期。	① 检查使用泡沫液是否符合设计文件要求； ② 检查发泡机构（吸气装置）； ③ 检查泡沫液有效期。

第三节　泡沫-喷淋联用系统

一、泡沫—喷淋联用系统的组成

在喷淋系统基础上加装泡沫混合供给装置就组成了泡沫—喷淋联用系统。喷淋系统的所有组件，在泡沫—喷淋联用系统中都同样具备，且作用相同。因此，不同种类的喷淋系统增加了泡沫混合供给装置后，组成了不同种类的泡沫—喷淋系统。

泡沫—喷淋联用系统的泡沫混合供给装置，是泡沫比例混合器和泡沫液储罐的组合装置。常用的比例混合器大多为压力式比例混合器。

二、泡沫—喷淋联用系统的工作原理

无论基础系统是哪种自动喷淋系统，对于泡沫—喷淋联用系统来说都只是一个水源提供系统。当压力水由比例混合器前端进入泡沫液罐后，压力水对胶囊内的泡沫液就会产生挤压作用。同时比例混合器与胶囊内的泡沫液通过管道联通，在压力水穿过比例混合器时，会对胶囊内的泡沫液产生吸附作用。这一压一吸，泡沫液就从罐内流进了供水管内。因此比例混合器前端流进的是水，后端流出是泡沫混合液。混合液将一直流经喷头喷出。

三、泡沫、喷淋联用系统的适用范围

泡沫—喷淋联用系统是比自动喷水系统更高级的灭火系统,可适用于 A 类、B 类和 C 类火灾的扑救。

①《泡沫灭火系统设计规范》(GB 50151—2010)规定,泡沫—喷淋系统使用于下列场所:

　a. 具有非水溶性液体泄漏火灾危险的室内场所;

　b. 存放量不超过 $25L/m^2$ 或超过 $25L/m^2$ 但有缓冲物的水溶性液体室内场所。缓冲物的作用是防止液体流淌。

②《汽车库、修车库、停车场设计防火规范》(GB 50067—2014)规定,下列汽车库、修车库宜采用泡沫—水喷淋系统:

　a. Ⅰ类地下、半地下汽车库。

　b. Ⅰ类修车库;

　c. 停车数大于 100 辆的室内无车道且无人员停留的机械式汽车库。

四、泡沫—喷淋联用系统的检查

(一) 泡沫液的检查

1. 泡沫液的种类

闭式泡沫—喷淋系统如果使用普通喷淋喷头,则只能使用水成膜泡沫液或水成膜氟蛋白泡沫液;当保护区有水溶性可燃液体时,应选用水成膜抗溶泡沫液或水成膜抗溶氟蛋白泡沫液。对于使用吸气型专用泡沫喷头的泡沫—水雨淋和泡沫喷雾系统,则可根据现场火灾特点,选用普通蛋白泡沫或普通氟蛋白泡沫液。

2. 泡沫液储量

泡沫液的储量必须满足 10min 灭火用量要求。对于汽车库、修车库来说,如果场所面积大于 $465m^2$,要按不小于 $465m^2$ 的作用面积计算。即泡沫液用量为 $1.2 \sim 1.5m^3$。

3. 泡沫液的保质期

泡沫液的储存环境温度应为 $0 \sim 45℃$。泡沫液的储存期限一般为 5 年。如果说明书上说明了储存期限超过 5 年的,5 年后应当每年进行取样送检。储存期间,不能将不同基料或不同工艺制成的泡沫液混合。

(二)压力式泡沫罐的检查

1. 外观

压力泡沫罐外观应无机械损伤、无锈蚀,铭牌完好清晰。管外壁四周应有不小于 0.7m 的检查维修操作距离。底部固定基座应牢固。当罐上部的操作阀门高度超过 1.8m 时,应设置专用的操作凳或操作台。

2. 压力泡沫罐的附件

压力泡沫罐的附件主要有灌装用的进液口、排放用的排液口、安全阀、自动排气阀、液位指示计以及压力水进口管路和泡沫液出口管路等。压力水进口管路和泡沫液进口管路上都有控制阀。这个控制阀是自动或手动开启泡沫比例混合管路的关键阀门。而且这两条管路上都必须有手动阀和自动阀。其中一种阀损坏,另一种阀完全能开启管路。

3. 泡沫罐的容积

泡沫罐的容积通常为泡沫液使用量的 150%～200%。也就是说,一个普通汽车库的泡沫 - 喷淋系统,每个湿式阀所带的泡沫罐的容积应当是 2～3m^3。

(三)比例混合器的检查

与泡沫液罐组装在一起的比例混合器都是压力比例混合器。比例混合器安装有方向,其水流方向必须在比例混合器上有永久性的箭头标志,严防装反。同时比例混合器标定的压力、流量范围和混合比,都必须符合设计和泡沫液本身的要求。压力比例混合器所配泡沫罐的容积最大不得超过 10m,比例混合器与泡沫罐管路的连接应当紧密牢固。整套装置安装时不得拆卸。安装位置要防撞击且便于检查和维修。

(四)流量计的检查

按照《泡沫灭火系统施工验收规范》(GB 50151—2010)的要求,在比例混合器的出口管段上和连接比例混合器的泡沫液进口管段上,应当安装流量计。流量计的口径要与所测试的管道口径一致、安装方向要箭头标注方向一致,流量计两端直管段的长度要不小于管段直径的 10 倍。流量计的电池要注意更换或者使用时才安上电池,流量计安装完毕后要进行调试。

(五)系统测试装置的检查

《泡沫灭火系统设计规范》(GB 50151—2010)规定,所有泡沫—喷淋系统都应当设置系统测试装置,且测试装置接口要分别满足系统最大和最小的流量要求。测

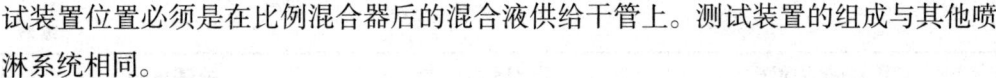

试装置位置必须是在比例混合器后的混合液供给干管上。测试装置的组成与其他喷淋系统相同。

(六) 喷头的检查

泡沫—喷淋系统喷头设置安装有一些特殊要求。如安装最大高度不得大于9m，一个喷头的最大保护面积不得大于12m^2，同时一根支管上的喷头间距和支管之间的间距都不得大于3.6m，喷头距边墙的距离不得大于1.8m，其他要求与普通喷淋系统的喷头相同。喷淋—水雨淋系统和泡沫喷雾系统的喷头设置，也与单纯的雨淋系统和喷雾系统相同。

五、泡沫—喷淋联用系统常见故障及处理方法

泡沫—喷淋联用系统常见故障及处理方法见表5-13。

表5-13 泡沫—喷淋联用系统常见故障及处理方法

常见缺陷或故障	原因分析	处理方法
按照普通喷淋系统设计消防水池和供水设施	忽略了《泡沫灭火系统设计规范》(GB 50151—2010)	按照《泡沫灭火系统设计规范》(GB 50151—2010)更正消防用水量、水泵流量和管网管径
泡沫液储量达不到标准要求	未对10min泡沫液用量进行核算，或混淆了泡沫罐容量与泡沫液实际储量的差别	重新核算，更换泡沫罐
泡沫液种类选择错误	对泡沫液的适用范围缺乏了解	更换泡沫液
泡沫液过期或失效	泡沫液存放过久或储存条件不符合要求	更换泡沫液
系统没有流量测试装置或系统测试装置	设计人员一般不考虑施工、验收规范的要求	增设流量测试装置或系统测试装置
打开系统测试装置，系统只出水未出泡沫	泡沫液罐上出液管上的电磁阀或球阀没开启	检查手动阀和电磁阀
开启测试装置，见混合液发泡倍数不够	用普通闭式喷头或直流水枪出混合液，发泡倍数一般为2倍。达不到就是泡沫液的问题	核对泡沫液类型和保质期
开启测试装置，系统不能自动出泡沫	泡沫罐上的进出液管电磁阀没有自动打开	控制信号未到模块；或模块故障；或电磁阀故障，分别检查排除
泡沫液罐上进出液管上的阀门都开了，还是不出泡沫	泡沫液罐内空气太多	开启泡沫液罐上的排气阀排气，排完气再关闭

续表

常见缺陷或故障	原因分析	处理方法
打开泡沫罐底部的排水阀见排出的水中有泡沫液	泡沫罐内的胶囊破裂	更换泡沫液罐或胶囊
泡沫液储罐上的液位计显示有很多泡沫，实际上喷一会儿就没有泡沫了	罐内本身就没有泡沫了，只是注水太多，把泡沫液位挤高了	重新灌装泡沫液

第六章 其他防火设施检查

第一节 防火分隔设施

一、防火门

防火门是指在一定时间内，连同框架能同时满足耐火稳定性、耐火隔热性和耐火完整性要求，或仅能满足耐火完整性要求的门。通常用在防火墙上、楼梯间出入口、疏散走道，或管井开口部位，能够阻隔烟、火，对防止烟、火的扩散和蔓延，减少火灾损失有重要作用。

(一)检查流程及基础知识

1. 检查流程
①根据消防设计文件核实防火门类别、数量、设置位置。
②查验防火门购置发票、检验报告、身份证信息，判断其与消防设计文件的一致性。
③现场检查防火门组件完好性，防火门所处启闭状态正确性，检查门扇开启方向无障碍、无限制措施。
④随机抽查双扇、多扇防火门，测试其顺序关闭功能，检查防火门关闭后的严密性。
⑤常开防火门，测试其释放器的手动释放功能，核实其反馈信号。
⑥模拟产生触发信号，检查常开防火门联动关闭功能，核实其反馈信号。

2. 基础知识
(1)防火门分类
①防火门按其材质可分为木质防火门、钢质防火门、钢木质防火门和其他材质防火门。
②防火门按其门扇数量可分为单扇防火门、双扇防火门和多扇防火门(含有两个以上门扇的防火门)。
③防火门按其结构形式可分为门扇上带防火玻璃的防火门、带亮窗防火门、带

玻璃带亮窗防火门和无玻璃防火门。

④ 防火门（窗）按耐火极限可分为甲级防火门、乙级防火门和丙级防火门。其中，甲级防火门耐火极限不低于1.5h，乙级防火门耐火极限不低于1.0h，丙级防火门耐火极限不低于0.5h。

⑤ 防火门按其工作原理还可分为常闭防火门和常开防火门。

常闭防火门平常在闭门器的作用下处于关闭状态，因此火灾时能阻止火势及烟气的蔓延。

常开防火门平时在防火门释放器的作用下处于开启状态，火灾时，防火门释放器自动释放，防火门在闭门器和顺序器的作用下关闭，从而起到防火门应有的作用。常开防火门，一般是平开门，单扇时安装一个防火门释放器及一个单联动模块，双扇时安装两个防火门释放器及两个单联动模块。防火门任意一侧的感烟火灾探测器动作报警后，通过总线报告给火灾报警探测器，火灾报警探测器发出动作指令给防火门专用的单联动模块，模块的无源常开触头闭合，接通防火门释放器的DC24V线圈回路，线圈瞬间通电释放防火门，防火门借助闭门器弹力自动关闭，DC24V线圈回路因防火门脱离释放器而自动被切断。同时，防火门释放器将防火门状态信号输入单联动模块，再通过报警总线送至消防控制室。

(2) 防火门耐火极限

A类防火门又称为完全隔热防火门，在规定的时间内能同时满足耐火隔热性和耐火完整性要求，耐火等级分别为0.50h（丙级）、1.00h（乙级）、1.50h（甲级）和2.00h、3.00h；B类防火门又称为部分隔热防火门，其耐火隔热性要求为0.50h，耐火完整性等级分别为1.00h、1.50h、2.00h、3.00h；C类防火门又称为非隔热防火门，对其耐火隔热性没有要求，在规定的耐火时间内仅满足耐火完整性的要求，耐火完整性等级分别为1.00h、1.50h、2.00h、3.00h。绝大多数建筑、场所中安装、使用的防火门为A类防火门。

(3) 防火门监控系统

① 防火门监控器。防火门监控器是用于显示并控制防火门打开、关闭状态的控制装置，上接火灾报警控制器，下接防火门监控模块和电动闭门器、电磁释放器、门磁开关等现场执行部件，是防火门监控系统的重要组件。

② 防火门电动闭门器。防火门电动闭门器是能够在收到指令后将处于打开状态的防火门关闭，并将其状态信息反馈至防火门监控器的电动装置。

③ 防火门电磁释放器。防火门电磁释放器是使常开防火门保持打开状态，在收到指令后释放防火门使其关闭，并将本身的状态信息反馈至防火门监控器的电动装置。

(4) 防火门门磁开关

防火门门磁开关是用于监视防火门的开闭状态,并能将其状态信息反馈至防火门监控器的装置。

(5) 防火门的设置要求

① 甲级防火门(窗)主要安装于防火分区间的防火墙上。建筑物内附设一些特殊房间的门也为甲级防火门,如燃油气锅炉房、变压器室、中间储油间等。防烟楼梯间和通向前室的门,高层建筑封闭楼梯间的门以及消防电梯前室或合用前室的门均应采用乙级防火门。建筑物中管道井、电缆井等竖向井道的检查门和高层民用建筑中垃圾道前室的门均应采用丙级防火门。

② 防火门应为向疏散方向开启的平(推)开门,并在关闭后能从任何一侧手动开启。有特殊设置要求的场所除外,如超市、图书馆等人员密集场所平时需要控制人员随意进入的疏散用门,或设有门禁系统的居住建筑外门,应保证火灾时不需使用钥匙等任何工具即能从内部易于打开,并应在显著位置设置标志和使用提示。

③ 用于疏散走道、楼梯间及其前室的防火门,应能自行关闭。

④ 常开防火门,在发生火灾时,应具有自行关闭和信号反馈功能。通常由感烟探测器信号控制无门槛的一扇先行关闭,由感温探测器信号控制带门槛的另一扇后关闭。常开防火门由于控制功能复杂,故只用在建筑内部的主要疏散通道上。

⑤ 设在变形缝附近的防火门,应设在楼层数较多的一侧,且门开启后不应跨越变形缝,防止烟火通过变形缝蔓延扩大。同时门应安装在变形缝的同一侧,不能在不同楼层变形缝两侧交错安装,否则烟火会通过变形缝蔓延至相邻的防火分区。

⑥ 安装防火门的隔墙应为地面至楼板底面上下贯通的实体墙。防火门安装时与周围墙体的缝隙应用相同耐火等级的材料填实封堵。

(二) 检查内容及方法

1. 使用情况检查

根据竣工验收资料,核查原防火门是否被拆除。

查阅新添置防火门购买发票或合同,核实其型号、耐火极限是否满足设置要求。

2. 外观检查

防火门标识、提示性标志应醒目。

防火门开启方向无影响的障碍物。

常闭防火门门扇是否存在使用插销、门吸、木楔等物件保持开启状态。

门扇开启方向地面上或门扇本体、附近墙面上是否有防止过度开启的措施,并保持完好。

常开型防火门是否采用插销将门扇固定在开启位置。

3. 组件检查

防火门的闭门器、顺序器、铰链、锁具等组件是否齐全、完好。

门扇是否完好、无缺陷，门扇、门框上安装的膨胀型密封条是否脱落、缺损。

门扇上的防火玻璃、防火门上亮的部分是否完好、无缺损。

常开防火门释放器、门限开关等是否完好，并处于工作状态。

具有电动开启功能的防火门还应核实其电动操作说明的正确性，相关提示标识及开启拉钮标志是否醒目、完好。

具有出入控制功能的防火门还应检查其应急开启措施是否有效，且便于操作。

4. 手动操作功能

从防火门的任意一侧打开常闭防火门门扇，检查其开启的灵活性。

在处于最大开启角度情况下，释放门扇，观察门扇是否能自动关闭严密。

同时释放双扇、多扇防火门，观察门扇是否能实现顺序关闭，并保持严密。

按下防火门释放器手动按钮，观察防火门是否能顺利关闭且严密性良好，闭门信号能否传送至消防控制室；具有关门告警信号的还应检查其声、光告警功能。

5. 联动释放功能

操作火灾报警控制器（联动性）或消防联动控制器，发出远程关闭防火门的信号，现场查看常开防火门是否自常开位释放开关闭，检查消防控制室是否收到防火门释放信号。

模拟产生火警信号，观察控制防火门自动释放的火灾探测器是否能向消防控制室发出火警信号，消防联动控制器是否发出释放防火门的联动控制信号，现场查看防火门是否自动关闭，关闭信号是否能反馈至消防控制室。

具有出入控制功能的防火门，检查其在手动解除、停电、火警产生情况下，门扇是否能自动开启并保持，开启信号是否能反馈。

6. 防火门监控器功能检查

（1）显示功能

监控器应能显示与其连接的防火门开、闭状态和故障状态，并有专用状态指示灯。监控器使用文字显示信息时，应采用中文。

（2）控制功能

监控器应能直接控制与其连接的每个电动闭门器和释放器的工作状态，并设启动总指示灯，启动信号发出时，应点亮该指示灯。

监控器应能接收来自火灾自动报警系统的火灾报警信号，并在30s内向电动闭门器或释放器发出启动信号，点亮启动总指示灯。

(3) 反馈功能

监控器应在电动闭门器、释放器或门磁开关动作后 10s 内收到反馈信号，并应有反馈光指示，指示名称或部位，反馈光指示应保持至受控设备恢复；发出启动信号后 10s 内未收到要求的反馈信号时，应使启动总指示灯闪亮，并显示相应电动闭门器、释放器或门磁开关的部位，保持至监控器收到反馈信号。

(4) 故障报警功能

监控器应有防火门故障状态总指示灯，在防火门处于故障状态时，该指示灯应点亮，并发出声光报警信号。声信号的声压级（正前方 1m 处）应为 65～85dB；故障声信号每分钟至少提示 1 次，每次持续时间应为 1～3s。

有下述故障时，监控器应在 100s 内发出与报警信号有明显区别的声、光故障信号，故障声信号应能手动消除，再有故障信号输入时应能再启动；故障光信号应保持至故障排除：

① 监控器的主电源断电；

② 监控器与电动闭门器、释放器、门磁开关间连接线断路、短路；

③ 电动闭门器、释放器、门磁开关的供电电源故障；

④ 备用电源与充电器之间的连接线断路、短路；

⑤ 备用电源故障。

(5) 信息记录、查询与上传功能

监控器应能记录与其连接的防火门状态信息（包括防火门地址，开、闭和故障状态及相应的时间等），记录容量不应少于 10000 条，并具有信息查询和将上述信息上传的功能。

(6) 自检功能

监控器应能对其音响部件及状态指示灯、显示器进行功能检查。监控器执行自检时，应不造成与其相连的外部设备动作。

(7) 备用电源功能

监控器应配有备用电源，并符合下述要求：

① 备用电源应采用密封、免维护充电电池。

② 电池容量应保证监控器在下述情况下正常可靠工作 3h。

a. 监控器处于通电工作状态；

b. 提供防火门开启以及关闭所需的电源。

③ 有防止电池过充电、过放电的功能；在不超过生产厂规定的电池极限放电情况下，能在 24h 内完成对电池的充电。

(8) 主电源、备电源转换功能

主电源、备电源的工作状态应有指示，主、备电源的转换应不使监控器发生误动作。

二、防火卷帘

防火卷帘是指在一定的时间内，连同框架能满足耐火稳定性和耐火完整性要求的卷帘。通常设置在需要较大通行宽度的防火墙、自动扶梯、中庭等水平、垂直开口部位，阻止火灾蔓延及烟气流动。

防火卷帘可以通过卷帘附近设置的手动按钮实现现场手动升降或由卷帘箱中拉出机械链条实现机械升降，也可以由消防控制室实现远程手动控制，还可以通过烟感、温感探测器信号实现单动控制或与整体建筑消防智能控制系统联网实现联动控制。火灾时，通过烟感、温感探测器探测到的烟感、温感信号先传输到火灾报警控制器上，控制器再给卷门机发出动作指令，使防火卷帘完成一步降、二步降等动作；也可以由消防智能控制系统发出指令，控制防火卷帘升降和完成设定的动作，从而阻隔火势及烟气蔓延。其中，一步降指防火卷帘接到动作指令后一步下降到地面，它主要用于建筑中庭和自动扶梯周围的分隔。二步降指防火卷帘在接到第一个动作指令后，先下降至距地面 1.8m 处暂停，待接到第二个指令后方下降至地面。一般情况下两个动作指令分别由感烟和感温探测器信号来控制，它主要用于建筑内火灾状态下不同防火分区之间有疏散需要的分隔处的防火卷帘。

(一) 检查流程及基础知识

1. 检查流程

① 根据消防设计文件，核实防火卷帘类别、数量、设置位置；

② 查验防火卷帘购置发票检验报告，判断其与消防设计文件的一致性；

③ 现场检查防火卷帘组件完好性，防火卷帘运行方向无障碍，防火卷帘座轴箱与顶板、导轨与墙、柱之间采用与帘面耐火极限一致的材料进行封堵；

④ 现场检测防火卷帘机械升降功能。电气手动升降功能，具有温控释放功能的防火卷帘，则拟产生触发信号，查看温控释放功能，设有速降功能的防火卷帘，拉动速降手柄，测试速降功能，在消防控制室查看反馈信号；

⑤ 模拟产生触发信号，测试用于防火分隔的防火卷帘一步速降功能，确认帘面无过降、降不到位现象，核实其反馈信号；

⑥ 模拟产生触发信号，测试安装于疏散通道上的防火卷帘二步降功能，在卷帘下降过程中，按下上升按钮，测试卷帘上升至中位，延时下降功能，核实其二步降

反馈信号。

2. 基础知识

(1) 防火卷帘的分类

防火卷帘按材质可分为以下三类：

① 钢质防火卷帘。钢质防火卷帘是指用钢质材料做帘板、导轨、座板、门楣、箱体等，并配以卷门机和控制箱组成的能符合耐火完整性要求的卷帘。

② 无机纤维复合防火卷帘。无机纤维复合防火卷帘是指用无机纤维材料做帘面（内配不锈钢丝或不锈钢丝绳），用钢质材料做夹板、导轨、座板、门楣、箱体等，并配以卷门机和控制箱所组成的能符合耐火完整性要求的卷帘。

③ 特级防火卷帘。特级防火卷帘是指用钢质材料或无机纤维材料做帘面，用钢质材料做导轨、座板、夹板、门楣、箱体等，并配以卷门机和控制箱所组成的能符合耐火完整性、隔热性和防烟性能要求的卷帘。

防火卷帘按启闭方式可分为垂直卷、侧身卷以及水平卷三种；按耐火极限可分为大于等于 2.00h、大于等于 3.00h 两类。

(2) 防火卷帘的操作方式

防火卷帘的操作方式有以下几种：

① 联动控制。安装在防火卷帘两侧的火灾探测器探测到火情后，向防火卷帘控制器或火灾报警控制器发出火警信号；满足释放条件后，防火卷帘控制器或火灾报警控制器、消防联动控制器发出释放命令，卷帘门自动下降。

② 远程手动操作。消防控制室值班人员在确认火灾发生的情况下，手动按下火灾报警控制器或消防联动控制器操作面板上的对应按钮，防火卷帘控制器接到释放信号后，释放卷帘门。

③ 现场手动操作。现场人员根据需要，手动按下设置于卷帘两侧的下降控制按钮，防火卷帘控制器释放卷帘。

④ 机械操作。现场人员根据需要，手动向下持续拉动面向帘面一侧的链条，缓慢释放卷帘门；手动向下持续拉动链条的另一端，缓慢升起卷帘门。有些防火卷帘的机械释放装置由操作手柄、钢丝绳、导管等组成，操作手柄通常设置在手动控制盒附近，操作人员搬动手柄即可实现卷帘门快速下降。

⑤ 温控释放。当防火卷帘附近温度高于温控元件（闭式玻璃球、易熔合金）动作温度（73℃±0.5℃）时，温控元件爆裂或熔化，失去限位控制的防火卷帘依靠自身重量快速释放。

(3) 防火卷帘下降方式

防火卷帘的下降方式有两种：一步关闭、二步关闭。

一步关闭。安装在建筑中庭起防火分隔作用的防火卷帘，在其防火卷帘控制器接到下降信号后，一次下降至地面。

二步关闭。安装在疏散通道处的防火卷帘应具有二步关闭功能，即防火卷帘控制器接到火灾报警信号（或释放信号）后，控制防火卷帘自动下降至中位处（距地面1.8m）停止，延时5~60s后继续下降至全闭；或防火卷帘控制器接到第一次火灾报警信号（或释放信号）后，控制防火卷帘自动下降至中位处（距地面1.8m）停止，接到第二次火灾报警信号（或释放信号）后继续下降至全闭。

(4) 防火卷帘设置的要求

① 帘板各接缝处，导轨、转轴箱与墙面或楼板的缝隙，应有防火防烟密封措施，防止烟火窜入。

② 用防火卷帘代替防火墙的场所，当采用以背火面温升做耐火极限判定条件的防火卷帘时，其耐火极限不应小于3h；当采用不以背火面温升做耐火极限判定条件的防火卷帘时，其卷帘两侧应设独立的闭式自动喷水系统保护，系统喷水延续时间不应小于3h。喷头的喷水强度不应小于0.5L/（s·m），喷头间距应为2~2.5m，喷头距卷帘的垂直距离宜为0.5m。

③ 当防火卷帘既用作防火分隔又要考虑卷帘两侧不同防火分区之间的人员疏散时，应设置二步降的功能，并能实现手动和联动控制。仅用于划分防火分区的防火卷帘，设置在自动扶梯四周、中庭与房间、走道等开口部位的防火卷帘，均应与火灾探测器联动。当发生火灾时，应采用一步降的控制方式，并应具有自动、手动和机械控制的功能。设在疏散走道和消防电梯前室的防火卷帘，除应具有二步降的功能外，还应具有能从两侧手动控制，并在降落时有短时间停滞的功能，以保障人员安全疏散和消防员施救时的安全。

④ 需在火灾时自动降落的防火卷帘，应具有信号反馈的功能。

⑤ 防火卷帘除应有上述功能外，还应有温度（易熔金属）控制功能，以确保在火灾探测器或联动装置或消防电源发生故障时，凭借易熔金属的温度响应功能仍能降落，以发挥防火卷帘的防火分隔作用。

⑥ 防火卷帘上部、周围的缝隙应采用相同耐火极限的不燃烧材料填充，封隔。

⑦ 除中庭外，当防火分隔部位的宽度不大于30m时，防火卷帘的宽度不应大于10m；当防火分隔部位的宽度大于30m时，防火卷帘的宽度不应大于该部位宽度的1/3，且不应大于20m。不宜采用侧拉式防火卷帘。

(二) 检查内容及方法

1. 使用情况检查

防火卷帘导轨应无变形现象，轨道内无阻碍卷帘下降的障碍物。

防火卷帘下方应无影响卷帘门正常下降的障碍物。

地面应标注出醒目的警示标志。

检查防火卷帘上部用于封堵开口、孔洞等措施是否完好、无缺损。

穿越卷帘门风管上设置的防火阀是否处于正常工作状态并能有效工作。具有防烟功能的卷帘门还应检查其防烟措施是否完好。

对照竣工验收资料，核实防火卷帘安装位置是否发生改变，卷帘门的耐火极限是否发生改变等。

2. 组件检查

安装在卷帘两侧的电气控制盒应完好，标志应醒目，周围无影响操作的障碍物；集中设置的电气控制盒是否标注出相应的说明；需使用钥匙才可实现升、降操作的电气控制盒还应检查其钥匙是否留存在消防控制室并有专人保管。

操作防火卷帘升降的链条、手柄是否有明显标识、是否方便取用。

防火卷帘温控释放装置的感温元件周围是否存在影响探测温度的障碍物，感温元件本体是否被涂覆乳胶漆等影响探测温度的障碍物。

防火卷帘控制器是否处于无故障的工作状态，其仪表、指示灯、按钮、开关等器件是否能正常工作。

安装于卷帘门两侧的火灾探测器是否完好，周围是否存在影响探测功能的障碍物。

用于保护卷帘门的洒水喷头周围是否存在影响布水、探测温度的障碍物；配水管控制阀是否处于正常开启状态；采用电动阀门的，其工作电源的保障措施是否有效。

3. 机械释放功能检查

向下拉动靠近帘面的链条，检查防火卷帘是否下降；向下拉动远离帘面的链条，检查防火卷帘是否上升；使用拉力计检查操作力是否过大。

采用操作手柄的，扳动手柄，检查其释放功能是否正常。

4. 现场手动功能检查

点动"下行"按钮，观察卷帘是否向下运行，并保持顺畅；双扇帘面下降是否同步；帘面下降到地面时，是否能自动停止；停止后，俯身检查卷帘底边是否完全与地面接触，是否存在过度下降情况；检查整个帘面是否存在缝隙或破损现象。

按下上行按钮，观察卷帘上升到高位时是否能正常停止。

5.远程手动功能检查

操作火灾报警控制器或消防联动控制器面板上相应操作按钮，查看防火卷帘的远程手动释放功能是否正常，信号反馈功能是否正常。

6.联动控制功能

将火灾报警控制器或消防联动控制器设置于"自动"状态。

模拟触发火灾探测器报警。

检查防火卷帘是否能够正常实现一步关闭、二步关闭功能，相关信号反馈是否正常；具有二步关闭功能的防火卷帘，在其下降过程中，按下上升按钮，卷帘应停止下降，然后上升至中位，延时时间结束后，卷帘再次下降并降至地面。

具有延时控制的防火卷帘，还应检查受控卷帘是否能实现延时、依序下降。具有告警功能的防火卷帘，还应检查其告警功能是否正常。

具有喷水保护功能的卷帘门，还应检查其喷水保护功能是否正常。

7.温控释放功能

条件允许的情况下，使用电吹风模拟产生高温，检查温控释放功能是否正常。

8.其他功能试验

自重下降功能检查方法：切断防火卷帘控制器的主电源，电源工作状态指示灯应有变化和告警信息，防火卷帘不应发生误动作。再切断卷门机主电源，使用备用电源供电，使防火卷帘控制器工作1.00h，按下防火卷帘控制器下降按钮，用备用电源启动速放控制装置，防火卷帘应降至下限位。

手动速放功能检查方法：拉动手动速放装置，防火卷帘应恒速降至地面，操作臂力应小于70N。

第二节　消防广播、消防应急照明及疏散指示标志

一、消防广播系统

消防广播系统一般应用于人员较为集中的场所，如宾馆、饭店、办公楼、综合楼、医院等。当火灾发生时，可为现场人员提供疏散提示、心理安慰和自救帮助，使他们有序撤离危险区域，避免人员伤亡。同时，消防救援队伍也可使用消防广播系统发布作战指令、组织火灾扑救等。消防广播系统的应用形式可分为独立的消防广播系统、合用的消防广播系统以及火灾警报装置。

(一)检查流程

① 根据消防设计文件,核实消防广播主机、功放、分配盘性能参数、扬声器、警报装置数量、设置位置。

② 现场查验消防广播主机、功放、分配盘处于无故障运行状态。

③ 现场查看扬声器、警报装置完好性。

④ 测试消防广播主机自检、故障告警、录音、播放、播音功能;任选一个广播分区,测试分区广播功能,在广播区域测试播音清晰度。

⑤ 模拟产生触发信号检查消防广播系统按预设逻辑向指定区域播音。

⑥ 消防广播与背景音乐合用的广播系统,模拟产生触发信号,测试其功能。

⑦ 仅设警报装置的,检查其手动启动功能;模拟产生触发信号,检查其联动启动功能。

(二)检查内容及方法

1. 系统组件

独立的消防广播系统由消防广播主机、分配盘或广播模块、音频线路及扬声器组成。当发生火灾时,消防控制室值班人员打开消防广播功放主电源、备电源开关,通过操作分配盘或消防联动控制器面板上的按钮选择播送范围,利用麦克风或启动播放器向所选择区域进行广播。当进行广播时,系统自动录音。

(1)消防广播主机

检查消防广播系统各组件是否齐全,是否处于无故障运行状态。仪表、指示灯是否能正常显示。

开关、旋钮是否能灵活操作。话筒与扩音机的连接是否牢靠。

需要操作密码的设备,询问消防控制室值班人员是否能掌握密码并能准确输入。合用消防广播系统,检查遥控切换装置的切换功能是否正常,信号反馈是否正常。

(2)扬声器

现场检查扬声器是否完好、安装是否牢固。

2. 系统功能

(1)手动操作功能

打开功放(扩音机)工作电源。

利用话筒喊话,检查监听功能是否正常。

按下应急广播按钮,收听系统是否预先录制了广播内容;广播内容是否清晰、准确;是否具有多语种循环播送功能。

在检查功放功能的基础上，手动选择一个广播分区，检查该区域内最远处扬声器是否能正常工作。使用声级计，检查其声响是否满足设计要求；有环境噪声的场所，还应检查其声响值是否高于背景噪声15dB。

(2) 联动功能

将火灾报警控制器或消防联动控制器置于"自动"状态。

模拟产生启动消防广播系统的条件，检查消防广播系统是否能向指定区域播送预先录制的广播内容。

将播放方式切换至话筒，测试话筒的播音效果是否正常。

条件许可的情况下，设定一个灾情，检查消防控制室值班人员操作消防广播系统是否熟练、语音播送是否流利、播送内容是否正确、播送音调是否平缓等。

(3) 火灾警报装置

未设置消防广播系统但设有火灾自动报警系统的建筑 (场所)，在每个防火分区至少安装一个火灾警报装置。火灾警报装置通常安装在各楼层走道靠近楼梯的出口处，采用手动或自动控制方式启动。

使用火灾警报装置的，模拟产生启动火灾警报装置的条件，查看火灾警报装置能否自动启动，启动范围、数量是否满足设计要求，警报声响是否满足消防技术要求。

二、消防应急照明及疏散指示标志

消防应急照明及疏散指示系统是指为人员疏散、消防作业提供照明和疏散指示的系统，由各类消防应急灯具及相关装置组成。消防应急照明和疏散指示系统按系统形式可分为以下四种：自带电源集中控制型 (系统内可包括子母型消防应急灯具)、自带电源非集中控制型 (系统内可包括子母型消防应急灯具)、集中电源集中控制型、集中电源非集中控制型。

(一) 检查流程与基础知识

1. 消防应急照明检查流程

① 现场检查应急照明灯具外观、工作状态指示灯显示情况、视线遮挡情况、保护措施情况。

② 沿着应急照明灯具指示方向行走，检查指示方向的正确性。

③ 采用自带电源的应急照明灯具，按下灯具面板上的测试按钮，检查应急转换时间；切断主电源，使用秒表测试应急供电时间；使用照度计测试应急照度。

④ 采用母带子应急照明灯具的，对母应急灯具、子应急灯具分别按自带电源型应急照明灯具测试方式进行测试。

⑤ 采用集中电源的消防应急灯具,检查集中电源运行的工况,切断正常供电,检查其应急转换时间、应急供电时间;使用照度计,测量其供电灯具的照度值。

⑥ 设置应急照明配电箱的,现场检查配电箱标识、无故障运行工况。

⑦ 设置应急照明控制器的,检查应急照明控制器运行工况;模拟光源故障,检查其故障告警功能;模拟产生触发信号,检查其应急转换时间、应急供电时间,核实其疏散路线选择的正确性。

⑧ 配置疏散用手电筒的,检查其自动点亮功能,核实其应急供电时间。

⑨ 配置蓄光型标志牌的,检查其安装环境照度,核实其指示方向的正确性,切断设置场所正常照明,观察其显示清晰情况。

⑩ 配置语音提示功能的诱导标志灯,检查其语音提示功能。

⑪ 配置顺序闪亮形成导向光流的标志灯时,检查其顺序闪亮功能。

2. 应急照明灯具设置要求

(1) 消防应急照明的设置场所

除多层住宅外的民用建筑、厂房和丙类仓库的下列部位,应设置消防应急照明灯具:

① 封闭楼梯间、防烟楼梯间及其前室、消防电梯间的前室或合用前室,避难走道和避难层(间);

② 公共建筑内的疏散走道;

③ 观众厅、展览厅、营业厅、多功能厅和建筑面积大于200m^2的餐厅、营业厅、演播室等人员密集场所;

④ 建筑面积大于100m^2的地下、半地下室中的公共活动场所;

⑤ 消防控制室、消防水泵房、自备发动机房、配电室、防烟与排烟机房以及发生火灾时仍需正常工作的其他房间。

(2) 消防应急照明光源选择

消防应急照明光源应选择能快速点亮的光源,一般采用白炽灯、荧光灯等。需要在正常工作照明条件下切换实现应急照明时,可选用一般的荧光灯;用作疏散应急照明的电光源要求具有快速启点和便于维护等特性,通常选择白炽灯。不管是何种光源,消防应急照明灯具的应急转换时间应不大于5s,高危险区域使用的消防应急灯具的应急转换时间应不大于0.25s。

3. 应急照明灯具的功能要求

(1) 应急照明灯具照度要求

① 疏散走道的地面最低水平照度不应低于1.0lx。

② 人员密集场所、避难层(间)内的地面最低水平照度不应低于3.0lx;病房楼

或手术部的避难间最低水平照度不应低于10.0lx。

③楼梯间及其前室、避难走道的地面最低水平照度不应低于5.0lx。

④地下、半地下建筑中设置在疏散走道、楼梯间、防烟前室、公共活动场所的应急照明，其最低照度不应低于5.0lx。

⑤消防控制室、消防水泵房、自备发电机房、配电室、防烟与排烟机房以及发生火灾时仍需要正常工作的其他房间的消防应急照明，仍应保证设备工作面正常照明的照度。其中，消防控制室、通信机房的照度宜为500lx，自备发电机房配电室的照度宜为200lx，消防水泵房、防排烟机房宜为100lx。

(2) 应急照明灯的设置位置

消防应急照明灯具应设置在墙面的上部、顶棚上或出口的顶部。消防应急照明灯设在楼梯间的，一般设在端部墙面或休息平台板下；在走道，设在墙面或顶棚下；在厅、堂，设在顶棚或墙面上；在楼梯口、太平门一般设在门口上部。

(3) 应急疏散照明及其应急工作照明的持续时间

应急疏散照明电源可以连接到消防电源上，也可以运用灯内自备蓄电池供电，其工作时间应大于90min。但不管什么形式，其持续供电时间应满足：

①建筑高度超过100m的高层建筑，其应急疏散照明工作状态的持续时间应大于1.5h。

②建筑高度低于100m的医疗建筑、老年人建筑、总建筑面积大于100000m^2的公共建筑和总建筑面积大于20000m^2的地下、半地下建筑应大于1.0h；其他建筑应大于30min。

4. 疏散指示标志设置要求

①公共建筑、高于54m的住宅建筑，高层厂房（仓库）及甲、乙、丙类厂房应沿疏散走道和在安全出口、人员密集场所的疏散门的正上方设置灯光疏散指示标志，并应符合下列规定：

a. 安全出口和疏散门的正上方应采用"安全出口"作为指示标志；

b. 沿疏散走道设置的灯光疏散指示标志，应设置在疏散走道及其转角处地面高度1.0m以下的墙面上，且灯光疏散指示标志间距不应大于20m，对于袋形走道间距不应大于10m，在走道转角区，距转角处不应大于1.0m。在该范围内符合人们行走的习惯，容易发现目标，利于疏散。

②下列建筑或场所应在其内疏散走道和主要疏散路线的地面上增设能保持视觉连续的灯光疏散指示标志或蓄光疏散指示标志：

a. 总建筑面积超过8000m^2的展览建筑；

b. 总建筑面积超过5000m^2的地上商店；

c. 总建筑面积超过 500m² 的地下、半地下商店；

d. 歌舞、娱乐、放映、游艺场所；

e. 座位数超过 1500 个的电影院、剧院，座位数超过 3000 个的体育馆、会堂或礼堂。

③ 对于悬挂在空中的疏散指示标志应设在与疏散途径有关的醒目位置 (高度 2~3m)，标志的正面或其邻近不得有妨碍公众视读的障碍物。

5. 疏散标志的功能要求

① 需要内部照明的消防疏散指示标志在通常情况下其表面的最低平均照度不应小于 5.0lx。当发生火灾，在正常照明电源中断的情况下，应在 5s 内自动切换成应急照明电源。无论在哪种电源供电进行内部照明的情况下，标志表面的最低平均照度和照度均匀度仍应满足上述要求。

② 消防疏散指示标志一般应连接于消防电源上，给消防疏散指示标志提供应急照明的电源，其连续供电时间应满足所处环境的相应标准或规范要求，应与应急疏散照明的持续时间相一致。

③ 蓄光型疏散指示标志 (用锶铝酸盐作母体，掺入氧化铝和碳酸锶等稀土金属制成) 的蓄光能力应能满足标志表面照度不小于 1.0lx 和安装场所的持续照明时间的要求，且标志装贴间距一般不大于 3m，以保证在火灾烟气中疏散人员的视觉连续。

(二) 检查内容及方法

1. 系统组件

(1) 消防应急灯具

消防应急照明灯具检查要点及方法如下：

① 外观检查。外观是否破损，安装是否牢固，消防应急灯具与供电线路之间不应使用插头连接。

灯具产品标志、身份证标识是否清晰、齐全。工作状态指示是否正常；处于主电工作状态，绿色指示灯点亮；处于故障状态，黄色指示灯点亮；处于充电状态，红色指示灯点亮。

埋地安装的消防应急灯具，其保护措施应完好。

② 应急转换功能检查。按下试验拉钮 (或开关)，非集中控制型消防应急灯具、集中电源非集中控制型应急灯具是否能自动转入应急工作状态，应急照明转换时间是否超过 5s。

③ 应急供电时间检查。切断正常供电的交流电源后，观察消防应急灯具持续供电时间是否满足设计文件、产品标称值。

(2) 消防应急照明灯具

① 除检查消防应急灯具的基本内容外,还应检查:

消防应急照明灯具周围是否存在影响光线照射的障碍物。切断正常照明,目测检查区域内的所有照明灯具是否能点亮。

切断正常照明,使用秒表测试一、二类城市交通隧道内消防应急灯具的应急工作时间是否小于3h,三类城市交通隧道内消防应急灯具的应急工作时间是否小于1.5h。建筑高度大于100的民用建筑,不应小于1.5h;医疗建筑、老年人建筑、总建筑面积大于100000m² 的公共建筑和总建筑面积大于20000m² 的地下、半地下建筑,不应小于1;其他建筑,不应小于0.5h。

切断应急照明灯具正常供电,在30min后,用照度计在下列位置测得的最小值是否满足下表的要求。

应急工作30min后消防应急照明灯具最小照度表

部位	最小照度值(lx)
疏散走道	1.0
人员密集场所、避难层(间)	3.0
病房楼或手术部的避难间	10.0
楼梯间、前室或合用前室、避难走道	5.0
消防控制室、消防水泵房、自备发电机房、配电室、防烟排烟机房以及发生火灾时仍需正常工作的消防设备房	正常照度

② 疏散用手电筒应检查以下内容:

放置位置的提示标志是否醒目。

取下手电筒后,查看光源部分是否能正常发光。30min后观察光源部分是否仍能发光。

取出电池,查看电池外观是否存在爬碱、漏液、变形等现象。

(3) 消防应急标志灯具

除检查消防应急灯具的基本内容外,还应检查:

安装在顶棚下方、靠近吊顶墙面上的标志灯具周围是否存在影响观察的悬挂物、货物堆垛、商品货架等。

安装在门两侧的标志灯具是否存在被开启的门扇或其他装饰物品、装修隔断遮挡的现象。

安装在疏散走道及其转角处1m以内墙面上的标志灯具,其面板是否存在被涂覆、遮挡、损坏等现象。

埋地安装的标志灯具，其金属构件是否锈蚀，面板罩内是否有积水、雾气，其突出地面部分是否影响人员疏散，有遥控试验按钮的还应检查其遥控试验功能是否正常、有效。

带有指示箭头的消防应急标志灯具，沿箭头指示方向步行，检查其指向是否正确、有效。

使顺序闪亮形成导向光流的标志灯转入应急工作状态，检查其光流导向是否与实际的疏散方向相同。

使有语音指示的标志灯转入应急工作状态，检查其语音是否与实际疏散环境一致。

2. 消防应急照明集中电源

(1) 工作状态

观察应急照明集中电源面板，检查其是否处于无故障工作状态。

按下自检按钮，检查所有指示灯、显示器、音响器件是否处于完好状态。

检查转换开关是否处于"自动"模式，各类按钮操作是否灵活。查看控制器周边是否存在影响操作、维护、检修的障碍物。

打开柜门(面板)，检查内部导线连接是否完好、整齐，标识是否清晰，开口部位、孔洞是否被封堵。

(2) 工作环境

应急照明集中电源的安装场所是否无腐蚀性气体、蒸汽、易燃物及尘土。蓄电池是否存放于通风良好的场所。

场所内是否存放有碱性物质。

在最炎热的季节，使用温度计测量其环境温度是否超过35℃。检查蓄电池外观是否存在爬碱、漏液、变形等现象。

(3) 工作负荷

应急照明集中电源的输出支路上是否存在连接有除消防应急照明和疏散指示系统以外的其他负载。

(4) 功能测试

分别在主电工作和应急工作状态下，观察集中电源的主电电压、电池电压、输出电压和输出电流、主电显示、充电显示灯是否与生产企业提供的说明书相符。

操作手动应急转换控制按钮，检查集中电源是否能转入应急工作状态，各消防应急灯具是否能转入应急工作状态。

切断主电源，检查集中电源是否能自动转入应急工作状态，其供电的各消防应急灯具是否能转入应急工作状态。

使集中电源供电的所有消防应急灯具转入应急工作状态，观察集中电源是否能正常工作；模拟任意一个供电回路短路，观察其他回路是否能正常工作。

3.消防应急照明控制器

(1)工作状态

观察应急照明控制器面板，检查其是否处于无故障工作状态。

按下自检按钮，检查其所有指示灯、显示器、音响器件是否处于完好状态。检查开关、按钮的操作是否灵活。

查看控制器周边是否存在影响操作、维护、检修的障碍物。

打开柜门（面板），检查内部导线连接是否完好、整齐，标识是否清晰，穿线孔是否被封堵。

(2)功能测试

检查控制器是否能控制消防应急灯具从主电工作状态切换到应急工作状态，并有相应的状态显示。

断开任意一个消防应急灯具与控制器间的连线，观察控制器是否发出声、光故障信号，并显示故障部位。

故障存在期间，通过操作，检查控制器是否能使与此故障无关的消防应急灯具转入应急工作状态。

断开控制器的主电源，观察控制器在备电工作期间各种控制功能是否不受影响，且能工作2h以上。

对具有选择疏散路线的系统，根据联动控制逻辑，模拟产生相关信号，检查系统是否能按照预定的方案选择疏散路线，疏散路线上的消防应急灯具是否全部投入工作。

4.其他组件

检查消防应急照明灯具用电源盒是否处于无故障工作状态，其与光源的连接线是否牢靠，保护措施是否完好。

检查消防应急照明配电箱、消防应急照明分配电装置的标志是否清晰、完好，设置开关的，检查其开关所处状态是否正常，测试开关关闭时是否影响消防应急灯具转入应急工作状态。

5.联动功能测试

模拟产生消防应急照明及疏散指示系统投入工作的信号，检查系统控制的消防应急照明灯具是否自动切入应急工作状态。

系统是否可以监控系统指令或从正常照明系统间接给出指令使其进入强迫点灯状态。

系统是否可按消防工作场所及其疏散区域、避难层、航空疏散区域及通用疏散区域4个类别直接划分各区域子系统单独进行应急联动状态调试，使各区域子系统进入应急工作状态。

6.蓄光型疏散指示标志牌

安装在墙上的标志牌，其固定是否牢固，牌面是否整洁、无污损等。

安装在疏散走道和主要疏散路线地面上的标志牌，检查其表面是否破损、模糊，是否被其他物品遮挡。

沿指示方向行走，检查标志牌指示方向是否正确、有效。观测标志牌周边是否存在影响其吸收光能量的障碍物。

使用照度计测量环境照度是否满足荧光灯光源环境下不低于25lx，白炽灯光源环境下不低于40lx。

第三节 消防电话及消防电梯

一、消防电话系统

消防电话系统是为指挥人们处置火灾、组织被困人员疏散的行动而专门设置的火灾现场有线通信系统。系统能否正常工作关系到火灾时消防通信指挥系统是否通信畅通。

(一)检查流程及基础知识

1.检查流程

① 根据消防设计文件，核实消防电话主机性能参数、电话分机、电话插孔数量、设置位置；

② 现场查验消防电话主机处于无故障运行状态；

③ 现场查看电话分机、电话插孔完好性；

④ 测试电话主机拨打分机、分机拨打电话主机、插孔电话拨打电话主机功能，测试通话质量；

⑤ 测试电话主机自动录音功能；

⑥ 模拟产生线路故障，测试电话主机故障报警功能，核实故障信息准确性。

2.基础知识

消防电话系统由消防电话总机、消防电话分机、消防电话手柄及专用消防电话线路组成。

(二）检查内容及方法

1. 消防电话总机

消防电话总机具有通话、录音、信息记录、信息查询、自检、故障告警等功能。消防电话总机能呼叫任意一部及以上消防电话分机。处于通话状态的消防电话总机，能呼叫其他消防电话分机，被呼叫的消防电话分机摘机后，能自动加入通话。消防电话总机能终止与任意消防电话分机的通话，且不影响与其他消防电话分机的通话。消防电话总机能接收所有电话分机、电话插孔的呼救。

检查消防电话总机是否处于无故障工作状态。

按下自检按钮，查看仪表、指示灯、显示器件等是否能正常工作。检查旋钮、开关等的操作是否灵活。

查看电话手柄或送话器与主机的连接线是否完好、牢固。检查电源部分工作是否正常。

2. 消防电话分机

消防电话分机不同于一般的电话机，本身不具备拨号功能，使用时，操作人员将话机手柄拿起即可与消防电话总机通话。电话分机通常设置在重要的消防设备房等部位，如消防水泵房、备用发电机房、配变电室、主要通风和空调机房、排烟机房、消防电梯机房、消防电梯轿厢及其他与消防联动控制有关的且经常有人值班的机房、灭火控制系统操作装置处或控制室、企业消防站、消防值班室、总调度室。

检查电话分机组件是否齐全、外观是否有缺陷。

相关标志是否醒目，保护措施是否完好。

手柄与机身连接线是否完好、连接是否牢固。

3. 消防电话手柄、电话插孔

消防电话手柄、电话插孔两者需配合使用，使用时，操作人员将手柄连接线的插头（圆柱形或水晶头）插入电话插孔，即可与消防电话总机通话。电话插孔通常设置在疏散走道、前室等部位。

检查电话手柄存量是否满足设计要求。外观是否完好，连接线端部接头是否牢固。

电话插孔标识是否醒目，保护措施是否完好等。

4. 故障告警功能

模拟产生消防电话总机与消防电话分机或消防电话插孔间连接线断线、短路故障，查看电话总机能否指示出故障部位。

5. 通话功能

（1）总机拨打分机

按照产品操作规程，使用电话总机同时呼叫一部以上的电话分机，查看其相关状态指示是否正常。

与电话分机进行通话时语音是否清晰，通话内容是否被完整自动记录。挂断其中一部电话分机，测试总机与其他分机的通话是否受影响。

消防电话总机操作需要输入密码或操作钥匙的，询问值班人员是否熟练掌握、正确输入并使用。

（2）分机拨打总机

摘下电话分机，测试分机与电话总机通话是否清晰，分机编码或位置信息是否准确。

在分机报故障期间，使用非故障消防电话分机呼叫消防电话总机，消防电话总机能否发出呼叫声、光信号，并能与消防电话总机正常通话。

（3）消防电话手柄拨打总机

解除电话插孔保护措施。

将电话手柄连接线端部插头插入任意一个电话插孔，测试电话手柄、电话插孔组合是否能与电话总机进行通话，语音是否清晰，位置信息是否准确。

二、消防电梯

高层建筑一般设有消防电梯，其主要作用是供消防人员在处置火灾时使用，以节省时间、降低体力消耗、避免与疏散人流冲突等。

工作电梯在发生火灾时常常因为断电和不防烟火等情况而停止使用，因此设置消防电梯很有必要，其主要作用是：供消防人员携带灭火器材进入高层灭火；抢救疏散受伤或老弱病残人员；避免消防人员与疏散逃生人员在疏散楼梯上形成"对撞"，既延误灭火时机，又影响人员疏散；防止消防人员通过楼梯登高时间长，消耗大，体力不够，不能保证迅速投入战斗。

在高层建筑设计中，应根据建筑物的重要性、高度、建筑面积、使用性质等情况设置消防电梯。通常建筑高度超过32m且设有电梯的高层厂房和建筑高度超过32米的高层库房，每个防火分区内宜设1台消防电梯；建筑高度超过33m的住宅建筑；一类高层公共建筑和建筑高度大于32m的二类高层公共建筑；设置消防电梯的建筑的地下或半地下室，埋深大于10m且总建筑面积大于3000㎡的其他地下或半地下建筑（室）。

消防电梯宜分别设在不同的防火分区内，便于任何一个分区发生火灾都能迅速展开扑救,其平面位置须与外界联系方便,在首层应有直通室外的出口,或由长30m以内的安全通道抵达室外。在设计时,最好把消防电梯和疏散楼梯结合布置,使避难逃生者向灭火救援者靠拢,形成一个可靠的安全区域,两梯间还要采取分隔措施,以免互相妨碍造成不利局面。另外,防火分区内每个房间到达消防电梯的安全距离不宜超过30m,以保证消防人员抢救时的安全。

(一)检查流程及基础知识

1. 检查流程

① 根据消防设计文件,查验消防电梯购买发票,核实消防电梯性能参数、数量、设置位置。

② 现场查验消防电梯前室完好性,检查电梯层门处挡水措施。

③ 在一楼乘坐电梯,测试升至顶楼的时间;在电梯机房,查看其与其他部位的分隔有效性,紧急救助措施配置及操作规程;检查消防电源工况。

④ 在首层电梯前室,触发紧急迫降按钮,测试手动迫降功能,核实其反馈信号。

⑤ 模拟产生触发信号,测试消防电梯、普通电梯联动迫降功能,楼层召唤按钮失效功能,核实其反馈信号。

⑥ 电梯迫降至首层后,查看桥厢内照明、通风、通信功能,测试人工升降功能,检查紧急逃生口、逃生梯配备情况,核实其反馈信号。

⑦ 在电梯井,检查排水设施自动排水功能及排水能力。

2. 基础知识

(1) 消防电梯前室面积

消防电梯前室的建筑面积:住宅建筑不应小于$4.5m^2$,公共建筑和工业建筑不应小于$6m^2$。当与防烟楼梯间合用前室时,住宅建筑不应小于$6m^2$。公共建筑和工业建筑不应小于$10m^2$,当与住宅建筑的剪刀楼梯间的共用前室合用时(三室合一),面积不应小于$12m^2$,且短边不应小于2.4m。

(2) 消防电梯前室出口

前室应设乙级防火门,在首层应设置直通室外的出口。当受条件限制时,应设置能直通室外的通道,其经过长度应不超过30m,便于消防人员能迅速地到达消防电梯入口。

(3) 消防电梯行驶速度

消防电梯的行驶速度应与建筑高度相适应,一般应保证60s内能到达顶层。如建筑高度为120m,消防电梯的运行速度应不低于2.0m/s。

(4) 消防电梯操作

消防电梯应在首层设置供消防人员操作的迫降按钮，可使电梯立即到达底层或其他指定的楼层。

(5) 消防电梯其他要求

电梯轿厢的内部装修应采用不燃烧材料。其载重量应能满足至少一个消防战斗班（8 人）携带扑救设备的乘坐需要，最低不应小于 800kg。轿厢内还应设置专用电话，以便消防队员在抢救行动中加强联系。消防电梯的井底应设排水设施，排水井容量不应小于 2m³，排水泵的流量不应小于 10L/s。前室门口宜设挡水设施。同时，动力与控制电缆、电线应做防水、防火处理。

(6) 消防功能

普通电梯具备简单的消防功能，发生火灾时禁止人们搭乘电梯逃生。因为当其受高温影响，或停电停运，或着火燃烧时，必将殃及搭乘电梯的人，甚至夺去他们的生命。

消防电梯通常具备完善的消防功能。它应当是双路电源，即万一建筑物工作电梯电源中断时，消防电梯的非常电源能自动投合，并继续运行；它应当具有紧急控制功能，即当楼上发生火灾时，它可接受指令，及时返回首层，而不再继续接纳乘客，只可供消防人员使用；它应当在轿厢顶部预留一个紧急疏散出口，万一电梯的开门机构失灵时，也可由此处疏散逃生。对于高层民用建筑的主体部分，楼层面积不超过 1500m² 时，应设置一台消防电梯；超过 1500m²，不足 4500m² 时，应设置两台消防电梯；每层面积超过 4500m² 时，应设置三台消防电梯。消防电梯的竖井应当单独设置，不得有其他的电气管道、水管、气管或通风管道通过。消防电梯应当设有前室，前室应设有防火门，使其具有防火防烟功能。消防电梯的载重量不宜小于 800 公斤，轿厢的平面尺寸不宜小于 2m×1.5m，其作用在于能搬运较大型的消防器具和放置救生的担架等。消防电梯内的装修材料，必须是非燃建材。消防电梯动力与控制电线应采取防水措施，消防电梯的门口应有漫坡防水设施。消防电梯轿厢内应设有专用电话，在首层还应设有专用的操纵按钮。如果这些功能都能达标，那么万一建筑内发生火灾，消防电梯就可以用于消防救生。如果不具备这些条件，普通电梯则不可用于消防救生，着火时搭乘电梯将有生命危险。

(二) 检查内容及方法

1. 通道及前室检查

首层由室外通向消防电梯前室的通道上是否设有影响人员、消防器材及装备进入的障碍物。

前室门口及电梯层门头上方是否设置"消防电梯"的标志，标志是否醒目、完好。

前室防火门是否处于完好状态，在其开启方向上是否存在影响其正常开启的障碍物，防火门开启后能否自动关闭并保证严密。

前室内是否堆放或设置了影响使用面积的货物和设施。

前室内设置的照明、正压送风口、消防电话、消火栓等是否处于完好、有效状态。

采用自然排烟的还应检查自然排烟设施是否完好。

根据竣工验收资料，核查前室内装修材料是否发生改变并满足消防技术标准要求；检查前室地面挡水、排水设施是否处于完好状态。

2. 组件检查

检查"消防员迫降按钮"保护措施是否完好。

打开消防电梯轿厢，查看内部是否设置消防电话；取下电话分机，测试通话是否畅通、声音是否清晰。

查看轿厢内部是否采用了不可燃装修材料，装修后的可用面积是否能满足消防员乘坐及搬运器材的需求，是否影响消防员登顶或开启应急逃生口。

乘坐消防电梯至底层，查看消防电梯井排水措施是否处于无故障工作状态。查看顶层消防电梯机房，是否存在其他使用功能，与其他部位的分隔设施应完好。

电梯配电箱的双电源转换装置是否处于"自动"工作状态。紧急救援器具是否齐全、完好，相关操作规程是否清晰、完整。

条件许可的情况下，可登上轿厢顶部查看救援梯具是否在位并保持完好。

3. 手动迫降功能

在条件许可的情况下，拆除首层消防迫降按钮保护面罩。在消防电梯上行之际，按下迫降按钮并用秒表计时。

查看消防电梯是否在60s内下降至首层并处于开门待用状态。检查电梯层门外召唤按钮是否失去作用。

查看轿厢内部照明是否自动点亮。

进入消防电梯轿厢，任意按下非首层按钮后，持续按住关门按钮，查看消防电梯是否能自动关门并前往所选择楼层，松开关门按钮后，待消防电梯到达所选楼层后，查看电梯门是否自动打开并保持停靠。

查看消防控制室是否收到电梯归底信号。

4. 远程手动迫降功能

将火灾报警控制器或消防联动控制器置于"手动"允许状态。按下火灾报警控

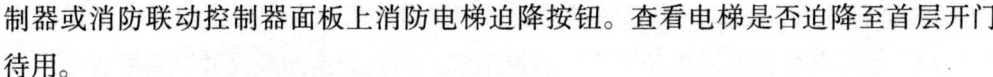

制器或消防联动控制器面板上消防电梯迫降按钮。查看电梯是否迫降至首层开门待用。

查看消防控制室是否收到电梯归底信号。

5. 联动迫降功能

将火灾自动报警控制器或消防联动控制器置于"自动"状态。模拟产生消防电梯迫降信号，查看消防控制室是否收到相关信号。查看火灾报警控制器或消防联动控制器是否发出联动控制命令。查看电梯是否能迫降至首层开门待用。

电梯归底信号是否正常反馈至消防控制室。

6. 普通电梯迫降功能

使用工具拆下保护罩。按下按钮。

查看电梯是否能迫降至首层并处于开门状态，内部照明、通风设备是否处于停止状态。

检查所有楼层召唤按钮是否处于失灵状态。

第七章　城市综合体消防监督检查

第一节　公共场所检查

一、商场

检查要点：查看营业厅平面布置是否有改变；抽查防火分区、安全疏散设施是否完好、有效；是否存在改变装修材料、增设装饰材料的现象；用火用电是否规范；库房的防火分隔是否有效；库房物品存放、用火用电管理是否规范。

检查方法：查阅竣工资料和有关消防设计文件，询问单位工作人员，现场检查、测试，随机提问员工对消防安全"四个能力"、消防安全制度、灭火和应急疏散预案，以及自身承担职责任务的熟悉掌握和落实情况。

（一）商场的营业厅

1. 平面布置

① 营业厅内的柜台和货架布置应与原设计文件相符。核查疏散走道设置是否符合下列要求：

a. 营业厅内的主要疏散走道应直通安全出口。

b. 主要疏散走道的净宽度不应小于3.0m，其他疏散走道净宽度不应小于2.0m。

c. 当一层的营业厅建筑面积小于500m² 时，主要疏散走道的净宽度可为2.0m，其他疏散走道净宽度可为1.5m。

d. 疏散走道与营业区之间应在地面上设置明显的界线标识。

② 抽查商品、货柜、摊位的设置情况，其设置不应影响防火门、防火卷帘、室内消火栓、洒水喷头、机械排烟口、机械加压送风口、自然排烟窗、火灾探测器、手动火灾报警按钮、声光报警装置等消防设施的正常使用。其中，防火卷帘两侧各0.5m范围内不应放置物品，应使用警戒标识线划定范围。

2. 防火分隔

① 设置在城市综合体建筑内的商场，查看是否采用耐火极限不低于1.50h的不燃烧体楼板和不低于2.00h的不燃烧体隔墙与其他部位隔开。

② 现场核查防火分区的设置，防火分区的划分位置、面积不应改变。商场内防火分区一般应符合下列规定：

a. 多层商场地上按 2500m² 为一个防火分区，地下按 500m² 为一个防火分区。如商场设置有自动喷水灭火系统时，防火分区面积可增加一倍。

b. 商场如设置在一、二级耐火等级的建筑内，且设有火灾自动报警系统、自动喷水灭火系统，并采用不燃或难燃材料装修时，设置在高层建筑内的商场防火分区面积可扩大至 4000m²，设置在单层建筑或仅设置在多层建筑首层的商场防火分区面积可扩大至 10000m²，设置在地下的商场防火分区面积可扩大至 2000m²。

③ 现场核查防火分区的防火分隔是否完好。

a. 防火门的位置、类型不应改变。

b. 查看电梯间、楼梯间、自动扶梯等贯通上下楼层的孔洞，是否安装防火门或防火卷帘进行分隔。

c. 抽查管道井、电缆井每层检查是否安装丙级防火门，每层楼板处是否采用不低于楼板耐火极限的不燃材料或防火封堵材料封堵。

3. 安全疏散

(1) 安全出口

核查安全出口的数量、形式、布置，抽查其设置是否符合以下要求：

① 商场内的安全出口和疏散门应分散布置。每个防火分区或一个防火分区的每个楼层相邻两个安全出口最近边缘之间的水平距离不应小于 5m。

② 营业厅内任何一点至最近安全出口的直线距离不应大于 37.5m，且行走距离不应大于 45m。当疏散门不能直通室外地面或疏散楼梯间时，应采用长度不大于 10m 的疏散走道通至最近的安全出口。当设置自动喷水灭火系统时，营业厅内任意一点至最近安全出口的安全疏散距离可分别增加 25%。

③ 安全出口、疏散门净宽度不应小于 0.9m。

④ 商场内的疏散门应采用向疏散方向开启的平开门，不应采用推拉门、卷帘门、吊门、转门和折叠门。

⑤ 商场直接对外的安全出口或通向楼梯间的疏散门净宽度不应小于 1.4m，不应设置门槛，紧靠门口内外各 1.4m 范围内不应设置踏步。

⑥ 不宜在商场的窗口、阳台等部位设置封闭的金属栅栏，当必须设置时，应有从内部易于开启的装置。窗口、阳台等部位宜根据其高度设置适用的辅助疏散逃生设施。

⑦ 各楼层的明显位置是否设置了安全疏散指示图，指示图上是否有疏散路线、安全出口、人员所在位置和必要的文字说明。

⑧ 安全出口不应被堵塞、占用、锁闭等。

(2) 疏散走道

核查疏散走道的布置，抽查其设置是否符合以下要求：

① 营业厅的安全疏散不应穿越仓库。当必须穿越时，应设置疏散走道，并采用耐火极限不低于2.00h的隔墙与仓库分隔。

② 疏散走道设置应符合下列要求：

a. 走道应简捷，并按规定设置疏散指示标志和应急照明灯具。

b. 尽量避免设置袋形走道。

c. 走道上方不应设置影响人员疏散的管道、门垛等突出物，走道中的门应向疏散方向开启。

d. 主要疏散走道的净宽度不应小于3.0m，其他疏散走道净宽度不应小于2.0m；当一层的营业厅建筑面积小于500m时，主要疏散走道的净宽度可为2.0m，其他疏散走道净宽度可为1.5m。

e. 疏散走道在防火分区处应设置常开甲级防火门。

f. 商场室外疏散通道的净宽度不应小于3.0m，并应直接通向宽敞地带。

g. 疏散通道不应被堵塞、占用等，应保持畅通。

h. 有顶的步行街、中庭应仅供人员通行，严禁设置店铺摊位、游乐设施及堆放可燃物。

(3) 疏散楼梯

核查疏散楼梯的数量、布置，抽查疏散楼梯的设置是否符合以下要求：

① 疏散楼梯的形式不应改变。

② 通向楼梯间的乙级防火门应完好、有效，常闭式防火门的标识是否清晰、完好。

③ 楼梯间内墙上是否开设其他门窗洞口，楼梯间的顶棚、墙面和地面应采用不燃材料装修。

④ 疏散楼梯净宽度不应小于1.1m，高层商场的疏散楼梯净宽度不应小于1.2m。

⑤ 楼梯间不应被封堵、占用或设置其他功能的场所，可开启的外窗不应被固定或封堵。

⑥ 楼梯间栏杆、扶手应完好。

⑦ 楼层标志应完好、醒目。

⑧ 消防应急照明应完好、有效。

(4) 疏散指示标志与应急照明

① 抽查疏散指示标志的设置是否符合下列要求：

a. 当疏散通道两侧设置了墙、柱等结构时，疏散指示标志灯应设置在距离地面高度1m以下的转弯和交叉部位等的墙面、柱面上；当疏散通道两侧无墙、柱等结构时，疏散指示标志可设置在疏散走道上方2.2~3.0m处。

b. 灯光疏散指示标志的规格不应小于0.85m×0.30m。当一层的营业厅建筑面积小于500m²时，灯光疏散指示标志的规格不应小于0.65m×0.25m。

c. 当疏散指示标志与疏散方向垂直时，大型疏散指示标志的间距不应大于30m，中型疏散指示标志的间距不应大于20m；当疏散指示标志与疏散方向平行时，大型疏散指示标志的间距不应大于15m，中型疏散指示标志的间距不应大于10m。

d. 总建筑面积大于5000m²的地上商场和总建筑面积大于500m²的地下或半地下商场，疏散走道的地面上应设置视觉连续的灯光疏散指示标志或蓄光型辅助疏散指示标志。该疏散指示标志应设在疏散通道的中心位置，间距不应大于3。

② 抽查各部位疏散照明的照度是否符合下列规定：

a. 疏散走道的地面最低水平照度不应低于1.0lx。

b. 场内的地面最低水平照度不应低于3.0lx。

c. 楼梯间、前室内的地面最低水平照度不应低于5.0lx。

③ 查看应急照明的供电时间是否符合以下规定：

a. 商场所在大型综合体建筑为高度大于100m的民用建筑，其消防应急照明和疏散指示标志的备用电源的连续供电时间不应小于90min。

b. 商场所在建筑为总建筑面积大于10000mm²的公共建筑和总建筑面积大于20000mm²的地下、半地下建筑，不应少于60min。

c. 其他建筑，不应少于30min。

4. 装饰装修

第一，对重新装饰装修的，应检查其防火性能，核查装修材料是否符合下列规定：

① 商场地下营业厅的顶棚、墙面、地面以及售货柜台、固定货架应采用A级装修材料，隔断、固定家具、装饰织物应采用不低于B1级的装修材料。

② 附设在单层、多层建筑内的商场：

a. 每层建筑面积大于3000m²或总建筑面积大于9000m²的商场营业厅装修材料，其顶棚、地面、隔断应采用A级装修材料，墙面、固定家具、窗帘应采用不低于B1级的装修材料。

b. 每层建筑面积1000~3000m²或总建筑面积3000~9000m²的商场营业厅，其顶棚采用A级装修材料，墙面、地面、隔断、窗帘应采用不低于B1级的装修材料。

c. 其他商场营业厅，其顶棚、墙面、地面应采用不低于B1级的装修材料。

d.当商场装有自动灭火系统时,除顶棚外,其内部装修材料的燃烧性能等级可降低一级;当同时装有火灾自动报警装置和自动灭火系统时,其顶棚装修材料的燃烧性能等级可降低一级,其他装修材料的燃烧性能等级可不设限。

③附设在高层建筑内的商场:

a.设置在一类高层民用建筑内的商业营业厅,其顶棚应采用A级装修材料,窗帘、帷幕及其他装饰材料应不低于B级。

b.设置在二类高层民用建筑内的商业营业厅,其顶棚、墙面应采用不低于B级的装修材料。

c.附设在100m以上的高层建筑内的商场,当同时装有火灾自动报警装置和自动灭火系统时,除顶棚外,其内部装修材料的燃烧性能等级可降低一级。

第二,要现场抽查核实商场具有防火性能要求的装修材料符合国家标准或者行业标准的证明文件、出厂合格证,同时应随机抽查装修部位,核对装修材料;对没有证明文件和出厂合格证的,根据需要现场取样后送具有资质的检测机构进行防火性能检测。

第三,节假日期间开展消防监督检查时,应重点核查营业厅是否增设了可燃、易燃装饰材料、临时柜台等。

5.用火用电

①重点检查营业厅内食品加工区,其明火部位应靠外墙布置,并应采用耐火极限不低于2.00h的防火隔墙与其他部位分隔。敞开式的食品加工区应采用电能加热设施,不应使用可燃油品、液化石油气、天然气等作燃料。

②检查商场是否存在电动车、电动叉车违规充电情况。

③禁止在营业时间进行柜台、摊位的动火施工改造。如需用火、动火施工,应在商场停止营业后进行,并符合下列规定:

a.需要动火施工的区域与使用、营业区之间应进行防火分隔。

b.电气焊等明火作业前,实施动火的部门和人员应按照制度规定办理动火审批手续,清除易燃可燃物,配置灭火器材,落实现场监护人和安全措施,在确认无火灾、爆炸危险后方可动火施工。

6.灭火和疏散演练

检查商场至少每半年进行一次消防演练的情况。

①模拟火情演练。检查过程中,随机选定一个部位,假设火情,组织灭火和疏散预案实地演练。通知消防控制室确认联动控制设备设在"自动"状态,在营业厅内按下一个手动报警按钮(或触发同一个防火分区的两个感烟探测器),检查该防火分区内的防火卷帘、应急照明、事故广播、防排烟等消防设施是否动作;检查员工

是否按照职责分工迅速展开报警、引导疏散和灭火行动。检查微型消防站接到消防控制室报警后,能否按照火灾处置流程,作为增援梯队赶赴现场扑救初起火灾、组织人员疏散。

② 查看微型消防站建设。按照《消防安全重点单位微型消防站建设标准(试行)》,以"有人员、有器材、有战斗力"为标准,以救早、灭小和"3分钟到场"扑救初起火灾为目标,依托单位消防控制室和志愿消防队伍,建立不少于6人的重点单位微型消防站,配备必要的消防器材,有条件的可配备小型消防车或消防摩托车,明确岗位职责,定期组织培训,按要求制作悬挂火灾处置流程图,建立完善值守联动、管理训练等规章制度,承担单位防火巡查和初起火灾扑救等工作。对微型消防站的值班备勤情况进行检查。

7. 建筑消防设施

营业厅应按消防技术规范设置相应的建筑消防设施,消防设施器材的检查按有关要求进行。

(二) 商场的周转库房

1. 防火分隔

查看防火分隔的完整性,抽查库房是否采用耐火极限不低于3.00h的隔墙与营业、办公部分进行分隔,通向营业厅的门是否为甲级防火门。

2. 物品存放

抽查库房物品的存放情况是否符合以下要求:

① 商场库房内不得存放易燃易爆物品,甲、乙类库房应按消防技术规范独立设置。

② 查看库房的物品是否分类、分垛储存,"五距"(堆垛与楼板之间距离不小于0.3m,物品与照明灯具之间距离不小于0.5m,物品与墙之间距离不小于0.5m,堆垛与柱之间距离不小于0.3m,堆垛之间距离不小于1m)是否符合要求。

③ 相互发生化学反应或者灭火方法不同的物品,是否已分间、分库储存,并在明显处标明储存物品的名称、性质和灭火方法。

3. 用火用电管理

第一,检查库房是否存在电动叉车违规充电情况。

第二,查看库房用电管理是否符合以下要求:

① 严禁使用碘钨灯和超过60W的白炽灯等高温照明灯具。

② 使用日光灯等防燃型灯具时,应对镇流器采取隔热、散热等措施。

③ 不应设置移动式照明灯具。

④ 照明灯具下方不应堆放物品，其垂直下方与储存物品水平间距离不小于0.5m。

⑤ 敷设配电线路时应穿金属管或用非燃硬塑料管保护。

⑥ 不应随意乱拉电线，擅自增加用电设备。

⑦ 应在库房外单独安装开关箱，保管人员离库时，必须拉闸断电。

⑧ 仓库内的防潮、通风设施应当符合要求。

⑨ 禁止在营业时间进行动火作业。需要动火作业的区域，应与其他区域进行防火分隔。

⑩ 建立出入库登记制度，检查入库物品、人员是否已如实登记，是否做到了人走电断。

第三，查看库房用火管理是否符合以下要求：

① 物品入库前应当有专人负责检查，确定无火种等隐患后，方准入库。

② 库房内严禁使用明火或火炉取暖。

(三) 建筑消防设施

库房应按消防技术规范设置相应的建筑消防设施，消防设施器材的检查按有关要求进行。

二、宾馆

检查要点：查看平面布置、防火分隔是否改变；查看是否存在改变装修材料、增设装饰材料的现象；抽查安全疏散设施是否完好、有效；重点查看客房管理是否符合要求。

检查方法：查阅竣工资料和有关消防设计文件，询问单位工作人员，现场检查，随机提问员工对消防安全"四个能力"、消防安全制度、灭火和应急疏散预案及自身承担的职责任务的熟悉掌握和落实情况。

(一) 平面布置

宾馆、饭店是否存在擅自改变防火分区、防火分隔，降低装修材料的燃烧性能等级等现象。

(二) 防火分隔

查看城市综合体建筑内的宾馆、饭店与商店等部位的防火分隔是否完好、有效，是否满足了各自不同工作或使用时间对安全疏散的要求。

(三)安全疏散

① 建筑内通至安全出口和屋面的疏散楼梯间是否封堵、锁闭。

② 各楼层的明显位置应设置安全疏散指示图,指示图上应标明疏散路线、安全出口、人员所在位置和必要的文字说明。

③ 客房层应按照有关建筑火灾逃生器材及配备标准设置辅助疏散、逃生器材,并应有明显的标志。

④ 平时需要控制人员出入或设有门禁系统的疏散门,应有保证火灾时人员疏散畅通的可靠措施。

⑤ 安全出口、公共疏散走道上不应安装棚栏、卷帘门。

⑥ 外墙门窗、阳台等部位不应设置影响逃生和灭火救援的障碍物。

(四)客房

① 客房严禁使用大功率电热设备。

② 客房内应设置醒目、耐久的"请勿卧床吸烟"提示牌。

③ 客房内应设置楼层安全疏散示意图。

④ 客房内应配备应急手电筒、防烟面具等逃生器材及使用说明,应急手电筒和防烟面具的有效使用时间不应小于30min。

⑤ 客房内的窗帘和地毯应采用经阻燃处理的织物或选用带阻燃标志的阻燃制品。

⑥ 设在高层建筑内的宾馆,客房内所有的装修材料应采用不燃或难燃材料。

⑦ 客房内的电子屏幕、电视等应能切换到火灾提示模式,引导人员快速疏散。

⑧ 客房服务员应经过岗前消防安全培训,掌握基本防火、灭火知识,熟悉灭火和应急疏散预案,会引导客人疏散,并逐个房间检查确认。

三、公共娱乐场所

检查要点:查看平面布置、防火分隔是否改变;是否存在改变装修材料、增设装饰材料的现象;抽查装修材料是否符合技术规范要求;安全疏散设施是否完好、有效;检查用火用电管理情况。

检查方法:查阅竣工资料和有关消防设计文件,询问单位工作人员,现场检查、测试,随机提问员工对消防安全"四个能力"、消防安全制度、灭火和应急疏散预案,以及自身承担职责任务的掌握和落实情况。

(一) 防火分隔

设置在城市综合体建筑内的公共娱乐场所,应采用耐火极限不低于1.50h的楼板和2.00h的隔墙与商场部分隔开,应采用耐火极限不低于1.00h的楼板和2.00h的隔墙与其他部位隔开,与建筑内其他部位相通的门均应采用乙级防火门,应满足各自不同工作或使用时间对安全疏散的要求。

(二) 场所设置

公共娱乐场所不应布置在地下二层及二层以下。当公共娱乐场所设置在地下一层、地上四层或四层以上的楼层时,重点查看厅、室的设置是否符合以下要求:

① 一个厅、室的建筑面积不应大于200m^2。
② 厅、室之间应用耐火极限不低于1.00h的不燃烧体楼板和不低于2.00h的不燃烧体隔墙作防火分隔。
③ 厅、室的疏散门应为不低于乙级的防火门。

(三) 装修材料

当设置在地下一层时,重点查看装修材料是否符合要求:顶棚、墙面的装修材料应为A级,地面的装修材料应不低于B级;设置在四层及四层以上楼层时,顶棚的装修材料应为A级,墙面、地面的装修材料应不低于B级。无窗房间装修材料均应为A级。

(四) 安全疏散

① 查看人员计数器,检查是否超过额定人数。
② 公共娱乐场所在各楼层的明显位置是否设置了安全疏散指示图,指示图上是否有疏散路线、安全出口、人员所在位置和必要的文字说明。
③ 查看卡拉OK厅及其包房内是否设置了声音或视像警报,保证在火灾发生初期,系统能将其画面、音响消除,播送火灾警报,引导人员安全疏散。
④ 查看营业期间安全出口、疏散通道和楼梯间是否畅通和完好。

(五) 用火用电管理

① 禁止在公共娱乐场所内使用明火,燃放烟花爆竹。
② 各种灯具距离周围窗帘、幕布、布景等可燃物应不小于0.5m。
③ 严禁电动车在场所内违规充电。

④ 公共娱乐场所严禁在营业时间进行设备维修、电气焊、油漆粉刷等的施工、维修作业。在娱乐场所非营业期间动火施工时应符合以下规定：

a. 需要动火施工的区域与非施工区域之间应进行防火分隔；

b. 电气焊等明火作业前，实施动火的部门和人员应按照制度规定办理动火审批手续，清除易燃、可燃物，配置灭火器材，落实现场监护人和安全措施，在确认无火灾、爆炸危险后方可动火施工。

⑤ 营业时间和营业结束后，切断营业场所的非必要电源，指定专人进行消防安全检查，清除烟头等遗留火种。

四、电影院

检查要点：查看平面布置、防火分隔是否改变；是否存在改变装修材料、增设装饰材料的现象；抽查装修材料是否符合技术规范要求；安全疏散设施是否完好、有效；检查用火用电管理情况。

检查方法：查阅竣工资料和有关消防设计文件，询问单位工作人员，现场检查、测试，随机提问员工对消防安全"四个能力"、消防安全制度、灭火和应急疏散预案，以及自身承担职责任务的熟悉掌握和落实情况。

（一）防火分隔

查看城市综合体建筑内的电影院是否采用耐火极限不低于 2.00h 的不燃烧体隔墙和甲级防火门与其他部位隔开，查看放映室与其他部位之间的防火分隔是否完好、有效。

（二）安全疏散

城市综合体建筑内的电影院每个防火分区至少应有 1 个独立的安全出口和疏散楼梯；查看与其他功能区公用的疏散楼梯，是否确保在商场等其他功能区停止营业后仍能直通室外。

四层及以上楼层每个观众厅的疏散门不应少于 2 个。查看是否设置疏散示意图。

（三）用火用电管理

① 小卖部使用的电气设备与可燃物是否保持 0.5m 以上的距离。

② 严禁带入和存放易燃易爆危险物品，严禁明火照明，营业期间严禁动用明火施工。

③ 每场电影放映完后，服务人员进行安全检查，清除烟头等遗留火种。

五、餐饮场所

检查要点：查看平面布置、防火分隔是否改变；是否存在改变装修材料、增设装饰材料的现象；重点检查厨房用火用气情况。

检查方法：查阅竣工资料和有关消防设计文件，询问单位工作人员，现场检查、测试，随机提问员工对消防安全"四个能力"、消防安全制度、灭火和应急疏散预案，以及自身承担职责任务的掌握和落实情况。

（一）防火分隔

设置在城市综合体建筑内的餐饮场所应采用耐火极限不低于1.50h的楼板和2.00h的隔墙与商场部位隔开，并应满足各自不同工作或使用时间对安全疏散的要求。

（二）厨房

① 厨房应采用防火隔墙与其他部位分隔，在隔墙上开设的防火门、窗的耐火等级应为乙级，无破坏防火分隔的情况。

② 厨房的顶棚、墙面、地面的装修材料应采用A级。

厨房燃料使用情况：

a. 设置在地下室、半地下室内的厨房严禁使用液化石油气作燃料。

b. 高层民用建筑内使用可燃气体燃料时，应采用管道供气。高层建筑内的厨房使用瓶装液化石油气和柴油作燃料时，应符合有关规定。

第一，高层建筑内的厨房采用瓶装液化石油气作燃料时，应设独立的瓶装液化石油气间，并应符合下列规定：

瓶组间不应与高层民用建筑贴邻，液化石油气气瓶的总容积不大于$1m^3$的瓶组间与所服务的其他建筑贴邻时，应采用自然气化方式供气。

独立瓶组间的液化石油气气瓶的总容积不大于$4m^3$，与所服务建筑的间距应符合规范要求。

在总出气管道上应设有紧急事故自动切断阀。

c. 应设有可燃气体浓度报警装置。

其他防火要求应符合现行国家标准《城镇燃气设计规范》（GB 50028-2006）的规定。

第二，高层建筑内的厨房使用柴油作燃料时，应符合下列规定：

柴油储罐总储量不应超过$15m^3$，当直埋于高层建筑或裙房附近，面向油罐一面

4.00m范围内的建筑物外墙为防火墙时,其防火间距可不限。

中间罐的容积不应大于$1m^3$,并应设在耐火等级不低于二级的单独房间内,该房间的门应采用甲级防火门。

厨房的燃气管道应从室外单独引入,且不应穿过客房或其他公共区域。

厨房内的燃气、燃油管道、法兰接头、仪表、阀门应经常检查和保养,确保无破损、泄漏。

当厨房燃气设施的计量装置和阀门设置在室内时,其室内的电气设备应采用防爆型,室内应有通风排风设施,通向室外的门应为乙级防火门。

营业面积大于$1000m^2$餐厅,其烹饪操作间的排油烟罩及烹饪部位应设置自动灭火装置,燃气或燃油管道上应设置紧急自动切断装置。

③厨房应按规定设置火灾探测系统,可燃气体探测系统并与燃气的应急切断阀联动。

④厨房内机电设备不应超负荷用电,查看是否有防止电器设备和线路受潮的措施。

⑤抽查厨房的排油烟管设置、使用和管理情况:

a.厨房的排油烟管不应暗设,应设直通室外的排烟竖井。排烟竖井应有防回流设施。

b.排油烟系统应设有导出静电的接地装置。

c.排油烟水平支管严禁穿越其他房间和场所。

d.排除油烟的风管应采用不燃材料制作,柔性接头可采用难燃材料制作。

e.厨房的排油烟管道应按防火分区设置。

f.厨房内排油烟罩应及时擦洗,排油烟管道应每季度至少清洗一次,并记录存档。

⑧厨房的垂直排风管应采取防回流措施,且水平排风管与垂直排风管连接的支管处应设置动作温度150℃的防火阀。

六、儿童活动场所

检查要点:查看平面布置、防火分隔是否改变;是否存在改变装修材料、增设装饰材料的现象;抽查安全疏散设施是否完好、有效。

检查方法:查阅竣工资料和有关消防设计文件,询问单位工作人员,现场检查、测试,随机提问员工的消防安全"四个能力"、消防安全制度、灭火和应急疏散预案,以及自身承担职责任务的掌握和落实情况。

(一)场所设置

设置在城市综合体建筑内的儿童活动场所不应设在地下、半地下建筑内或建筑的四层及四层以上楼层。

(二)防火分隔

设置在城市综合体建筑内的儿童活动场所应采用耐火极限不低于1.50h的楼板和2.00h的隔墙与商场部分隔开,采用耐火极限不低于1.00h的楼板和2.00h的隔墙与其他部位隔开,墙上必须设置的门、窗应采用乙级防火门、窗,并满足各自不同工作或使用时间对安全疏散的要求。

(三)安全疏散

① 设置在单、多层建筑内时,宜设置单独的安全出口和疏散楼梯;设置在高层建筑内时,应设置独立的安全出口和疏散楼梯。

② 安全出口不应少于两个。

③ 场所工作人员应经过岗前消防安全培训,掌握基本防火灭火知识,熟悉灭火和应急疏散预案。发生火灾时,工作人员应协助无独立行走能力的婴幼儿及疏散能力弱的儿童快速疏散,引导其他在场人员撤离,并逐个区域检查确认。

七、公共聚集场所防火

公共聚集场所是指宾馆、饭店、商场、超市、集贸市场、客运车站候车室、客运码头候船厅、民用机场航站楼、体育场馆会堂,以及文艺娱乐场所等。长期以来,公共聚集场所一直是消防管理监督的重要方面,一般都被公安消防部门作为消防安全重点单位来加强管理。因此,这些单位场所的消防安全保卫工作就成为单位保卫人员的最重要职责。由于这种场所种类繁多,现仅以商场和公众娱乐场所为例,介绍这类场所的防火要求。

(一)商场等购物场所防火

1. 商场等购物场所的特点及火灾危险性

① 营业面积大。商场等公共聚集场所建筑面积大,每层小的有数百平方米,大的数千甚至上万平方米,尤其是近年来大型购物中心、广场的出现将营业面积拓展至几万平方米。这么大的面积给防火分隔、人员疏散带来了新问题,特别是带有中庭等公共空间和自动扶梯的商业建筑更是上下贯通。如果分隔措施不当,一旦发生

火灾，将很快蔓延整个商场。

② 功能复杂，致火因素多。现在大型商场等高层建筑集购物、餐饮、娱乐、休闲于一体，规模大，功能复杂，各种通风、空调管道纵横，电梯井、管道井上下连通，餐饮等使用的各种燃料管道、明火使火灾因素大大上升，以及照明、广告、通风、空调、电梯运行等用电负荷大量提高，还有服装售卖点的电熨斗，以及各种修理店、铺的电烙铁等电热工具。

③ 装修豪华，火灾荷载大。商场等公共聚集场所为了美化和创造一个舒适环境，采用大量的可燃装修材料，加之本身的商品，使火灾荷载大幅度提高，火灾很容易形成熊熊大火，加上有毒烟气给火灾扑救和人员逃生造成了很大困难。特别是某些大型集贸市场往往是集商贸、储存、人员生活为一体，有的在商铺窗户上还加有钢筋栅栏，更加大了火灾荷载和人员逃生的困难。

④ 人员密集，疏散困难。商场等公共聚集场所的另一特点是人员密集，男女老少摩肩接踵。一些大城市的大型商场每天接待的顾客人数大约30万人，高峰时每平方米有5~6人，逢节假日更加突出，这与影剧院、体育馆等公共场所规定人均占地面积$0.6m^2$相比，已是大大超出，加上面积大，自然疏散距离大，给人员疏散带来了极大的困难。如果在营业期间发生火灾，常常会引起混乱，难免造成人员重大伤亡。

2. 商场等购物场所的防火要求

① 柜台布局和防火分隔。商场作为公共场所，顾客流量和柜台布局是应首先考虑的主要因素，一般应满足下列要求：a. 柜台、货架同顾客所占的公共面积应有适当比例，综合性大型商场或多层商场一般不应小于1：1.5，较小的商场最低应不小于1：1。b. 柜台分组布局时，组与组之间的距离应不小于3m。c. 顾客所占公共面积，按高峰时间顾客平均流量计算，人均占有面积应不小于$0.4m^2$。d. 在布局上，应将顾客流量大的商品柜台设置在较低楼层，如日用百货等，对顾客流量较小的柜台应设置在较高楼层，如家具、五金等，餐饮业因有燃料及明火也宜设置在较高楼层。

面积超过$10000m^2$的大型商场，对高层建筑应按$1500m^2$划分防火分区，对多层建筑应按$2500m^2$划分防火分区，当商场内装有自动喷水灭火系统时，防火分区的面积可增加一倍。防火分区划分一般以楼层为限。

对于电梯间、楼梯间、自动扶梯等贯通上下楼层的部位要用严格的分割措施。电梯间、楼梯间宜用防火门分割，自动扶梯宜用防火卷帘分割。作为代替防火墙分隔的卷帘应达到耐火极限要求，达不到要求的要有水幕保护。

② 商场内人员的安全疏散是防火工作的重中之重。在安全疏散方面，首先要保证安全出口的数量、宽度、疏散距离要求。平时不得堵塞楼梯、疏散走道等疏散通

道，不得在楼梯间和走道上设置商品柜台和摆放杂物，保证通道畅通。对于有卷帘分隔并作为第二安全通道的防火卷帘要保证操作的可靠性，要防止卷帘落不下或停不下来等情况，保证疏散通畅。在火灾状态下要组织员工引导人们疏散，并保证进入楼梯间的防火门处于常闭状态，防止烟气侵入，保障通道安全。另外，出入商场等人员密集场所的门不得设置旋转门、卷闸门、侧拉门。对于宾馆，饭店设置的旋转门，两侧应设平开门并满足宽度要求，注意旋转门不得计入疏散宽度。

③ 严禁人员携带易燃易爆物品进入商场，对营业层经营的易燃物品要限量摆放，严禁在商场空间搭置阁楼储存商品。商场的小型中转仓库应设置在独立的防火分区内；商场内设置的燃料管道要独立沿外墙设置，直接到达用气楼层，不得穿过商场及人员疏散楼梯。

④ 商场等公共聚集场所的电气照明及其用电线路，设备的安装必须符合低压电气安装标准的要求。在吊顶内敷设电气线路应选用铜芯线，并穿管保护，接头必须用接线盒密封。电气线路的敷设配线应根据负载情况，按不同的对象划分分支回路，以达到局部集中控制又便于检修的原则。但在全部停止营业后，应能做到除必要的夜间照明外，营业厅的主要电源全部切断。安装在吊顶内及墙面装饰层上的埋入式照明灯具所使用的镇流器、开关、插座等要采取隔热、防火措施，防止因镇流器发热和开关插座接触不良而引起火灾。要注意霓虹灯防火，商场营业厅内、商品柜台上方，沿街玻璃橱窗内，建筑物的顶部及外墙上一般都安装了广告霓虹灯，由于霓虹灯的高压变压器极易发热起火，因此一定要采取散热或隔热措施。另外，该场所内严禁乱拉、乱接电线或电热设备，杜绝一切可能的不利因素。

⑤ 经常检查各种消防安全设施，保证有效、好用。要按照场所的火灾类型配足、配齐必要的灭火器材，不得遮挡室内消火栓，保证配件良好。在防火卷帘下禁放任何物品和设置柜台摊点，保证防火卷帘正常下落，防火卷帘两侧的柜台和可燃物距卷帘应不小于1m。对自动报警和自动灭火、排烟设施要定期检查，每年至少要进行一次全面检查，排除故障，及时更换损坏的探头、喷头，保证完好。

⑥ 加强防护巡查和消防控制室的值班。防火巡查是堵塞不安全漏洞的必要环节，公共聚集场所人多，各种不安全因素也多，一定要坚持巡查制度，营业期间要巡查，下班后要有专门保卫人员进行夜间巡查，巡查间隔不大于2h，检查遗留火种和电源管理，堵塞漏洞。

⑦ 制订灭火和应急疏散预案，定期演练，提高单位"四个能力"建设，保证在火灾状态下做到引导顾客疏散和处置初起火灾两不误。要定人、定岗、定位，充分发挥每个义务消防队员的作用，最大限度地减少火灾损失及人员伤亡。

消防控制室是整个消防设施控制的神经枢纽，是接警和处置初期火灾的指挥中心，一定要保证24h有人值班，值班人员不得擅离职守，并将控制开关置于自动位置，以防不测。

(二) 公共娱乐场所防火

1. 公共娱乐场所的定义

公共娱乐场所是指向公众开放的下列室内场所：

① 影剧院、录像厅、礼堂等演出、放映、游艺、游乐场所；

② 舞厅、卡拉OK厅等歌舞娱乐场所；

③ 具有娱乐功能的夜总会、音乐茶座和餐饮、保龄球馆、旱冰场、桑拿浴室等营业性健身、休闲场所。

2. 公共娱乐场所的防火要求

公共娱乐场所是公众聚集场所的重要组成部分，它除了具备商场等购物场所的火灾危险性之外，还因其工作时间长，夜间营业多，以及环境封闭等特点，火灾危险性更大，更容易造成群死群伤，因此该场所的防火一直是消防监督部门监管的重点。

① 公共娱乐场所除单独建造外，都设置在规模大、功能复杂的建筑内，由于公共娱乐场所的特殊性，业主应当就公共娱乐场所的消防安全管理与经营者签订专门的消防安全责任书，即确定该场所的管理应由经营者负责，并从消防设施和疏散通道上协调其他经营者给予保证。

② 公共娱乐场所的内部装修设计和施工，应当符合《建筑内部装修设计防火规范》(GB50222-2017) 和有关建筑内部装饰装修防火管理的规定。新建、改建、扩建公共娱乐场所或者变更公共娱乐场所内部装修的，建设或者经营单位应当依法将消防设计图纸报送当地住建部门审核，经审核同意方可施工。工程竣工时，必须经住建部门进行消防验收；未经验收或者经验收不合格的，不得投入使用。公众聚集的娱乐场所在使用或者开业前，必须具备消防安全条件，依法向当地消防救援部门申报检查，经消防安全检查合格后，发给《消防安全检查意见书》，方可使用或者开业。

③ 公共娱乐场所宜设置在耐火等级不低于二级的建筑物内；已经核准设置在三级耐火等级建筑内的公共娱乐场所，应当符合特定的防火安全要求。公共娱乐场所不得设置在文物古建筑和博物馆、图书馆建筑内，不得毗连重要仓库或者危险物品仓库；不得在居民住宅楼内改建公共娱乐场所。公共娱乐场所与其他建筑毗连或者附设在其他建筑物内时，应当按照独立的防火分区设置；商住楼内的公共娱乐场所与居民住宅的安全出口应当分开设置。公共娱乐场所设置在四层及以上楼层时，还应符合特定的防火要求，设置必要的防火、灭火设施，如自动报警、自动灭火、防

排烟设施等。

④公共娱乐场所的安全出口数目、疏散宽度和距离，应当符合国家有关建筑设计防火规范的规定。安全出口处不得设置门槛、台阶，疏散门应向外开启，不得采用卷帘门、转门、吊门和侧拉门，门口不得设置门帘、屏风等影响疏散的遮挡物。公共娱乐场所在营业时必须确保安全出口和疏散通道畅通无阻，严禁将安全出口上锁、阻塞。安全出口、疏散通道和楼梯口应当设置符合标准的消防应急照明和灯光疏散指示标志。应急照明灯应当设置在疏散走道顶棚下的墙面上或楼梯间休息平台的墙面上。疏散指示标志应当设在门的顶部或疏散通道及转角处距地面1m以下的墙面上，并应在疏散通道地面设置灯光疏散指示标志或蓄光型疏散指示标志。设在走道上的指示标志的间距不得大于20m。公共娱乐场所内设置的火灾事故应急照明灯和疏散标志灯的持续供电时间不得少于30min。

⑤在地下建筑内设置公共娱乐场所，除符合本规定其他条款的要求外，还应当符合下列规定：

a.只允许设在地下一层；

b.通往地面的安全出口不应少于2个，安全出口、楼梯和走道的宽度应当符合有关建筑设计防火规范的规定；

c.应当设置机械防烟排烟设施、火灾自动报警系统和自动喷水灭火系统；

d.严禁使用液化石油气，严禁带入和存放易燃易爆物品。

⑥公共娱乐场所必须加强电气防火安全管理，及时消除火灾隐患。不得超负荷用电，不得擅自拉接临时电线。严禁在公共娱乐场所营业时进行设备检修、电气焊、油漆粉刷等施工、维修作业。演出、放映场所的观众厅内禁止吸烟和明火照明。公共娱乐场所在营业时，不得超过额定人数。卡拉OK厅及其包房内，应当设置声音或者视像警报，保证在火灾发生初期，将各卡拉OK房间的画面、音响消除，播送火灾警报，引导人们安全疏散。

⑦公共娱乐场所应当制定防火安全管理制度，制订紧急安全疏散方案。在营业时间和营业结束后，应当指定专人进行安全巡视检查，其巡查间隔不得大于2h。公共娱乐场所应当建立全员防火安全责任制度，全体员工都应当熟知必要的消防安全知识，会报火警，会使用灭火器材，会组织人员疏散。新职工上岗前必须进行消防安全培训。

⑧公共娱乐场所应当按照《建筑灭火器配置设计规范》（GB 50140-2005）配置灭火器材，设置报警电话，并按照《中华人民共和国消防法》的要求对消防设施至少每年检测一次，保证消防设施、设备完好有效。

八、大数据信息技术对人员密集场所消防监督查的应用探究新时代，经济社会发展必须在原有的迅速发展的基础上，不断地发展。城市化是我国经济社会发展的一个主要方面，但也面临着许多的风险和不确定性。近几年，我国各地相继出现了一系列的火灾、爆炸事件，严重影响了人们的生产生活，同时也给消防监督、执法带来了严峻的考验。城市发展与突发事件的矛盾，既是应急指挥、消防调度、实战应变的关键，也是当前消防工作的重点。因此，在大数据时代，构建"智慧消防"体系，细化各个职能，实现精细化、网络化、动态化，为"平安中国"建设作出应有的贡献。

（一）大数据技术应用于人员密集场所智能消防系统的优势

自90年代起，大数据的研究重点从技术层面转移到云计算、数据并行运算算法、开放源代码结构等。到2013年，大数据已经渗透到政府，卫生，教育等领域，交通，物流，商务等领域。2017年，随着公安消防系统的全面改革，大数据技术突破了相对封闭的制度约束，实现了对火灾事故的有效控制，随着工业的发展，生活，生产的发展：随着人们生活和其他方面的发展，大数据技术已被广泛地运用到消防监督中，"大数据＋灭火"的管理模式也被提到了日程，消防大数据包括消防设备生产企业、消防重点人员、公共设施等：主要危险源、救护人员、救护器材：灾害现场、战略保障物资、社会救援力量等一系列与火灾有关的资讯系统。"应急处置"能力由"被动灭火"转变为"主动灭火"，"定性"与"量化"，"封闭"为"开放"，由"滞后"的"扑救"转变为"预警"的"预测监控"和"及时解决"。

1. 全方位消防数据感知与获取

利用大数据技术，对火灾现场、灭火资源、各类火灾救援设备进行了深入的感知，对不同规模、不同属性的火灾救援设备进行了全面的了解与分析，构建了一个云平台，对突发事件的处理过程进行了全程记录和动态跟踪管理。利用大数据技术，实现重点防火场所、人员密集场所、消防设备：通过对水源、供水设施等重点区域的实时跟踪、监控，解决了过去依靠人力进行数据采集、分析、整理等工作，可以有效地解决人为因素带来的隐患，为消防工作提供数据支撑。

2. 打破"数据孤岛"，实现消防数据互联互通

利用大数据技术，打破了各个部门"数据孤岛"的状况，形成了"数据孤岛"，这是因为不同的部门权限不同，查阅过程复杂，信息收集单一，时间紧迫，通过运用大数据技术，实现了对火灾现场的实时数据及数据平台后台的实时处理，实现了公安、国土、交通等部门的实时监控：将通信、医疗、教育等部门整合到信息系统中，实现了对人员密集场所火灾风险的集中控制，为消防救援队伍的应急处理工作提供了有力的支持。

3.数据智能化处理

利用大数据技术,分析、比较、整理了海量的城市化过程中所形成的大量数据,从而为消防救援队伍做出科学的决策。通过对不同场景、不同感知单元提供的信息,可以降低错误发生的几率,提高实际的应急响应能力。通过对信息的全面覆盖和传递,可以实现对突发事件的综合分析和决策,并对监测场景进行动态调整,利用数据编制"安全网",为人员密集场所提供信息。

(二)现代大数据信息技术在人员密集场所消防监督检查中的应用

1.大数据架构下的人员密集场所智能消防系统原理图

运用现代大数据技术,重点领域,企事业单位,相关部门;主要应用场景如工业管理部门实时感知、数据流转,并在人员密集场所内实现火灾监控系统的定位、导航和互联。其工作原理见图7-1。

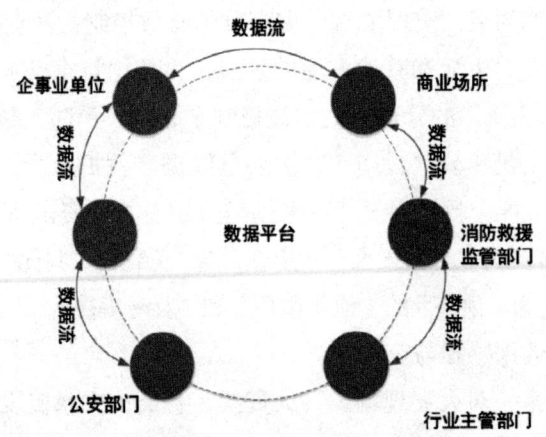

图7-1 大数据架构下的人员密集场所智能消防监督检查系统原理图

2.系统总体方案设计

智能终端广泛分布于城市的各个重要区域,而现代大数据技术和信息化技术的运用,为实现消防智能化打下了良好的基础;其中,以大数据为基础的方案设计就非常关键,将两者有机地结合起来,为构建人员密集场所的消防监测和监测体系打下了坚实的基础。

(1)消防大数据交互方案设计

为了达到准确的数据控制,必须构建一个系统的、多元化的数据收集系统,包括政务服务、社会数据、内部数据等;整合各类资讯,例如,公共安全资讯,采用资料界面、资料互动、资料处理整合;采用高效的数据周期等方式,使数据能够无障碍地进行,该系统具有很强的时效性,能够在火灾发生后,将有关信息及时反馈

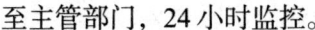

至主管部门，24小时监控。

(2) 大数据架构下的人员密集场所智能消防系统方案设计

在此基础上，将其划分为感知层、网络层、平台层和应用层，该方法由低至高，由多个网络传感器作为出发点，实现了对每个节点的实时监测，利用智能算法对采集到的各类数据进行运算，最后完成对数据的处理与分析，在基于物联网的基础上，针对实际智能系统的需要，对其进行分级控制，并将数据传输到应用层：完成了指令的发布与外部服务。

感知层：感知层是智能消防系统的基本单元，它将依据不同的环境和不同的需求，配置不同的感应器，该楼层由消防装置内的感应器来实现，主要包括温度，湿度，消防水：救生通道、消防器材、烟雾感应器等。网络层：通过对火灾信息的收集，通过互联网、有线网、WFF5G、LTE电力无线专用网等方式，实时、动态、分类地获取和整理火灾数据，该智能控制系统能够对消防设备的运行状态进行实时监控，并及时向平台反馈信息。

平台层：位于传输层与应用层之间的平台，是整个智能消防系统的中心，在平台层次上，运用了人工智能的算法、海量的数据存储、分析和决策：在人员密集场所，从不同的网路层次上传的信息，系统的管理，和其它方面：并接受来自您的应用程序的指导，火灾安全有别于传统的因特网，在数据传送通道中，各个层次的网络都承受着极大的压力，同时进行着各自的探索和智能控制：这是一个非常强大的运算能力。为此，本书提出了一种"一次采集、随时随地"的智慧消防大数据协同整合方案。

应用层：是一座位于智慧消防系统顶层的智慧信息技术，它是火灾网络的"大脑"，负责指挥、判断和监控。从感知层、网络层、平台层依次上报火灾信息，然后由平台层、网络层发布命令，最终进入感知层进行扑救。应用层可以包括各种工作载体，包括调度中心、APP、终端、公众号等各个与人机互动相关的各个方面，在人员密集场所，作为物联网的最前沿，需要实现网格化、全天候、全流程的实时监控。

3. 系统组成

在人员密集场所，消防智能化系统的主要作用是对火灾现场各种设施进行实时监控，达到"一网通达、节点互联"的目的。在智慧城市建设中，智能化消防是一项十分重要的工作，智慧消防系统包括城市数据采集系统、GIS系统、消防设备（人员）、可征召消防救援队伍、网络传输系统：包括大数据管理，预警分析与处理，逃生路径规划。

根据目前火灾复杂、严峻的火灾形势，提出了以有线、有线、有线数据为基础的智能化火灾报警系统。本系统针对火灾重点部位，如学校、工厂、商业CBD、机场、车站等,并对火灾探测器、温度探测器、消防水泵等进行实时采集,并按照统一的编码规则进行数据传输。通过精确的智能控制算法,可以对火灾进行预警,监控,预警,演练。通过对采集到的数据进行分析,将数据传输至分析处理系统,以实现对故障的识别,减少误判。从现场、原因、被困者的数量等方面进行了分析,分析了灾害中心状况、减灾方案、最佳逃生路线,并将其汇总、传输至指挥调度系统。它的目标是为指挥中心提供更多的信息支持,确保灾害发生前、发生时、发生后的整个过程,从而达到预防、控制和快速恢复的目标,使火灾的危害降低到最小,保障人民的生命财产的安全,在智能消防系统中,指挥调度系统(终端)是消防安全保障体系的重要组成部分,它能够在收到报警信号后,根据不同的灾情,快速地调遣消防救援队伍,负责地区和地区的调配,与消防人员、设备的正确配合;同时,为灾害中心的手机、智能终端提供最优的逃生路线,以保证人员的生命安全,考虑到灾害的严重程度,在接到警报后,智能调度系统(终端)会向消防救援队伍通报,保证信息的准确传达。

第二节 重要设备用房检查

检查要点:消防水泵房、消防水池及高位水箱、配电室、锅炉房、消防控制室等重要设备用房的设置,设施设备的功能测试,消防控制室人员是否能熟练操作。

检查方法:现场检查、测试、随机提问重点岗位人员的消防安全制度、灭火和应急疏散预案,以及自身承担职责任务的熟练掌握和落实情况。

一、消防水泵房

(一)查看消防水泵房的设置是否符合以下要求

① 应采用耐火极限不低于2.00h的隔墙和1.50h的楼板与其他部位隔开。
② 应采用甲级防火门。
③ 出口应直通室外或直通安全出口。
④ 泵房内应设置应急照明,照度应满足正常工作要求。

(二)启动消防泵测试

消火栓泵、喷淋泵及水泵控制柜上是否设有明显标识;通过水泵控制柜逐台启动消火栓泵、喷淋（含水幕喷淋）泵、水炮泵，查看能否正常工作。通过消防控制室远程启动消火栓泵和喷淋泵，查看能否正常启动，启泵信号能否传送到消防控制室。泵房与消防控制室之间消防电话通话应正常。

（三）检查主备泵自动切换功能

抽取其中一台水泵控制柜，将开关设置为"1主2备""自动"运行模式，打开水泵测试阀门，模拟系统管网泄水，待电接点压力表指针下降到启泵位时，1#泵自动投入运行；按下水泵控制柜内1#泵组热保护继电器，2#泵自动运行，运行灯点亮；松开热保护继电器，2#泵停止运行，1#泵投入运行。

（四）主备电源自动切换功能

打开双电源自动切换控制柜，按下手动/自动切换按钮，拉动"常用"手柄，指针指向"R合"，观察备用电源投运情况；拉动"常用"手柄，指针指向"N合"，观察常用电源投运情况。

二、消防水池与高位水箱

（一）消防水池

通过消防控制室的水位显示仪查看水池存水量，现场查看水池标志、水位计（或浮球或池内水位）、溢流管、通气孔，判断水池存水量是否达到要求；查看补水设施是否有效；消防水池是否设有确保消防用水不被他用的措施。

（二）高位消防水箱

现场查看水位计或打开水箱盖板，检查水位是否达到设计要求，检查消防水箱浮球控制阀功能是否正常，检查水箱自动补水功能是否完好；出水管上控制阀是否常开。水箱间设置的应急照明、消防电话是否符合要求，是否存放有影响水箱安全或检修的杂物。

三、配电室

① 查看油浸式变压器室的防火分隔是否符合下列规定：

a. 与其他部位之间应采用耐火极限不低于2.00h的不燃烧体隔墙和1.50h的不燃烧体楼板隔开。在隔墙和楼板上不应开设洞口，当必须在隔墙上开设门窗时，应设甲级防火门窗。

b. 变压器室之间、变压器室与配电室之间应采用耐火极限不低于 2.00h 的不燃烧体墙隔开。

c. 油浸式变压器下面应设置能储存变压器全部油量的事故储油设施。

② 检查配电室工作人员对配电设备的检查维护记录，查看配电室内是否有违反操作规程的作业及吸烟、堆放杂物的现象；配电室内的消防器材是否齐全有效，是否设有应急照明。配电室内是否有防水和防小动物钻入的设施。

③ 设有气体灭火系统的配电室，气体灭火系统检查按第五章的有关要求进行。

四、锅炉房

（一）查看锅炉房的防火分隔是否符合下列规定

① 查看燃气、燃油锅炉房与其他部位之间是否采用耐火极限不低于 1.50h 的楼板和 2.00h 的不燃烧体隔墙隔开，隔墙上的防火门窗等是否完好；

② 锅炉房内设置的储油间总储存量不应大于 $1m^3$，查看储油间与锅炉间分隔的耐火极限不小于 3.00h 的防火隔墙、甲级防火门等是否完好。

（二）泄压防爆

① 查看锅炉房开设的泄压口或设置的金属爆炸泄压板等是否被破坏或改变。

② 查看是否已选用防爆型灯具和电器。

③ 燃气锅炉房是否已设置可燃气体浓度探测器，并与锅炉燃烧器上的燃气速断阀、供气管道的紧急切断阀联动。

④ 燃气锅炉房的通风换气装置应与可燃气体浓度探测装置联动控制。

⑤ 燃气、燃油锅炉房设置的独立通风系统的换气能力应符合有关规定：

a. 燃气作燃料，通风换气能力不应小于 6 次 /h，事故状态下 12 次 /h；

b. 燃油作燃料，通风换气能力不应小于 3 次 /h，事故状态下 6 次 /h。

⑥ 当锅炉房设置在地下室时，应采取强制通风措施。

五、消防控制室

调取、打印检查过程中的各类消防设施动作信号反馈情况，核对信号反馈是否正确。同时检查消防控制室管理及设施运行情况。

（一）设置

消防控制室标志是否醒目、完好；通向室外的出口或通道是否畅通，开向建筑内的门是否采用乙级防火门,并保持完好;消防控制室内设备布置是否符合要求;室内是否存在与其无关的电气线路、管路通过;火灾应急照明是否能满足正常工作需要;直接拨打"119"火警电话的外线电话是否配置到位并能正常使用。

(二) 值班

消防控制室人员实行24小时专人值班制度,每班不少于2人;值班人员须通过消防特有工种职业技能鉴定,持有初级技能等级以上的建筑物消防员职业资格证书。应按要求填写《消防控制室值班记录》,对火灾报警控制器进行每日检查;值班期间做到每两小时记录一次消防设备运行情况;交接班记录规范。

(三) 规章制度

检查各项规章制度是否健全并悬挂上墙,主要包括:消防控制室基本技术标准、消防控制室值班人员职责、消防控制室管理制度、消防控制室规范化管理标准、建筑自动消防设施维护管理制度、火灾事故紧急处理程序流程图等。

(四) 设备运行

检查火灾报警控制器、消防联动控制器、可燃气体报警控制器、电气火灾自动报警系统是否设在"自动"状态,是否存在报故障、火警、动作反馈、屏蔽等情况,了解存在相关现象的原因;检查控制柜上的启动按钮是否有明显标识;按下打印机自检按钮,检查控制柜打印设备是否正常运行;消防设施打印记录应当粘贴到消防控制室值班记录上备查。CRT图形显示装备是否处于正常工作状态。查看是否按要求设置了远程监控系统。

手动操作火灾报警控制器自检装置,观察控制器火灾报警声、光信号;切断火灾报警控制器的主电源,备用电源自动投入运行,电源故障指示灯亮;切断火灾报警控制器的备用电源,系统自动转为主电源运行,电源故障指示灯亮。

(五) 值班人员操作技能

模拟火灾报警、监管报警、故障报警信号,检查当班人员处理程序是否规范;能否正确拨打火警电话;能否熟练操作消防应急广播系统;能否熟练自动或手动启停消防控制设备,询问值班人员,查看应急处置程序是否已落实到位。

(六) 图纸资料

检查建筑竣工总平面布局图,建筑消防设施平面布置图、系统图、火灾自动报警系统编码表等资料，结合现场检查情况，核查是否相符。

第三节 消防设施检查

检查要点：按要求设置建筑消防设施，各项消防设施、器材应完好、有效；消防设施应定期检查保养。

检查方法：实地检查、测试。

一、室外消火栓系统

室外消火栓系统分高压、临时高压和低压三种，有地上和地下两种安装方式。以地上式低压室外消火栓为例，检查消火栓有无被埋压、圈占、锈蚀现象，外观是否完好，有无漏水现象，是否配备了开启扳手。至少选择1处消火栓，用消火栓测压计测试水压。二类高层公共建筑、多层公共建筑的静水压力不应低于0.07MPa，一类高层公共建筑不应低于0.1MPa。

二、室内消火栓系统

① 查看室内消火栓是否醒目无遮挡。栓口是否向下或与墙面垂直，水带、水枪、栓口、手轮、启泵按钮是否齐全有效，箱内有无定期巡检记录卡片，营业期间至少每两个小时巡查一次。检查发现消火栓箱内缺少水带、水枪，应当责令单位立即改正。按下启泵按钮，检查消火栓泵能否正常启动并将信号传送到消防控制室。选择一处消火栓，测量栓静水压力，不应低于0.1MPa，测试栓口动压力，不应大于0.50MPa，当大于0.70MPa时应设置减压装置。检查各接口处是否渗漏。检查软管卷盘质量是否符合要求，转动是否灵活，供水阀门各连接处是否渗漏。检查喷水情况是否正常，并进行测量。指导营业员使用软管卷盘。

② 水泵接合器按安装方式分地上、地下和墙壁式三种。查看是否有明显标志，是否已标明供水区域，相关组件是否有锈蚀、堵塞或被水淹没等现象；水泵接合器周围消防水源、操作场地是否完好；地下式水泵接合器还要检查井盖开启是否方便。必要时，用消防车等移动供水设施对水泵接合器进行供水试验。

三、自动喷水灭火系统

进行自动喷水灭火系统末端试水装置功能试验：选择一楼层末端试水装置，检查阀门、接头、压力表是否完整，标志是否醒目；打开试验阀，检查排水设施是否畅通，是否能满足正常测试排水的需要。开启放水阀进行放水试验，压力是否不低于0.05MPa。询问控制室消防水泵能否正常启动。功能试验还可以通过抽查测试湿式报警阀进行。打开放水阀进行放水试验，查看报警阀上下部压力表压力变化情况，延迟器泄水一段时间后，水力警铃是否开始持续鸣响。压力开关应能够直接连锁启动水泵，火灾报警控制器应接收到压力开关的报警信号。

四、火灾自动报警系统

进行火灾自动报警系统楼层显示装置和探测器功能试验：查看火灾探测器0.5m范围内是否有障碍物；具有巡检指示功能的探测器指示灯是否正常闪亮。进行探测器故障报警试验，旋下一个探测器，用对讲机询问控制室故障报警情况；进行火警优先功能试验，使用感烟探测器测试装置模拟报警试验，查看探测器火灾报警确认灯是否点亮，报警控制器是否优先显示火警信号；恢复火灾探测器，查看报警控制器是否自动撤销故障报警信号。选取一个手动报警按钮进行报警试验，询问控制室信号反馈情况。

五、防排烟系统

检查排烟风机、送风机控制装置是否有明显的标识。通过风机控制柜逐台启动送风机和排烟机，均应能够正常投入运行。通过消防控制室远程启动送风机和排烟机，查看风机是否能够正常启动，风机启动后应在消防控制室接收到风机的启动信号。查看机械排烟机、送风机的铭牌标志是否清晰。风机启动后运转平稳，叶轮旋转方向是否正确，有无异常振动与声响。抽查前室送风口和走道等部位排烟口，检查送风机、排烟机能否联动启动。检查排烟防火阀是否处于常开状态，手动关闭后，询问控制室是否接收到反馈信号。检查完毕后手动复位。测试正压送风口风速。

六、灭火器

查看灭火器选型是否正确，检查灭火器设置位置是否正确、明显且便于取用，检查灭火器箱是否已上锁。每个配置点的灭火器是否不少于2具，配置等级是否符合要求。检查灭火器生产日期、维修标志、外观及压力表，是否有锈蚀、过期或压力不足的现象。

七、物联网技术在建筑消防设施巡检系统中的应用设计

建筑消防设施巡检系统设计的过程中，采用物联网技术，不仅能够增强巡检工作效果，还能保证各项巡检的准确性，因此，在建筑领域中，应重点使用物联网技

术设计相应的建筑,消防设施巡检系统,合理应用先进技术的同时完善功能模块,确保系统在运行的过程中及时发现消防设施的故障问题、安全问题等,促使建筑消防设施的高效化、良好性使用。

(一)物联网技术在建筑消防设施巡检系统中的技术设计

1. 合理应用 NFC 技术

此类技术主要就是免接触类型射频识别技术所发展,能够短距离进行无线通信传输,在一定的距离范围之内,甚至还能点对点传输数据信息,技术应用的过程中,需要在智能手机或是手持设备安装 NFC 芯片,移动终端和芯片标签相互衔接以后,有效进行消防设施巡检系统,各类信息的交换处理,记住,在应用的过程中,响应的速度很快,作用的距离很短,通信期间的信息交换速度快,能够维护所有数据信息的安全性,与此同时,技术的应用还可以识别单一设备的身份信息,不再局限于传统的身份信息数据重组模式,这样不仅能够提升信息识别效果,还能维护数据的安全性,为消防设施巡检提供良好的移动终端技术保障。

2. 合理应用二维码技术

二维码技术又被称作12位条码,应用的原理是在二维平面中设置特定形状的几何图形,根据规律摆放,能够记录大量数据信息,具备一定的容错性能,数据识别的形式非常简便,制作和应用的成本很低,但是二维码技术在应用期间不能动态化的显示数据信息,经常会出现巡检工作不良的现象,甚至部分巡检人员会将静态类型的二维码拍摄,不到现场,直接扫码完成巡检任务,此类投机取巧的行为会导致巡检工作效果降低,出现严重的造假问题,因此,在使用物联网二维码技术,设计巡检系统的过程中,应该强化数据造假的防控力度,增强建筑消防设施监管工作的透明度水平,例如将奥尔马技术和定位技术之间相互整合,有关的监管部门在后台就能够了解消防设施巡查的具体地点情况,时间情况和安全隐患情况,提升各项工作的水平。

3. 重点应用 RFID 技术

该技术又被称作是无线射频识别技术,属于目前物联网领域中较为先进的非接触类型,自动化识别技术,主要利用无线电讯号的形式,不与消防设施相互接触的情况下,就可以自动化识别目标对象,读取整理有关的数据信息内容,操作的方式非常便利简单,可以灵活性并自动化的进行控制,在建筑消防设施巡检系统中使用物联网领域的 RFID 技术应设置相应的标签,通过标签的查询和巡检处理,有效进行消防设施的检查和维护管理。

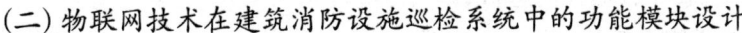

（二）物联网技术在建筑消防设施巡检系统中的功能模块设计

建筑消防设施巡检系统设计工作中使用物联网技术，为增强巡检工作的规范化水平与智能化程度，不仅要涉及上述各类技术，还需完善整体的系统功能，增强平台的实用性，使得巡检工作人员和管理工作人员利用相关系统快速了解和整合建筑消防设施的巡检数据信息，动态化并且实时性的进行消防设施监控，增强巡检效果，预防出现消防设施的故障问题和其他问题，真正意义上维护建筑消防的安全性。主要的功能模块设计措施为以下几点：

1. 设计防火巡检的功能模块

防火巡检功能模块的设计工作中应完善其中的巡检点管理部分、巡查计划制定的部分、巡检任务执行的部分，便于相关的巡检工作人员按照实际情况使用相关的防火巡检模块，维护建筑的安全性和消防设施的安全性。

①开发设计巡检点管理的部分。巡查点管理涉及到名称信息、区域信息、位置信息、卡号信息、操作信息、备注信息等。

②开发计划管理的部分。系统具有所有巡检计划的支持作用，按照计划的名称情况、周期情况、成员状态情况等进行计划的筛选，同时支持有关部门和人员在系统中了解、查看具体计划的详细情况，明确任务的开始时间、结束时间、工作人员的情况、周期标准要求、任务状态等，做出相应的操作。

③合理开发任务记录的部分。系统在运行的过程中应予以巡检任务详情的支持，记录相关的任务名称信息内容、计划信息内容、巡检发现的问题信息内容、解决状态信息内容等，工作部门也可以按照要求在系统中了解和查询各类信息，具有一定的巡检优化作用。

④开发移动终端的部分。移动终端的开发过程中需要在其中完善巡检的计划查询模式、时间查询模式、内容查询模式等，合理记录内容的同时预防出现问题。

2. 设计隐患管理的功能模块

巡检系统的开发设计过程中隐患管理功能模块属于重要的部分，要求在巡检人员发现消防设施隐患问题、相关系统发生消防设施隐患问题之后输入系统之内，其中主要涉及到巡检发现的隐患问题、防火检查与岗位自查所发现的隐患问题、报警方面或是误报方面的隐患问题等。并且在系统中还需完善隐患信息列表内容、隐患的查询部分等。

①隐患信息列表展示的部分，需要将消防设施隐患问题的名称信息、类型信息、位置信息、时间信息、状态信息、上报信息、处理信息、操作信息等显示出来。

②开发隐患查询的部分，相关部门和工作人员可以根据工作的需求在系统中查

询隐患的各类信息，便于针对性的进行管理、处理。

③应重视隐患详情查看部分的开发设计，可以利用客户端或是移动终端查看各类信息内容、图片内容，并且导出隐患的数据信息，便于管理部门结合建筑消防设施的隐患问题、风险发生特点等，完善维修工作计划方案，促使各方面的维修工作高质量、优化性落实。

3. 物联网与 GIS 技术的智能巡检功能模块

采用物联网技术设计建筑消防设施巡检系统的过程中，应重点将物联网技术和 GS 技术相互整合，创建智能化巡检的功能模块，按照不同的工作要求、工作需求，创建三个系统层次：

①感知层次，通过水压传感器设备感知消防设施的水压数据信息，合理设计传感器的标识部分、数据信息采集的部分，安装 RFD 标签硬件、水压传感器硬件，利用物联网技术和先进的 GIS 技术操作，使得巡检的工作人员可以利用传感器设备读取各类数据信息，在一定程度上能够和用户之间交互。

②传输层次又属于重要的网络层次，承担着各种数据信息传输的责任，创建较为良好的数据传递通道，可按照具体的要求设计接入网的部分和输出网的部分，形成相应的建筑，消防设施，巡检数据传输平台。

③应用层次可以全面进行所获得数据信息的处理，在交互界面中高效性的操作，含有业务支撑类型与网络管理类型的小层面，完成数据信息的处理工作和分析任务，将数据信息存储到指定的位置，便于为用户提供人性化与个性化的服务，在此过程中需要注意，每个层次相互之间的数据信息都有着双向型传递的特点，工作人员能够互相控制。

物联网技术和 GIS 技术之间的整合，设计建筑消防设施智能化的巡检系统，因为完善其中的功能，一方面能够全面维护消防栓的数据信息，利用移动智能终端为各个消防栓设置专门的编号，完成注册工作之后传输到服务端，保存所有数据信息或者是登录系统注册，另一方面，可以进行消防设施巡检的展示，设施巡检数据信息的分析统计，为巡检工作人员提供一定的支持和保障。

4. 设计消防设施巡检流程模块

完成系统设计之后，还需开发设计，消防设施巡检工作流程的模块，确保系统能够有序性的应用：

①最初的巡检阶段可以利用传感器技术和各类系统读取分析消防设施的编号，利用先进的 GPS 技术和 GIS 技术，自动化获取各类位置数据信息，同时还能自动化生成相应的内容，巡检工作人员手持移动终端进行消防设施信息的读取，注意检查设施外观的完整性与质量，检测内部是否存在故障问题，将所有巡检的信息利用移

动终端或是传感器上传到系统平台，系统实时性的，按照巡检工作情况更新信息内容，主要涉及到消防栓信息和其他消防设施信息，明确沟通消防设施的故障和风险有关问题特点、详细记录信息内容。

②完成所有数据信息的录入和更新工作之后，系统可以自动化分析消防设施的故障信息和其他的基本信息，准确判断故障发生问题的严重程度，位置情况和时间情况等，按照专家库和知识库系统中所存储的策略内容，根据以往的设备故障经验，为巡检工作人员提供相应的故障应对措施和维修措施，便于检修工作人员利用科学化的方式应对问题。

③做好故障处理工作之后，还需将故障处理的结果输入系统之内，便于平台系统，按照所有的消防设施故障问题处理情况，自动化更新数据信息，使得巡检部门集中进行消防设施安全性的管理，避免出现安全隐患问题或是风险问题，切实保证建筑消防设施的运行稳定性、应用安全性。

建筑领域在使用先进物联网技术开发设计消防设施巡检系统的过程中，应按照消防栓、自动灭火系统与其他设备的情况，针对性开发智能化与自动化巡检平台，同时为增强平台系统应用效果，需对现有的工作人员进行各类专业知识和技能的培训，通过培训的方式增强人员智能化巡检系统平台的应用能力，可以在自身的工作中，借助智能化系统、自动化系统，准确收集建筑区域范围内消防设施的故障信息、风险信息和维修信息，结合不同信息的情况，针对性与深入性进行管理控制，从根本层面杜绝发生消防设施的安全风险、隐患问题、其他的不足。

参考文献

[1] 田锦林. 消防安全现场检查图解 [M]. 昆明：云南科技出版社，2021.

[2] 王珏. 供电企业非生产场所消防安全检查手册 [M]. 北京：中国电力出版社，2021.

[3] 季俊贤. 消防安全与信息化文集 [M]. 上海：上海科学技术出版社，2021.

[4] 李冕，游成旭. 消防工程制图与识图 [M]. 重庆：重庆大学出版社有限公司，2021.

[5] 刘晅亚，周宁，宋贤生等. 石油化工企业火灾风险与消防应对策略 [M]. 天津：天津大学出版社有限责任公司，2021.

[6] 陈远栋，刘玮玮，李乃幸. 物业安全与消防设施设备管理研究 [M]. 北京：文化发展出版社，2020.

[7] 陈曙东. 消防物联网理论与实战 [M]. 重庆：重庆大学出版社，2020.

[8] 徐志胜，孔杰. 高等消防工程学 [M]. 北京：机械工业出版社，2020.

[9] 杜峰，杨凤丽，陈升. 建筑工程经济与消防管理 [M]. 天津：天津科学技术出版社，2020.

[10] 王英. 新编消防安全知识普及读本 [M]. 北京：中国言实出版社，2020.

[11] 赵杨. 建设工程建筑防火设计审核、消防验收与消防监督检查一本通 [M]. 内蒙古：内蒙古大学出版社，2019.

[12] 毕伟民. 2019消防全攻略消防设施 [M]. 北京：煤炭工业出版社，2019.

[13] 何以申. 建筑消防给水和自喷灭火系统应用技术分析 [M]. 上海：同济大学出版社，2019.

[14] 闫胜利. 消防技术装备 [M]. 北京：机械工业出版社，2019.

[15] 薛林. 消防炮理论与设计 [M]. 镇江：江苏大学出版社，2019.

[16] 陈长坤. 消防工程导论 [M]. 北京：机械工业出版社，2019.

[17] 孙长征，徐毅，周明哲. 消防安全技术实务 [M]. 济南：山东人民出版社，2019.

[18] 霍江华，王燕华. 消防灭火自动控制 [M]. 北京：中国原子能出版社，2019.

[19] 宿吉南. 消防安全案例分析 [M]. 北京：中国市场出版社，2019.